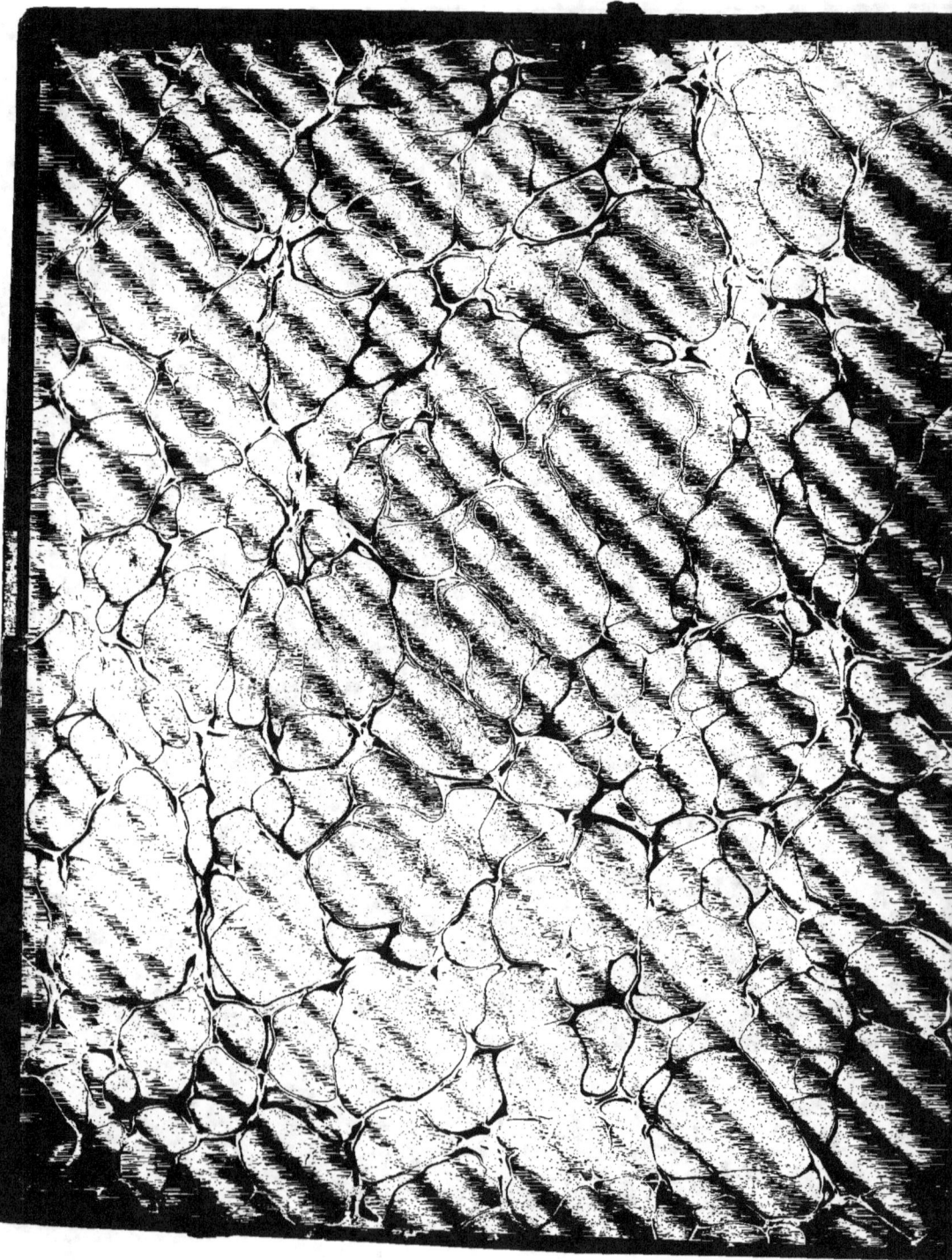

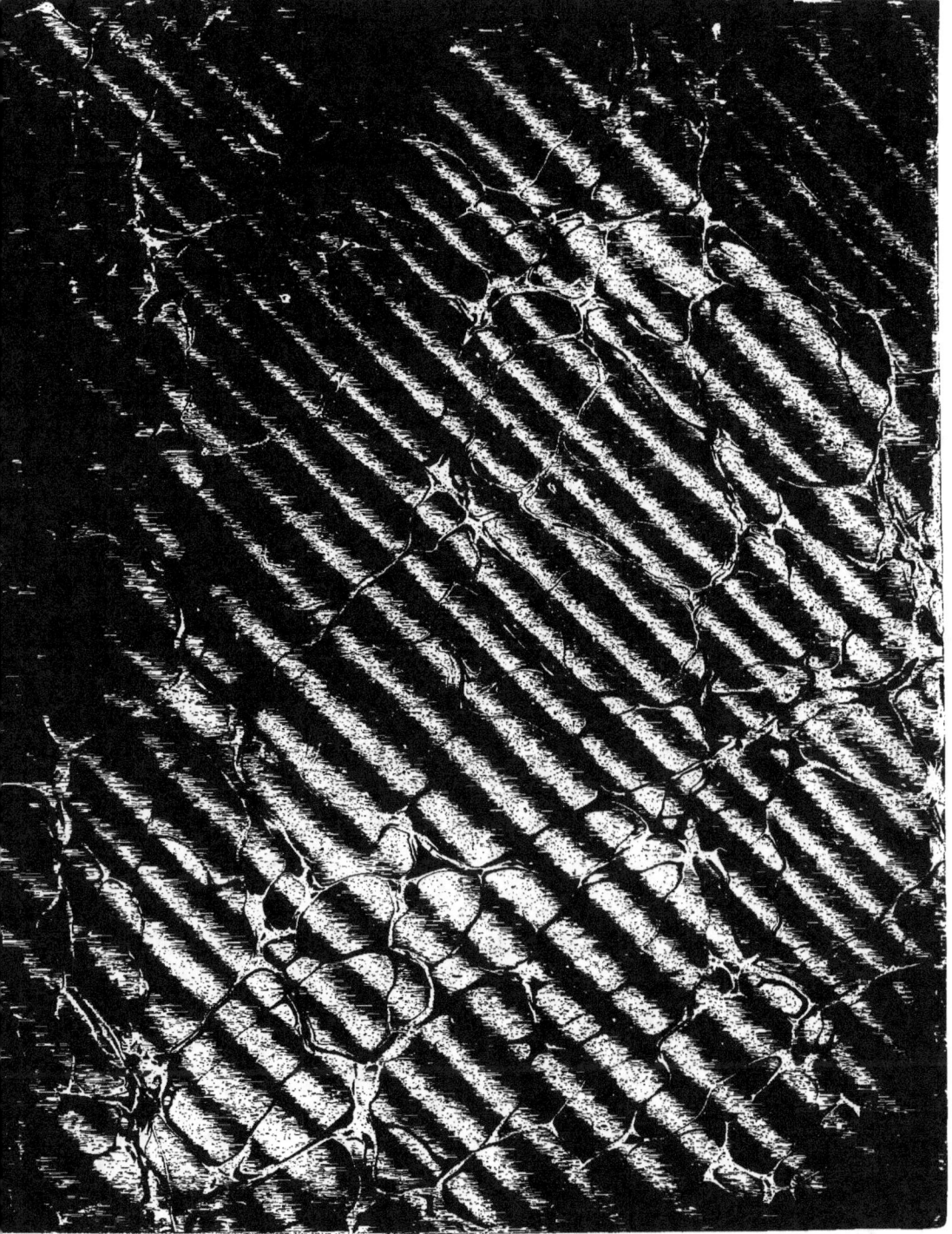

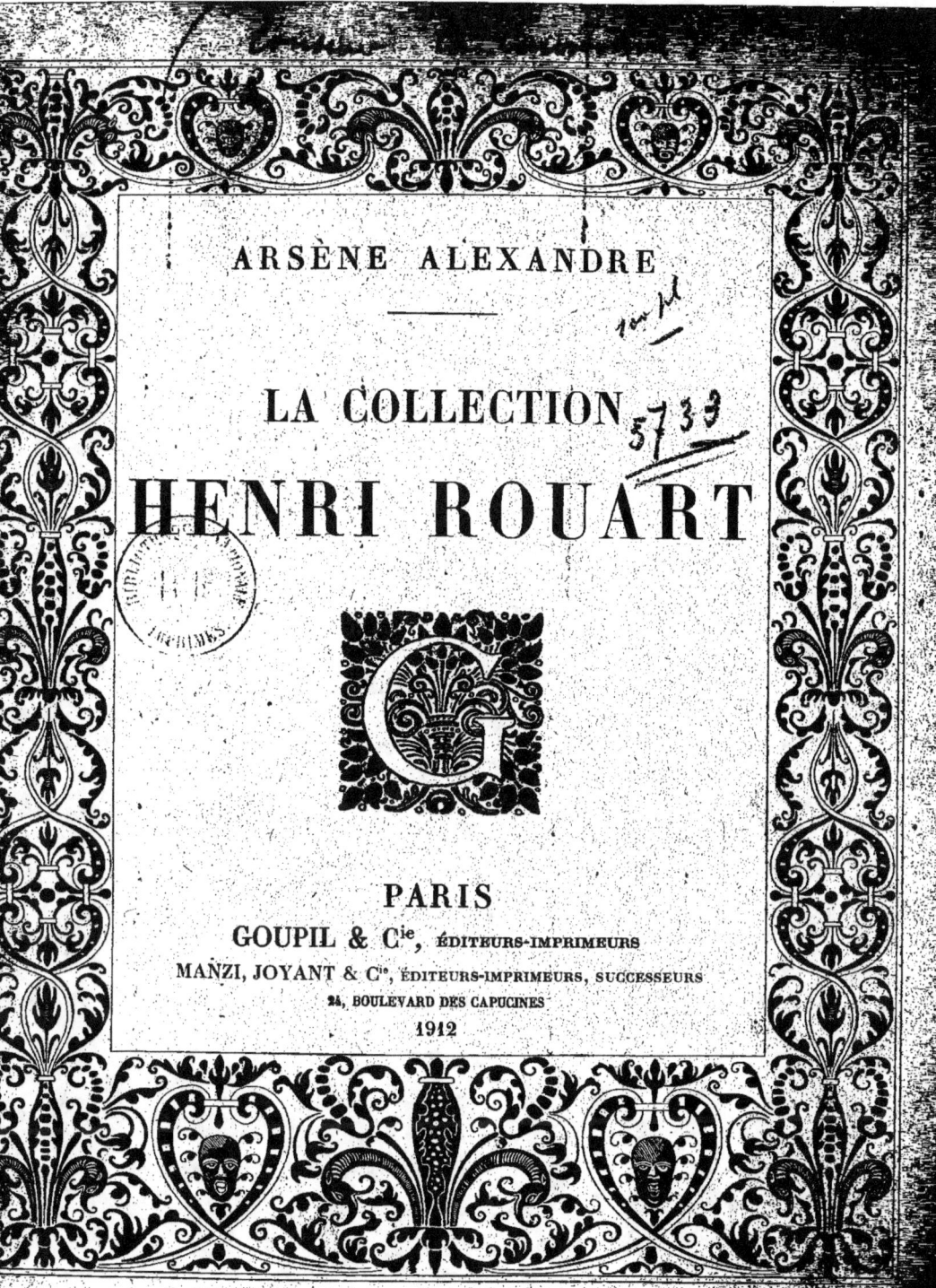

ARSÈNE ALEXANDRE

LA COLLECTION
HENRI ROUART

PARIS
GOUPIL & Cie, ÉDITEURS-IMPRIMEURS
MANZI, JOYANT & Cie, ÉDITEURS-IMPRIMEURS, SUCCESSEURS
24, BOULEVARD DES CAPUCINES
1912

LA
COLLECTION HENRI ROUART

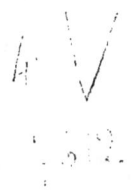

IL A ÉTÉ TIRÉ

DE CE LIVRE

LA COLLECTION HENRI ROUART

PAR

ARSÈNE ALEXANDRE

MILLE EXEMPLAIRES

sur papier à la cuve

NUMÉROTÉS DE 1 A 1000 EN CHIFFRES ARABES

EXEMPLAIRE N° OFFERT

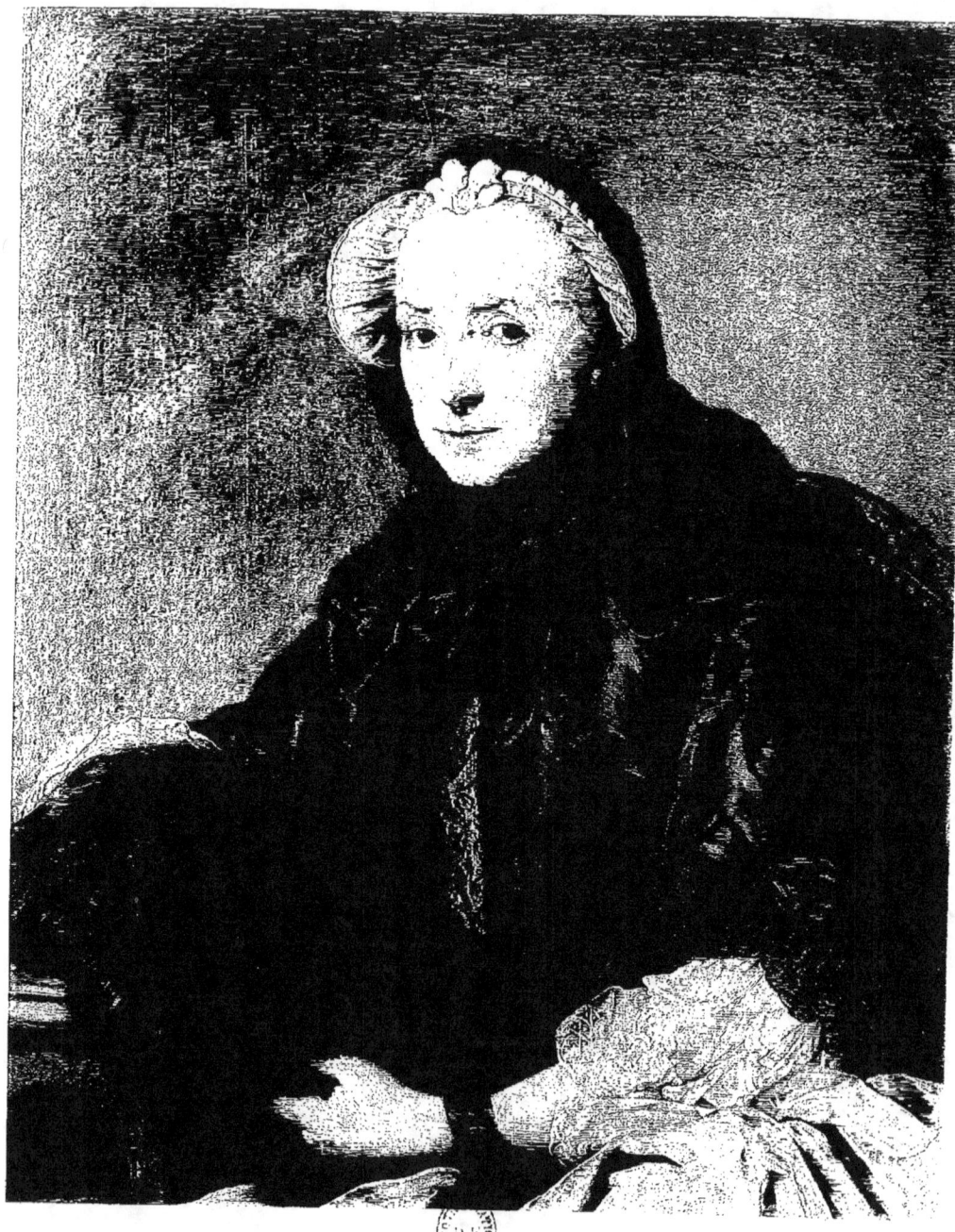

J.-S. DUPLESSIS

PORTRAIT DE Mme COLLIN

J.-S. DUPLESSIS
PORTRAIT DE Mme COUTURIER

ARSÈNE ALEXANDRE

LA COLLECTION
HENRI ROUART

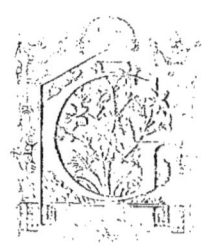

PARIS

GOUPIL & Cie, ÉDITEURS-IMPRIMEURS

MANZI, JOYANT & Cie, ÉDITEURS-IMPRIMEURS, SUCCESSEURS

24, BOULEVARD DES CAPUCINES

1912

LA COLLECTION
HENRI ROUART

La collection formée avec amour par M. Henri Rouart a été depuis longtemps considérée comme un des plus importants et des plus éloquents ensembles de l'art français au XIXe siècle sous ses aspects les plus originaux et les plus forts.

L'heure inévitable est arrivée pour elle de ce phénomène poignant et superbe de la dispersion. Poignant par sa cause; admirable dans ses effets. La force qui en avait conquis et harmonisé les éléments s'est éteinte, et ils s'en vont, appelés par de nouvelles destinées, dans cent parties de l'univers; — mais en s'éparpillant, ils refructifient. Fractionnement d'un monument, multiplication de beauté; et le renom du collectionneur, au lieu de demeurer concentré dans sa maison, se propage dans chaque asile nouveau des choses qu'il aima.

Cependant un moyen demeure que ce qui se sépara, de nouveau apparaisse réuni sous nos yeux, et qu'un homme exceptionnel revive parmi les témoignages de son goût et les objets de ses prédilections ainsi rassemblés derechef.

Le présent recueil est ce moyen.

*
* *

A mesure qu'elle se déroulera devant vous, la collection expliquera l'homme et composera de lui un portrait intellectuel dont nous ne craignons pas de dire, d'avance, des plus grandes, la noblesse et la séduction. Mais des détails sur l'homme, tout d'abord, feront s'animer la collection comme une œuvre réellement douée de vie.

Voulez-vous que nous fassions comme ceux qui eurent la bonne fortune d'être admis à la voir, pour la première fois, ainsi vivre et vibrer, avant que des admirations communes les missent en relations d'esprit et de cœur avec le maître de la maison?

M. Henri Rouart a donné les instructions nécessaires pour que le visiteur commence à regarder à loisir. Pour lui, il est en ce moment dans une pièce de l'étage supérieur, où il continue à s'entretenir avec des amis, et où le nouveau venu viendra tout à l'heure le retrouver.

GRECO (Domenico Theotocopuli)
UN APOTRE

GRECO (Domenico Theotocopuli)
LE GRECO

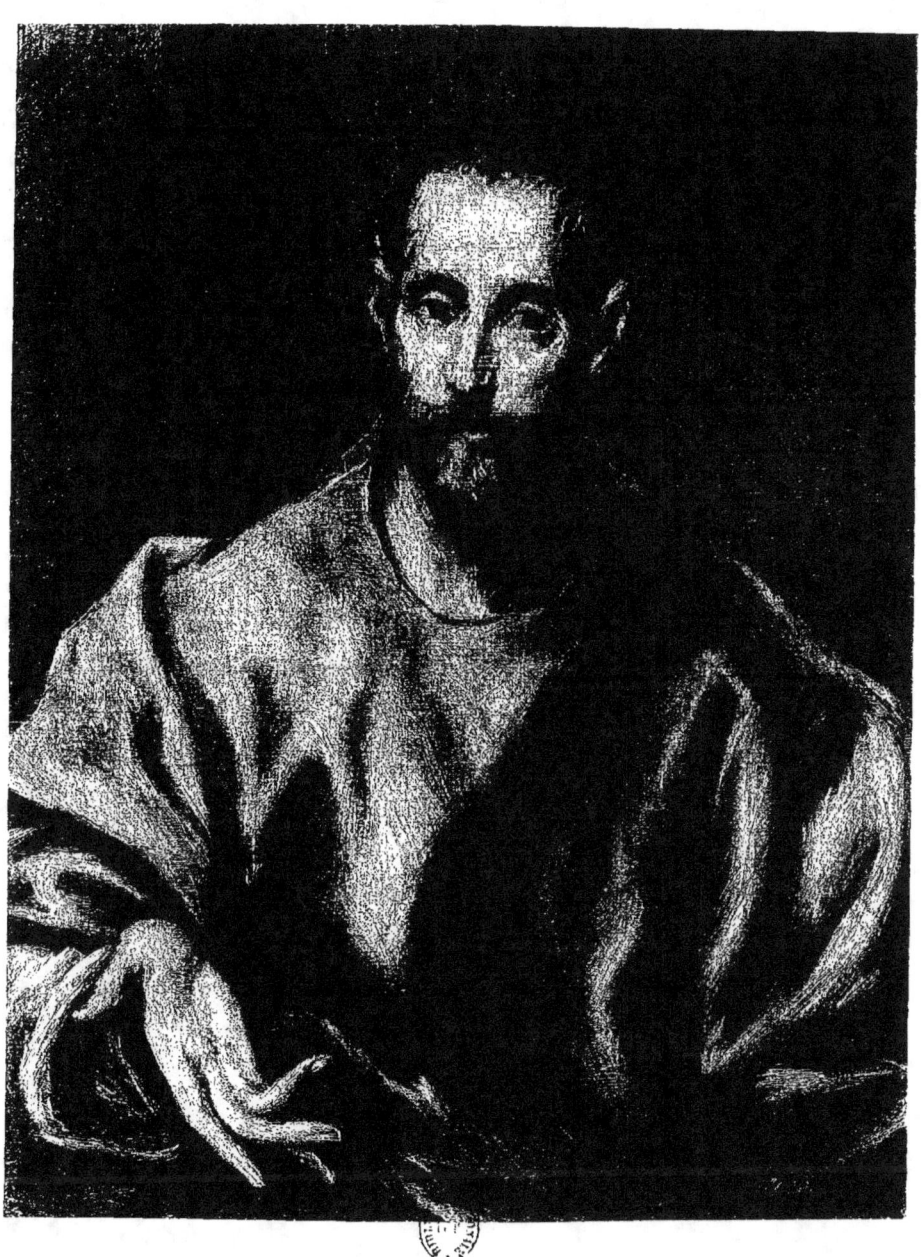

GOYA Y LUCIENTES
FEMME ESPAGNOLE

GOYA Y EL CRESTES

PABLO ESPAGOLE

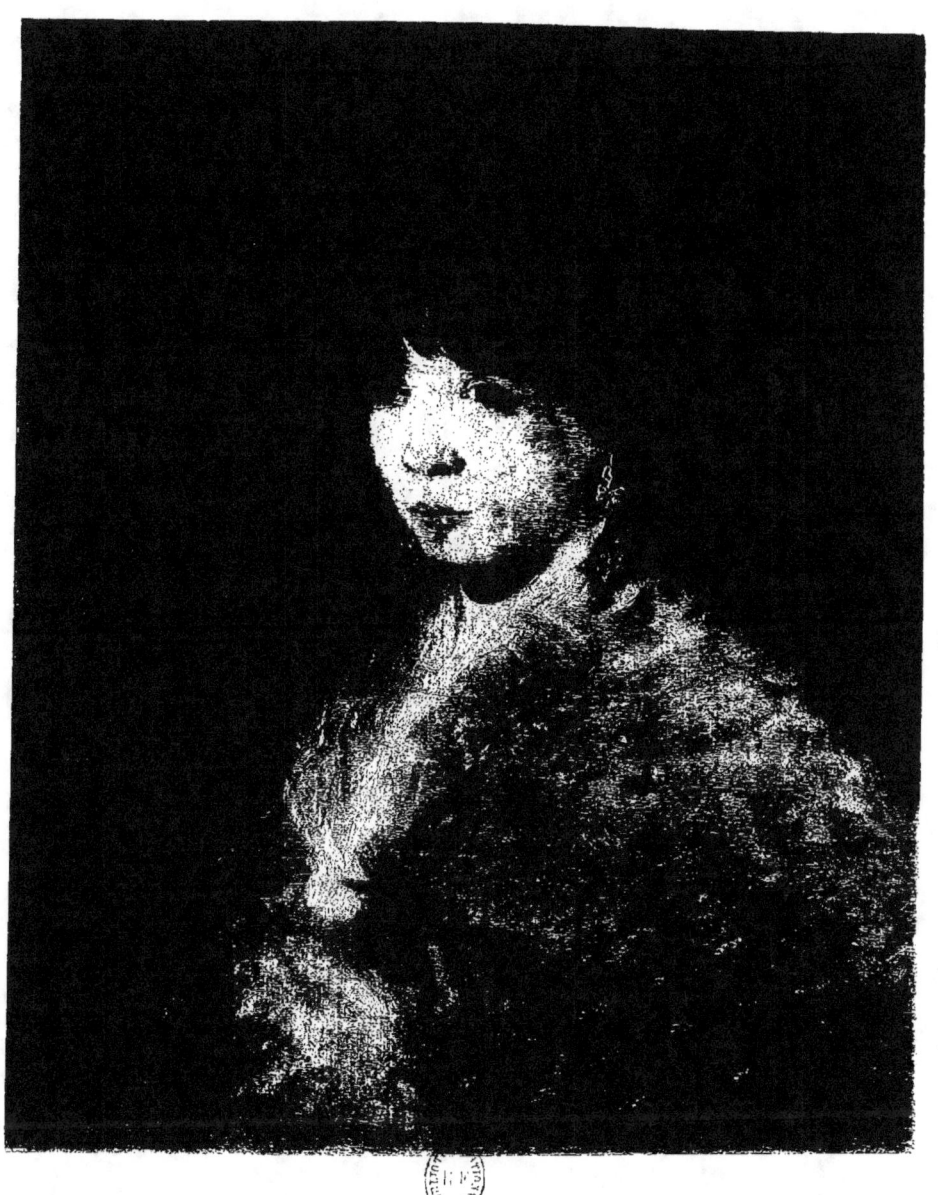

Cet hôtel de la rue de Lisbonne est paisible, simple et confortable ; rien n'y sent l'agitation ni la prétention ; c'est la belle et sûre demeure d'un grand bourgeois français. Une voûte passée, une grille ouverte, on est introduit dans un vestibule, au pied d'un escalier spacieux. C'est certainement un des escaliers les plus difficiles à monter que l'on ait pu prévoir. Comme dans les contes, chaque marche est fée et vous retient longuement avant que la suivante, sa rivale, vous attire et vous garde à son tour. Les murs, en effet, du haut en bas, sont couverts de tableaux de petit ou de moyen format, dont les cadres, bord à bord, enchâssent des bijoux. Ce sont, pour la plupart, choses de grâce, de légèreté et de délicatesse : certains paysagistes, certains peintres de mœurs, que nous nommons aussitôt parmi les meilleurs « petits maîtres » du xixe siècle, sont aperçus dès l'abord, car ils figurent ici par les notes les plus caractéristiques de la manière qui les a fait chérir. Ils rayonnent discrètement, ils symphonisent, ils créent une atmosphère avertisseuse : si c'est le prélude, que sera donc l'œuvre ? Ce qui fait penser qu'elle sera magnifique, c'est que parmi ces fines et charmantes choses, çà et là, une voix plus haute s'élève, une note plus grave ou plus éclatante résonne, quelque spécimen d'un maître vénérable, quelque caprice ou essai d'un contemporain à la notoriété impérieuse. Déjà, Corot s'annonce par une apparition vaporeuse, par un éclair d'argent ou d'or. A mesure qu'on monte (avec la permission difficilement obtenue, quel bonheur ! des marches enchantées), cela s'élargit, et s'éclaire, et s'éploie encore. On est presque au haut, et les notes fortes de ce *crescendo* sont, soudain, un vaste paysage d'une sobre vigueur, et un grand portrait de femme, toute en un bleu d'une subtilité sans seconde : une œuvre de la première manière de Monet, et une des premières manières de Renoir.

Le palier, auquel on est enfin parvenu, prolonge et calme à la fois cette impression surprenante, par toute une nouvelle série de pages plus modestes, plus apaisées, mais d'une vraie richesse encore. Une porte est ouverte sur un petit vestibule; on se retourne vers la paroi qu'on vient de franchir; quatre, six, huit Degas successivement vous saisissent et vous secouent! Un chef-d'œuvre parmi eux, un tableau de danseuses, argenté, perlé, relevé d'une note de citron pâle. Et, parmi cela, des dessins de Corot, dont la pureté sourit à côté de cet âpre humour. Plus loin, encore des études peintes, très marquées, dont on voudrait tout de suite connaître les auteurs; et Daumier qui s'approche; et Prud'hon qui vous pénètre, parmi tous ces contrastes, comme la célèbre phrase caressante et mystérieuse qui passe dans l'ouverture du *Freischütz;* et la surprise d'apercevoir encore une note, et qui fait bien, d'un contemporain à qui l'on a dit adieu il y a peu de semaines.

Ainsi l'on a vu toute une réunion d'œuvres aimables, ou grandes, ou rares, ou précieuses, ou piquantes, toutes qui signifient quelque chose, toutes qui ont du prix, et dont le nombre, ainsi que la qualité, feraient déjà une collection digne d'envie...

CHARDIN
INSTRUMENTS DE MUSIQUE

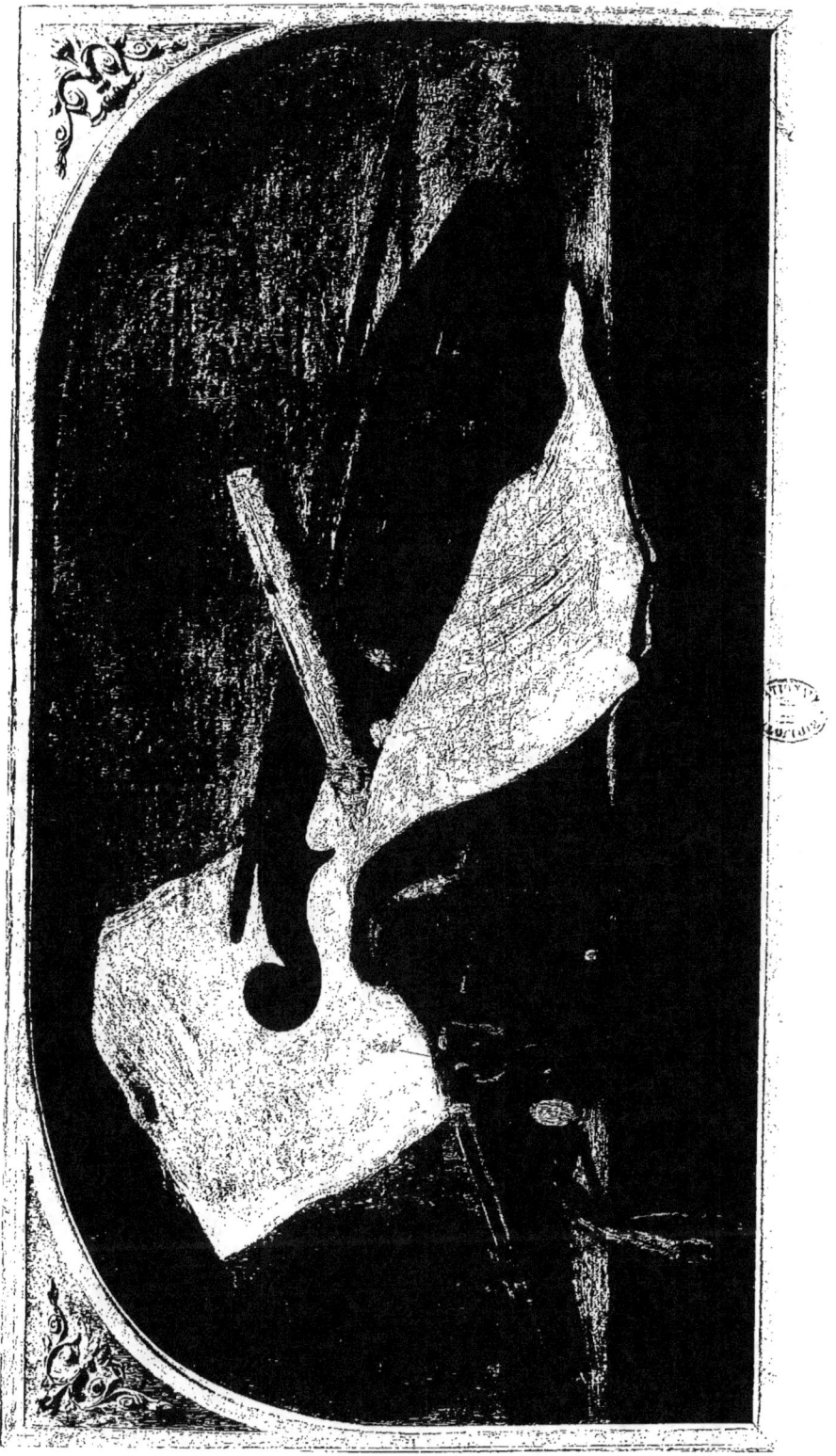

HUBERT ROBERT

LE JARDIN DE L'INFANTE

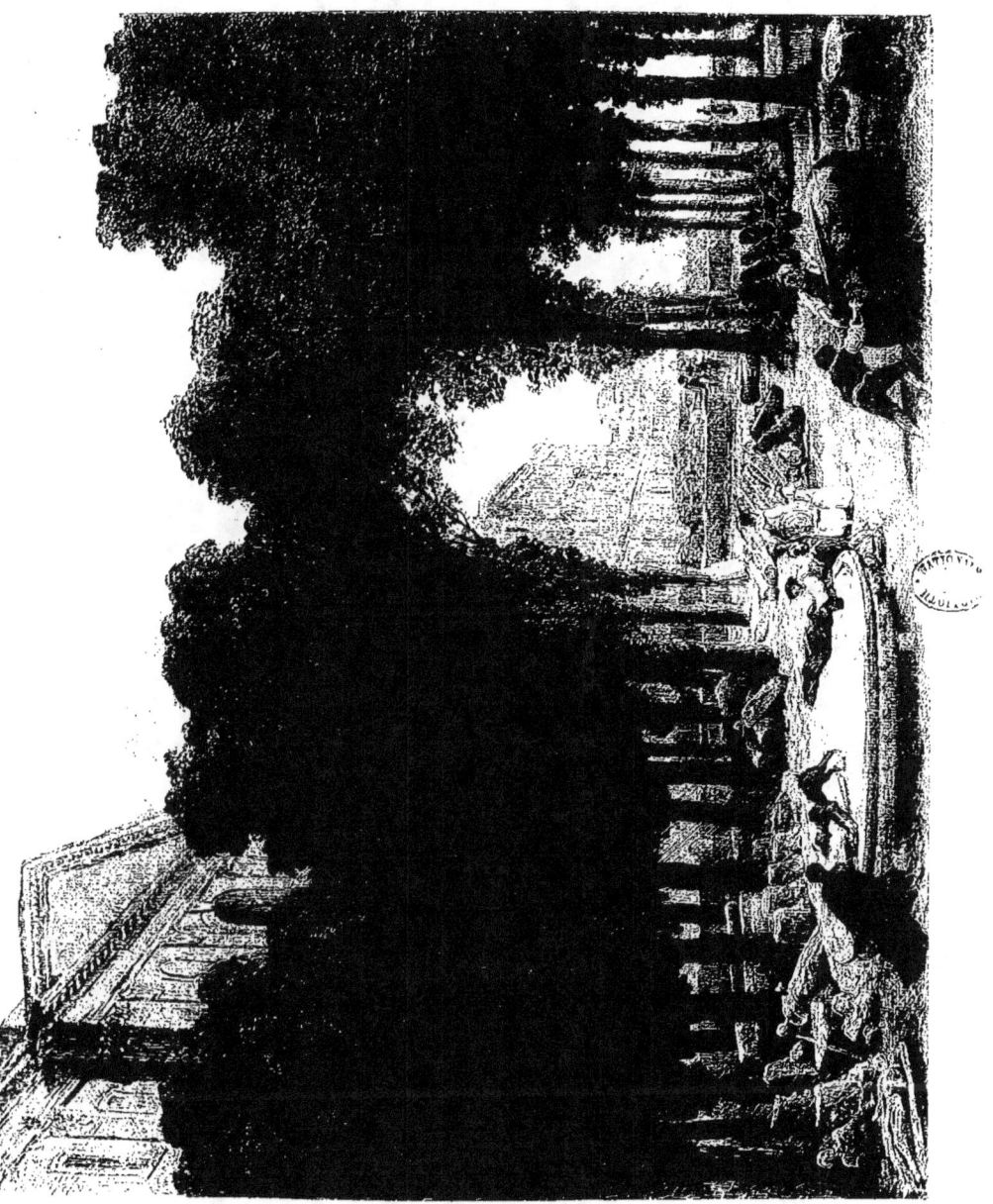

On ne connaît pas encore la collection Rouart! On n'a pas encore commencé de la connaître!

*
* *

Pour la connaître, il faut entrer dans ce grand salon rouge et or, qui s'éclaire sur la rue de Lisbonne. Ou plutôt ce triple salon, car, à droite et à gauche, il communique avec deux autres pièces largement ouvertes, que l'on aperçoit tout d'abord, et dont, si j'ose dire, on sent les effluves s'ajouter à la puissante impression reçue dès le premier pas; deux pièces qui sont comme les ailes de cet édifice d'art.

Alors, si l'on tourne le dos aux fenêtres, pour découvrir d'un seul coup les grandes lignes, les dominantes de ce monument, voici ce qu'on aperçoit : devant soi, on a Millet, à sa droite Corot, à sa gauche Prud'hon! Ce qu'on entend avant toute analyse, c'est ce triple appel. Tout à l'heure, on découvrira que chacun de ces rois du panneau est entouré d'autres personnages qui lui cèdent à peine en fierté et en noblesse. Mais *la Dame à la robe bleue*, de Corot, *le Bouquet de marguerites*, de Millet, et l'esquisse de *l'Abondance*, de Prud'hon, toutes les fois que vous regardez chaque paroi d'ensemble, et toutes les fois que vous reviendrez dans la maison, fût-ce à huit jours d'intervalle, fût-ce à des années, attireront invinciblement vos yeux tout d'abord.

Autour de Millet, vous distinguerez maintenant des Daumier, des Tassaërt, un Puvis de Chavannes d'une grâce suprême. Autour de *la Dame bleue,* d'autres Corot (Corot accompagné par lui-même!). Près de Prud'hon, un Poussin, un Goya, un Manet, un Delacroix. Tout cela, malgré les différences d'époques, de tempéraments, de luminosité, semble être né pour vivre ainsi côte à côte, tant l'unité d'un goût a visiblement présidé à ces choix. Puis, on commence à entrevoir encore d'autres horizons au delà de ceux qui avaient apparu les premiers. C'est ainsi que l'empire de *la Dame bleue* ne s'étend que jusqu'à la baie qui ouvre sur le petit salon voisin, mais l'autre côté de cette baie vous offre un autre Millet que vous n'aviez pas deviné encore : le tragique tableau *le Chêne et le Roseau,* entouré de deux ou trois petits Degas qui sont d'un précieux extrême, et de divers morceaux du xv° siècle dont l'ingénuité n'est non plus nullement dépaysée dans le voisinage de cette tempête et de cette mordante ironie.

Le clair et intime salon de gauche (si cette fois vous vous replacez dans la direction d'où vous veniez, à votre entrée) est vraiment comme la cassette d'Harpagon, petit si l'on veut, mais grand pour ce qu'il contient. C'est là, en effet, que Corot se continue, avec d'admirables paysages d'Italie, entre autres ces deux merveilles : *la Vue de Tivoli* et *l'Ile San Bartolommeo.* C'est là que sont *les Modistes* de Degas et *le Thé* de Miss Cassatt. C'est là que le doux et charmant Cals réclame comme peintre de mœurs ses droits à l'amitié de ceux qui sont sensibles

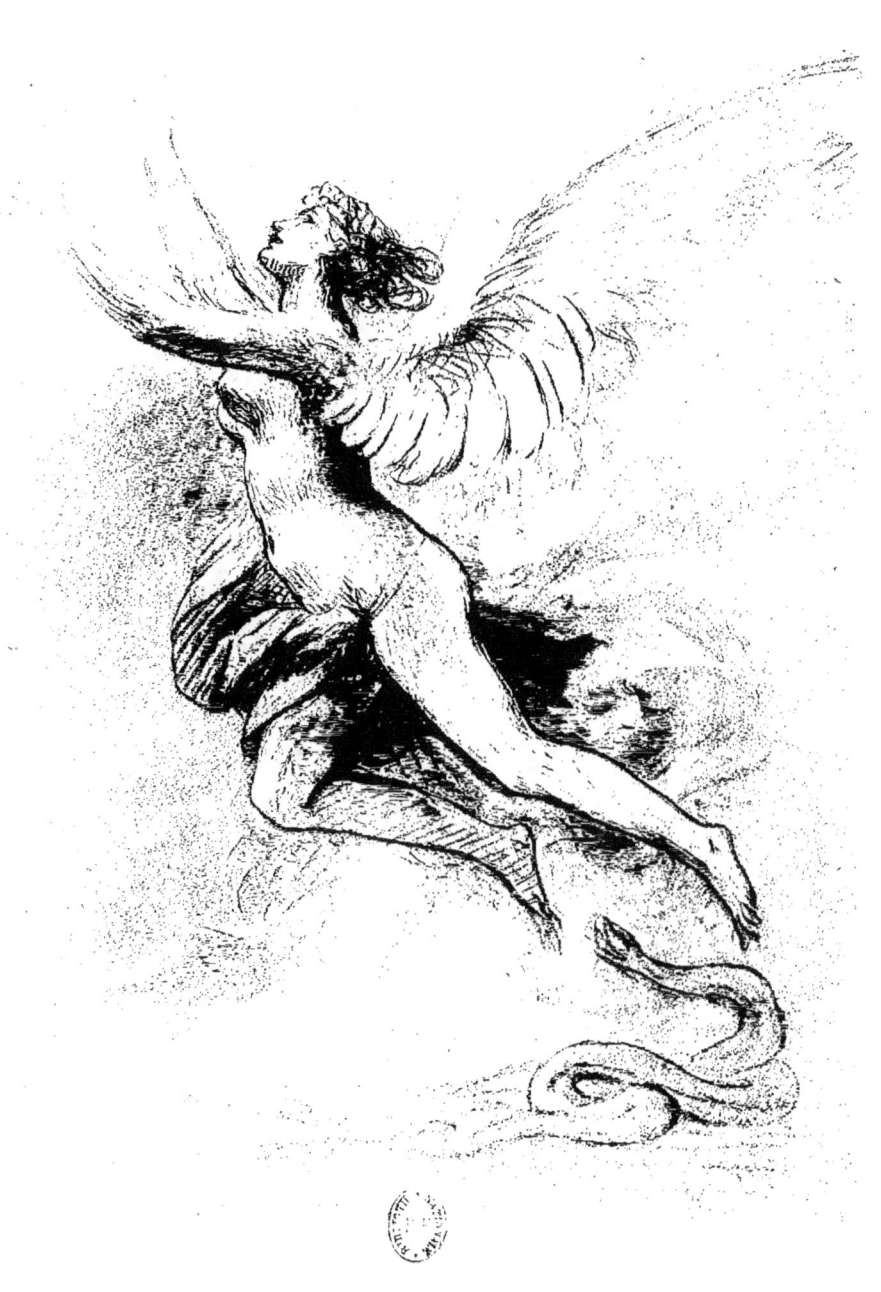

à la bonne peinture et à l'humanité vraie. C'est là qu'il y a un Steen d'une qualité excellente, — et un morceau de Goya, une *Gitane* à la noire chevelure, qui vous hantera plus d'une fois.

L'autre salon est tout autre chose avec des éléments analogues, mais rehaussés d'accents inattendus. C'est ainsi que Corot y brille encore, — où ne brille-t-il pas dans cette maison? — mais que Daumier s'y montre dans toute sa force; que Delacroix attire notre attention avec, entre autres, toute une récolte de ses fleurs de Champrosay, mais que Courbet nous étonne avec de riches études de pommes vermeilles; que Claude Monet et Pissarro chantent, l'un les féeries des neiges, les mirages des brumes, l'autre le robuste poème des cultures et des villages, mais que la reine *Anne d'Autriche*, par Philippe de Champagne et un riche personnage vêtu de velours gris, qui est de Vigée, et qui serait digne de La Tour, ne s'offensent pas, au contraire, de cette compagnie si diverse.

Entre toutes ces grandes notes s'en intercalent, s'en insinuent, quantité d'autres. On jurerait que les peintures se multiplient, tant, l'une après l'autre, elles vous demandent, oh! un tout petit coup d'œil, puis vous retiennent longuement. On n'avait pas aperçu ce Delacroix, on ne soupçonnait pas cet Isabey; ce Jongkind est donc entré après vous? Il y a dans ces trois pièces, peut-être deux cents, peut-être trois cents tableaux. Chaque fois que vous en ferez le tour, vous ne parviendrez pas à les apprécier tous; chaque fois il en sortira un nouveau de la muraille qui vous dira : « Eh bien ! Et moi?... Tu ne sais donc pas voir? »

Et cela est sans doute très émerveillant, mais c'est cependant très naturel, car vous ne voudriez tout de même pas, en trente minutes, dénombrer, analyser et juger ce que le maître du logis a mis trente ans à recueillir, et à disposer ainsi autour de lui.

*
* *

Maintenant, comme vous sentez que vous ne pouvez pas, malgré votre désir, rester dans ces salons inépuisables, et que vous avez idée que le moment est peut-être bien venu de rendre visite — puisque vous êtes le visiteur — vous revenez au vestibule et vous montez un petit escalier tournant que l'on vous a indiqué. Vous ferez bien de regarder les marches et non le mur, car il est tapissé, lui aussi, de dessins rares... et ce sera pour la descente.

Vous voici dans un vaste atelier de peintre, mais atelier qui va vous réserver à son tour plus d'un ébahissement, car si la politesse vous empêche de jeter tout de suite les yeux aux parois, l'instinct vous avertit qu'elles palpitent de chefs-d'œuvre.

Un homme de taille assez grande, vêtu d'une redingote noire, s'avance vers vous; il se peut que ce jour-ci il traîne un peu la jambe : car il est plus d'une fois en proie à des douleurs. Mais si je vous dis cela, c'est que jamais il n'est plus souriant, plus affable, d'un accueil plus délicieusement courtois

Mlle CONSTANCE MAYER

LE RÊVE DE BONHEUR

(Esquisse du tableau du Louvre)

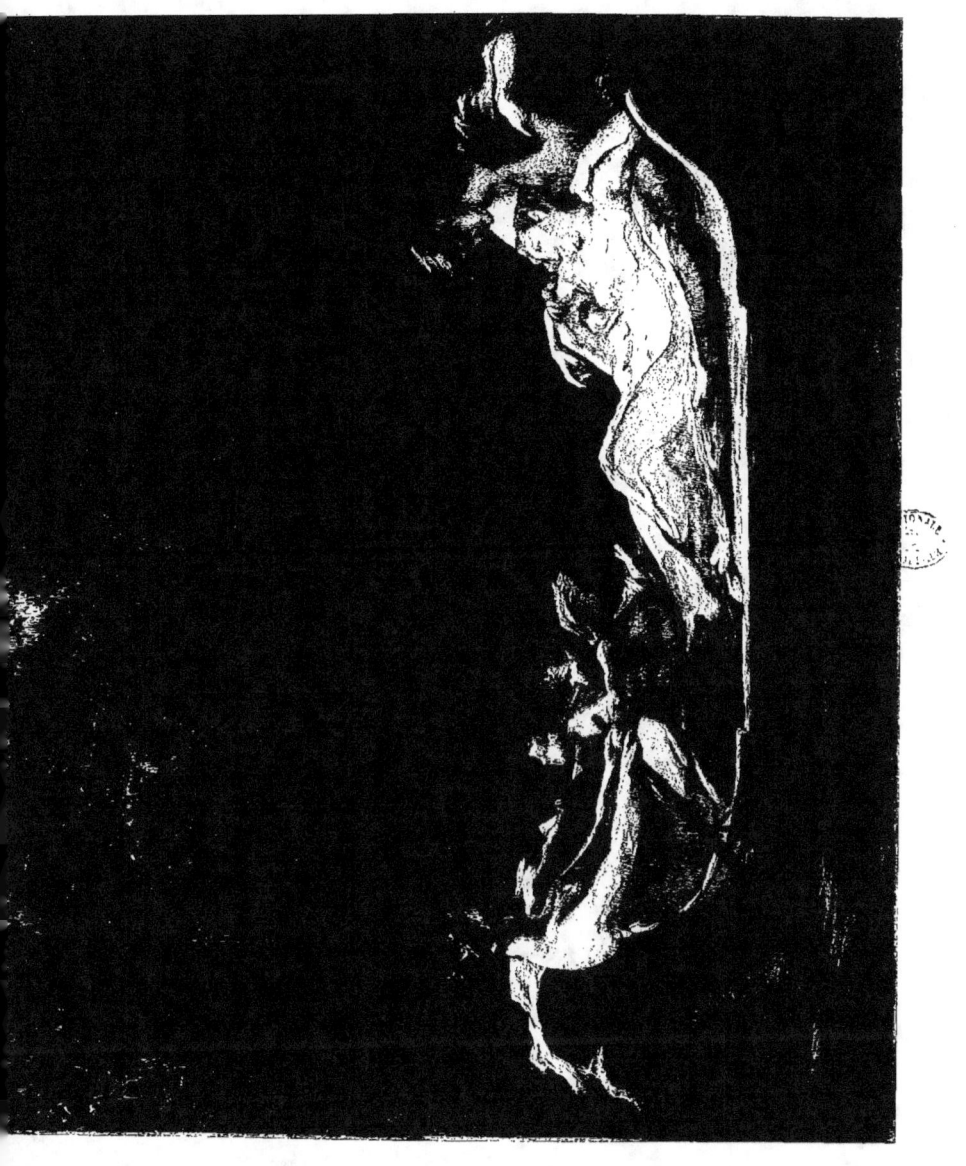

ISABEY
L'ALCHIMISTE

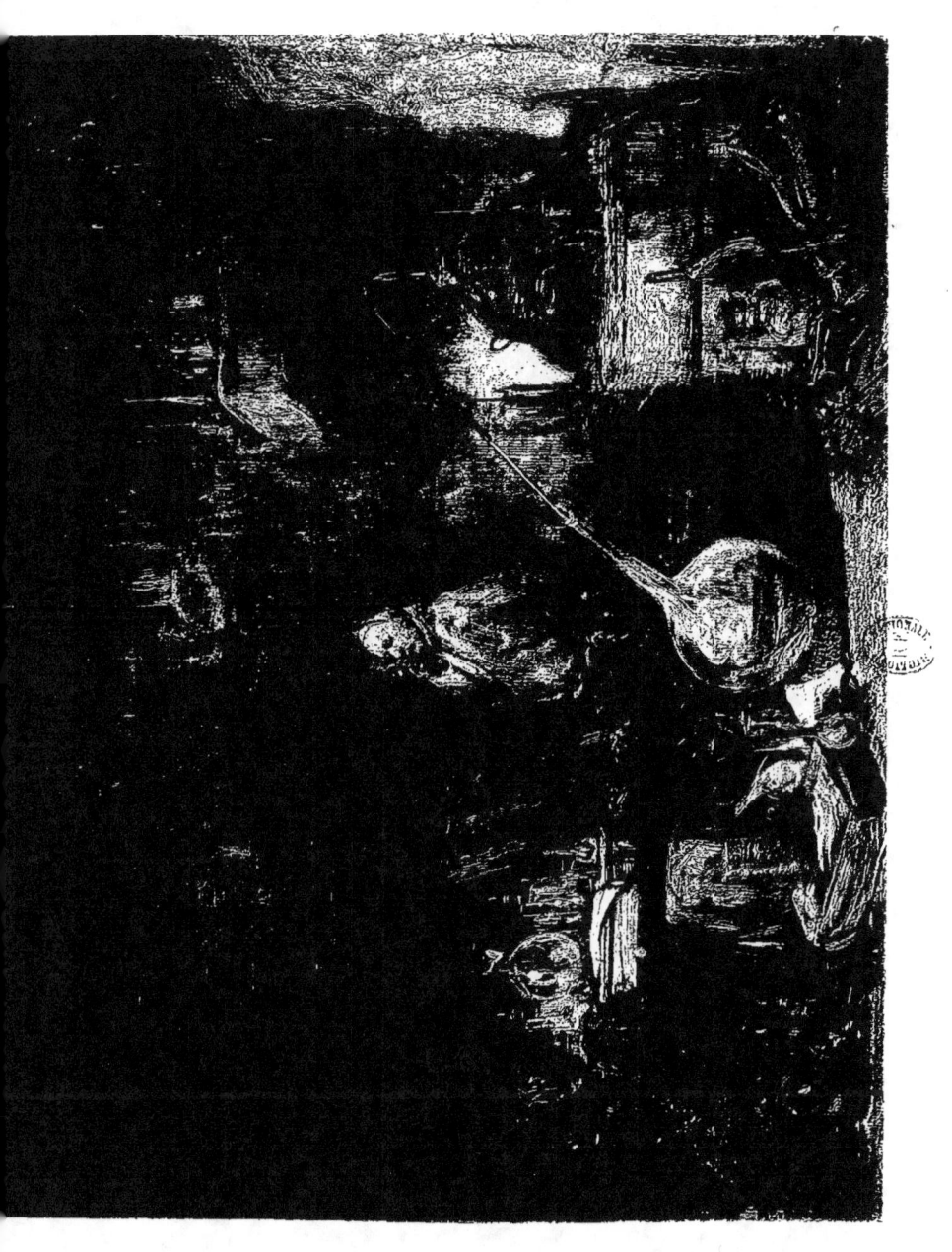

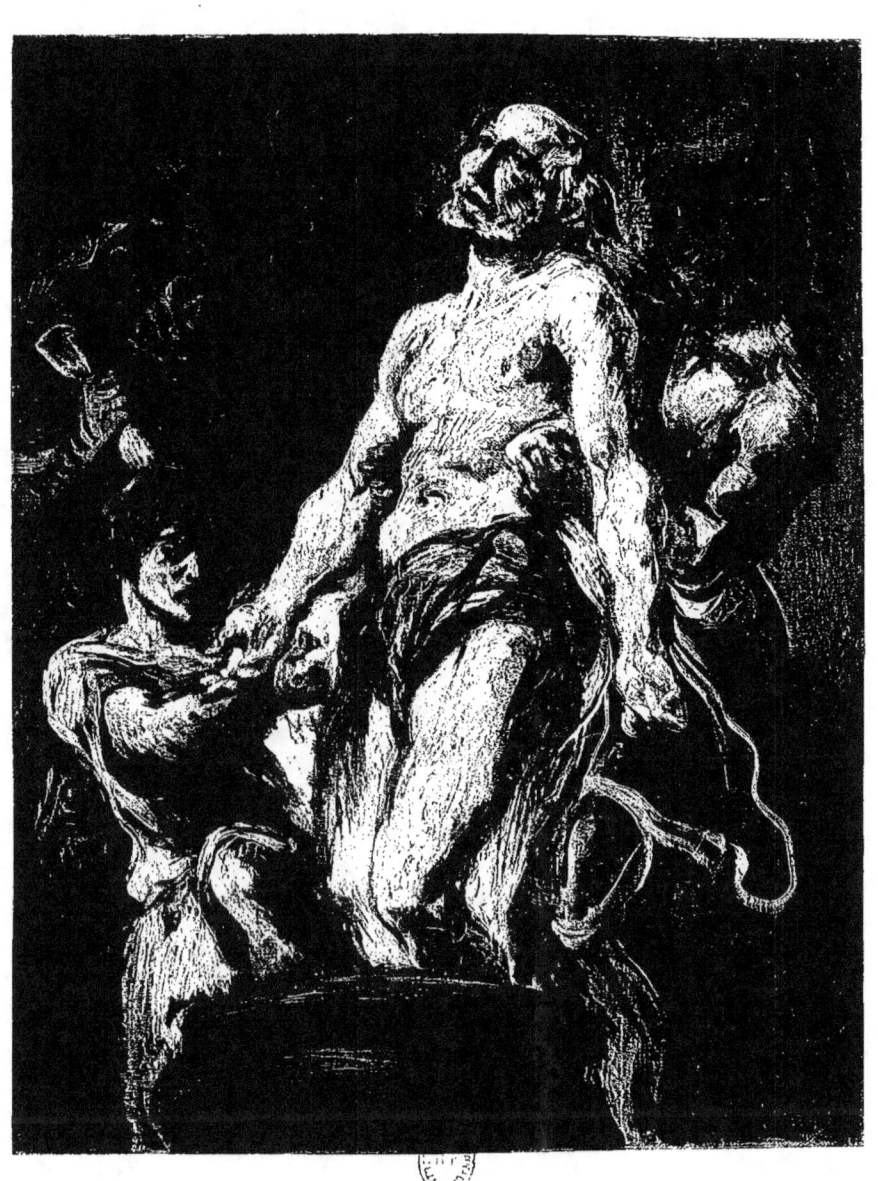

que lorsqu'il souffre. C'est une des façons dont se manifeste son extraordinaire énergie.

Énergique? Cet homme qui parle d'une voix si douce, sur ce ton caressant, un peu nonchalant; qui vous regarde d'un œil souvent à demi clos, tandis que les paupières laissent filtrer des lueurs de malice et d'affectueuse ironie? Énergique? Ce charmeur qui, dès les premières paroles, vous exprime des choses si vives et si touchantes sur la sérénité de Corot, sur la poésie humaine de Millet, sur la résignation adorable et navrante du pauvre Cals?

Mais oui, et c'est l'énergie en personne. Peu à peu, lorsque vous le connaîtrez mieux, et par sa fréquentation même, et par des amis communs, vous saurez que sa carrière est un modèle d'initiative, d'activité, d'audace, de même que sa collection est un exemple de ce que peut faire la passion des belles choses. Pour le moment, vous vous contentez d'être ravi et flatté de ces manières si simples et si encourageantes, de ce fin bon sens qui alterne avec cette vivacité d'enthousiasme.

Vous n'avez plus, à présent, à tenter vous-même l'exploration. C'est M. Henri Rouart qui vous fait faire le tour de son atelier. Vous regardez un paysage vert et frais qui est placé sur un chevalet; vous cherchez à mettre un nom d'auteur. M. Rouart vous apprend, très modestement, qu'il fait un peu de peinture, qu'il a travaillé avec Millet, et que lorsqu'il va en voyage, il aime à prendre des notes à l'aquarelle. Mais tandis que, très sincèrement, vous allez le complimenter de cette peinture, et de diverses autres déjà très reconnaissables, qui sont franches, saines et attestent un vrai savoir, il a, sans en avoir l'air, détourné votre attention sur cette vaste toile : un Renoir de la période des heures difficiles, ou bien sur ce grand tableau de Manet *la Leçon de musique,* œuvre importante du Salon de 1870, qui fut aussi méconnue qu'une belle œuvre peut l'être. Vous avez vous-même, près de ces morceaux de premier ordre, découvert un beau Chardin, puis un portrait de femme du xviiie siècle, puis un Courbet verdoyant qui raconte le Jura avec une plantureuse émotion; une étude de Delacroix d'une saveur inattendue. Au pied des cimaises, dans des vitrines, des terres cuites antiques et des figurines égyptiennes sourient mystérieusement.

Il est possible encore que le collectionneur vous ait attiré vers l'autre extrémité de l'atelier, et que vous vous entreteniez de la délicatesse infinie de ces *Études d'Italie* de Corot, bijoux de sa première manière que l'on pouvait avoir littéralement pour rien à la vente de son atelier. Puis, que passant, par contraste, à ces formidables accès d'ascétisme du Greco, il ait amené la conversation sur ce grand peintre et ce grand précurseur dont si peu de gens encore (je suppose que nous sommes entre 1890 et 1900) connaissent seulement le nom et soupçonnent le génie.

Tel est, dans ses grandes lignes, cet « atelier » où d'autres Millet, d'autres Daumier, accueillent favorablement la société de certains Dupré, de certains Gustave Colin, et de divers

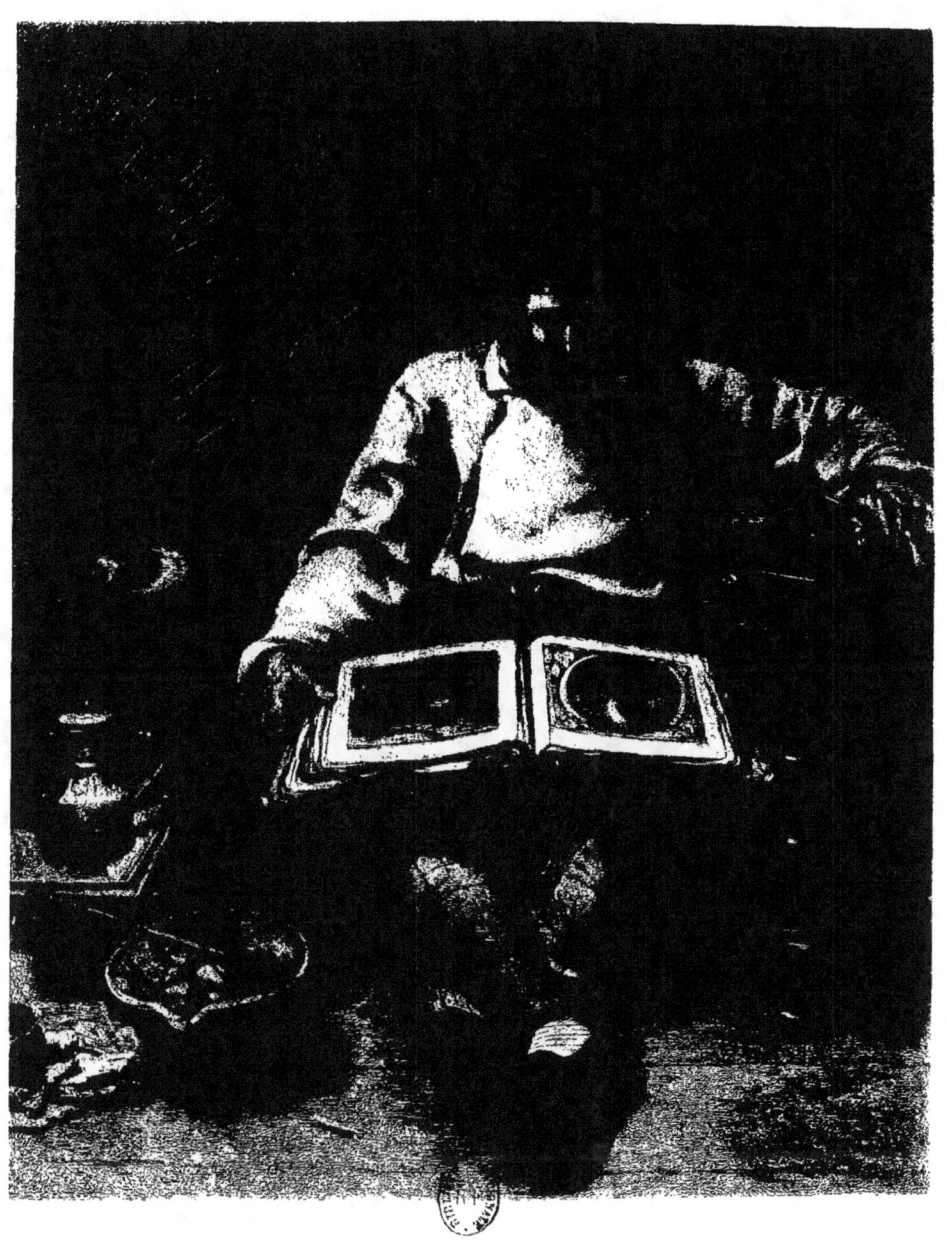

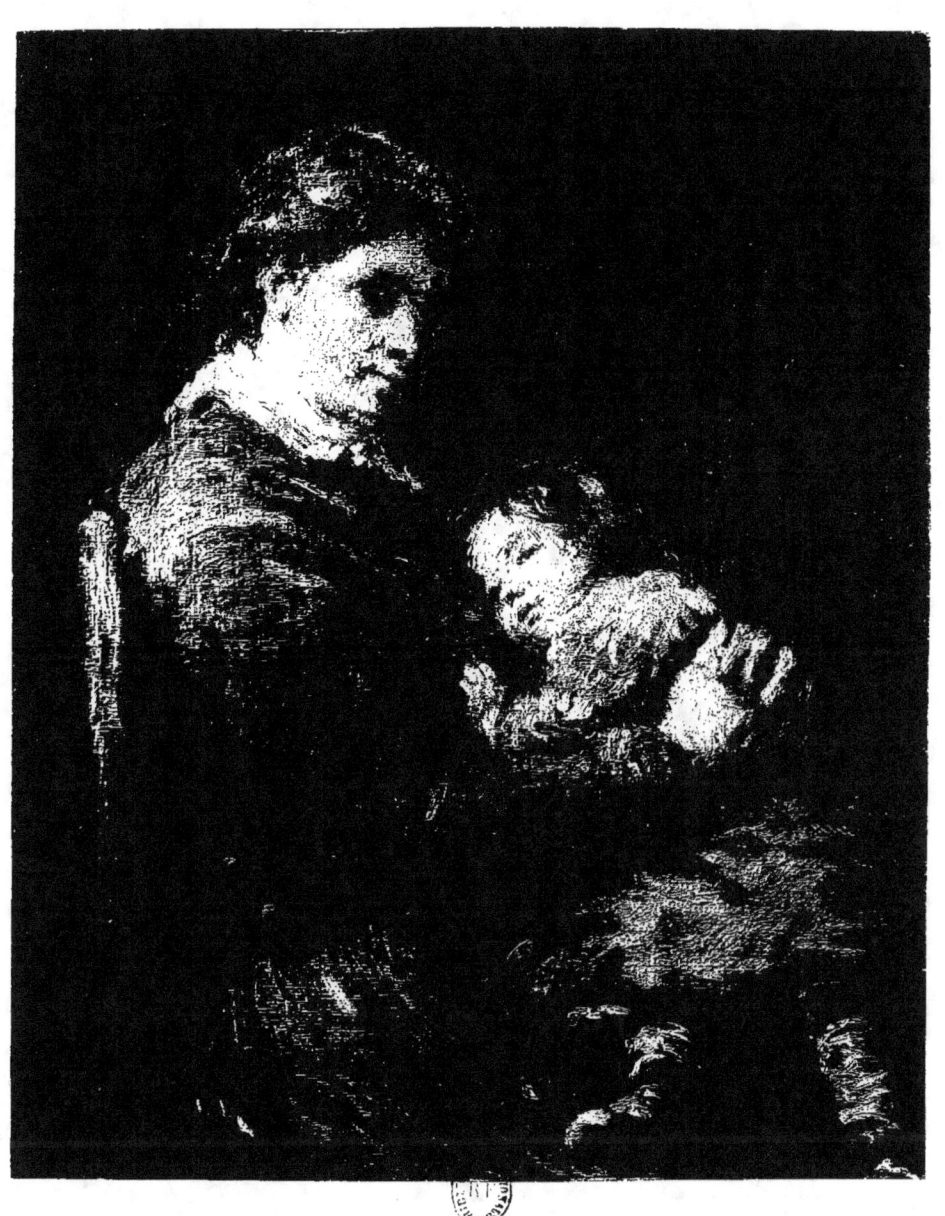

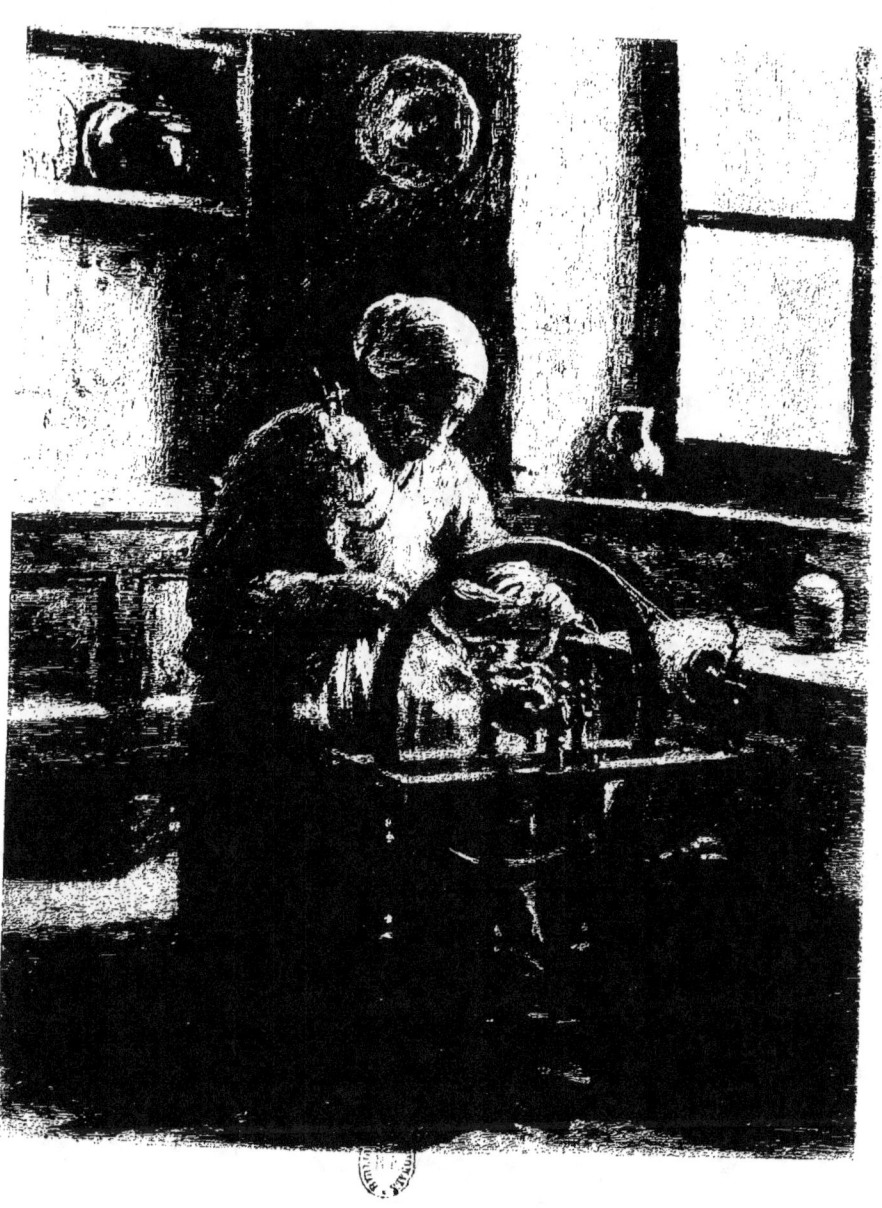

morceaux anciens dont l'auteur est inconnu, et dont l'esprit est quasi moderne. Lorsque vous aurez été ainsi conquis par l'hôte, vous n'aurez même pas besoin de demander à revenir. Déjà, s'il a senti en vous un peu d'intelligence et d'enthousiasme sincère, il vous y aura engagé. Seulement il ne pourra retenir un sourire si, dans la pièce de dégagement qui précède l'atelier, vous vous écriez : « Comment ! il y avait encore cela ! Cela, que je n'avais pas vu en passant ! »

Cela, c'est une extraordinaire réunion de dessins. Des dessins de Millet comme il en fut rarement rassemblé en pareil nombre et en pareille beauté. Des dessins de Prud'hon qui chantent avec suavité la gloire de l'âme et les prestiges de la volupté. Des dessins de Daumier où l'on trouve toutes les notes de ce grand observateur de la vie. Des dessins de Delacroix, de Barye, de Théodore Rousseau qui contiennent tout Rousseau, tout Barye et tout Delacroix.

Des chambres encore sont voisines, qui contiennent de belles ou de rares choses. Avec une complaisance constante, M. Rouart vous en ouvre les portes. Certains portraits familiaux sont de Degas; on les admire. Certaines peintures anonymes sont des énigmes; on les questionne. La journée finirait et nos curiosités ne finiraient pas. Il ne reste plus qu'à descendre (lentement) le grand escalier, et à se retrouver, un peu abasourdi, dans la rue, parmi les humains... qui ne portent pas toujours la signature d'un grand maître, mais qui vous rappellent tout de même quelques-uns des Daumier et des Degas de là-haut...

*
* *

« Je n'ai jamais eu ici que des choses de passion. »

Celui qui écrit ces lignes s'est bien souvent rappelé cette parole que lui dit M. H. Rouart dans les temps où leurs premières relations s'établirent, — à l'occasion d'un travail sur Daumier. Le mot avait été prononcé en toute simplicité, et sans la moindre intention de faire un effet. Peut-être, même, le collectionneur n'a-t-il jamais eu l'occasion de le redire; mais j'ai toujours songé que jamais rien ne pourrait mieux résumer le caractère de l'amateur de peinture, et l'esprit même de sa collection.

Elle ne fut pas entreprise, comme tant d'autres, pour un de ces trois grands mobiles de beaucoup de collectionneurs : la vanité, la spéculation, ou la protestation. Au moment où M. Rouart commença de rassembler des œuvres d'art, celles qu'il chérit dès l'abord ne pouvaient aucunement flatter sa vanité, car on passait pour extravagant à héberger des « horreurs » comme les Manet, les Renoir et les Claude Monet, ou les choses « agréables mais non finies » de Corot, ou les « caricatures » de Daumier. La spéculation n'y aurait guère, non plus, trouvé son compte, car les plus fervents admirateurs ne songeaient guère, ne pouvaient même pas prévoir que les sommes modestes pour lesquelles il leur était loisible

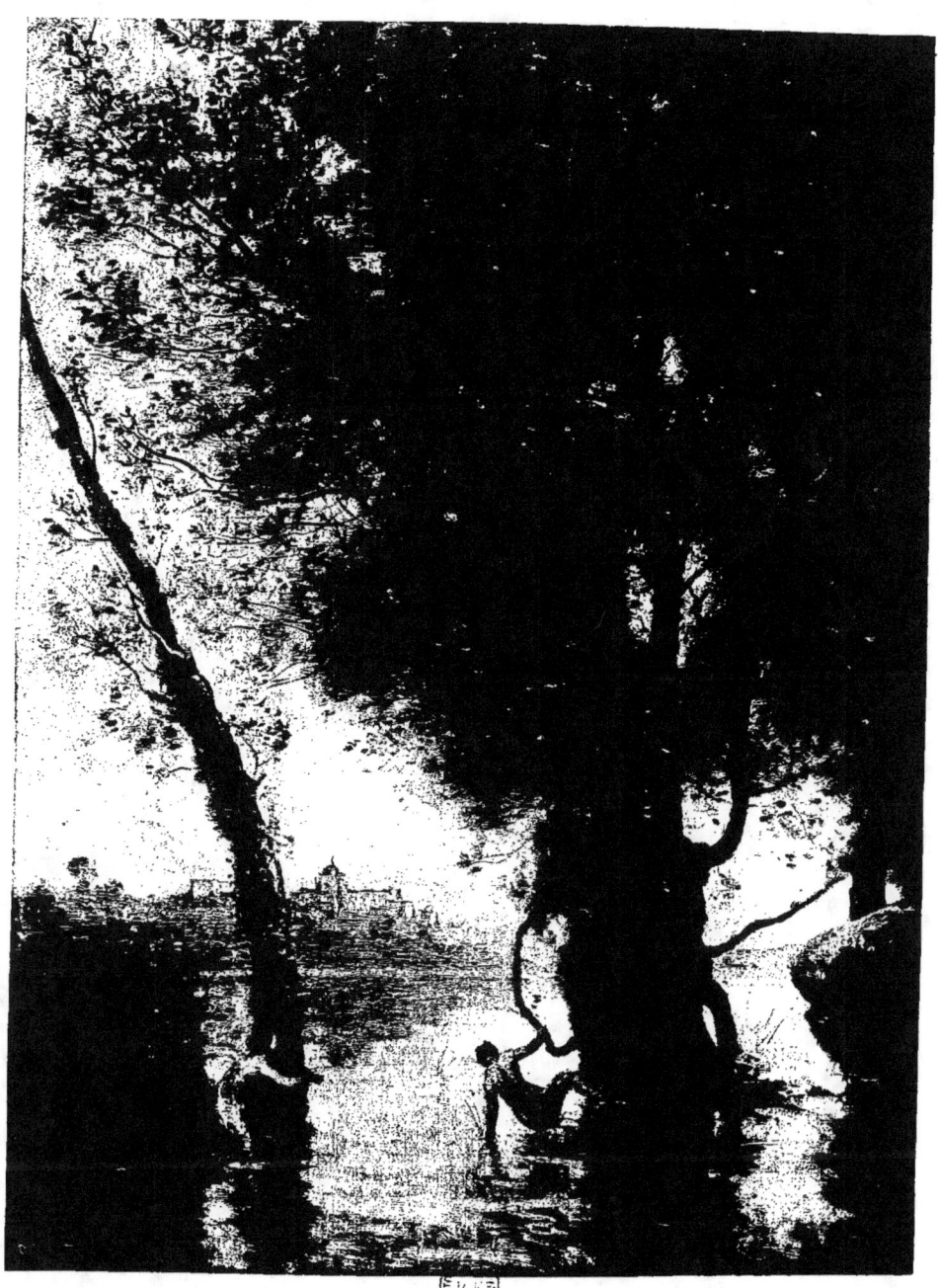

COROT

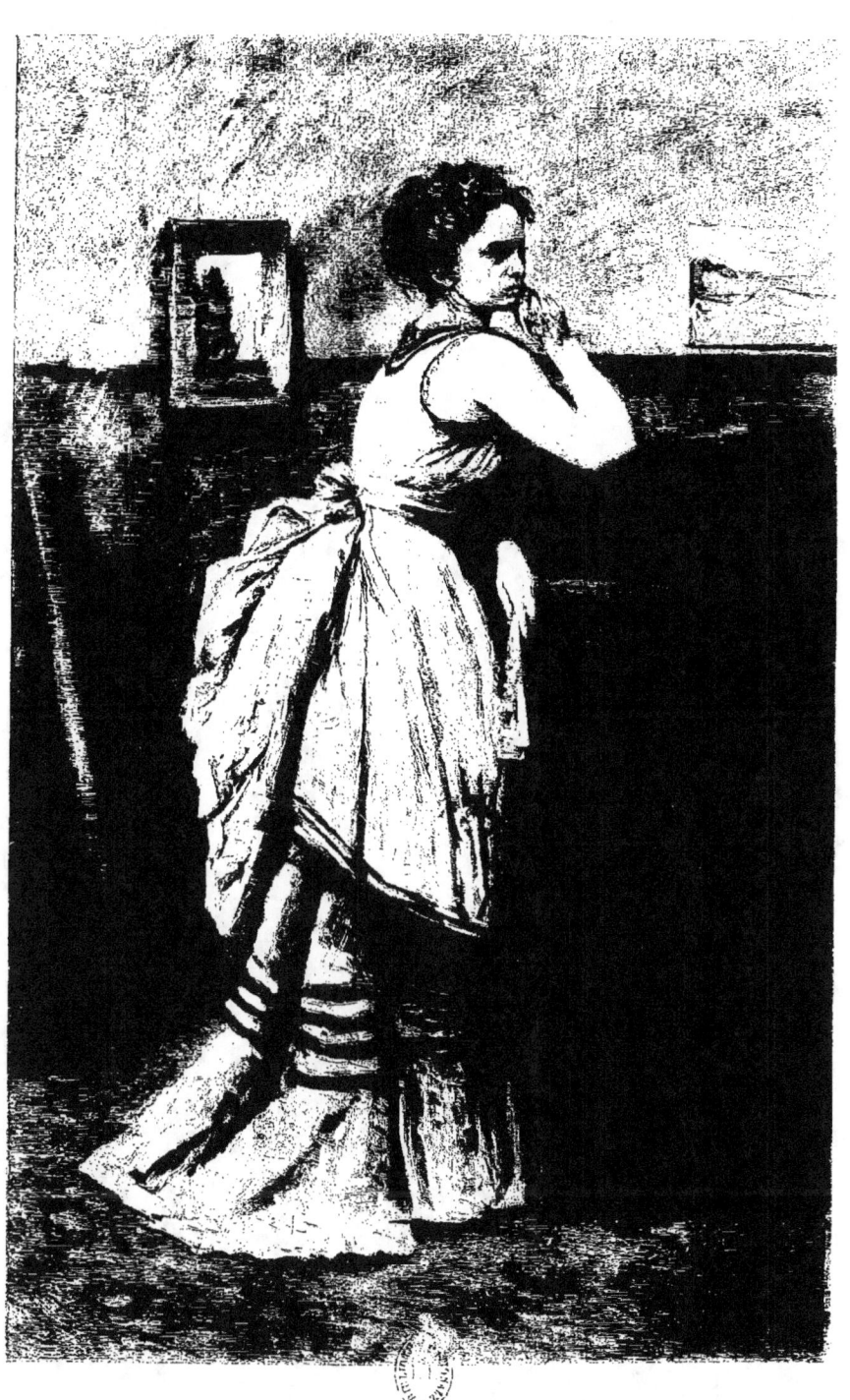

de se procurer les meilleures joies, seraient plus tard, non pas décuplées, mais centuplées. Quant à la protestation, M. Rouart fut un homme d'action et d'initiative, mais non pas un révolutionnaire, ni même un polémiste. Ce fut, seulement, un homme qui aimait sincèrement.

* * *

Lorsque nous revoyons à présent cette admirable collection, non plus pour le plaisir de la découverte ni en la compagnie de l'homme qui l'avait rassemblée, mais au point de vue de l'étude, et afin de porter sur elle une appréciation générale, deux choses surtout ressortent d'une façon saisissante.

La première, c'est que, si cette galerie était d'une logique, d'une cohésion et d'une harmonie exceptionnelles, c'est probablement par cette raison que M. Rouart l'avait composée avant tout d'œuvres de son propre temps et de son pays. Je n'entends pas dire par là que toute collection d'objets anciens ou d'œuvres étrangères ne pourra pas offrir le même caractère d'unité ; cela serait un paradoxe insoutenable. Mais ce qui est certain, c'est qu'un homme qui a la patience et l'énergie de pratiquer dans sa propre époque, avec du discernement et de la méthode, les explorations auxquelles d'autres se livrent dans les temps antérieurs ou au delà des frontières, finit par composer une collection aussi extraordinaire et aussi captivante que les plus célèbres en quelque autre genre que ce soit.

La seconde particularité découle de la première. En effet, les années ont marché ; les hommes que M. Rouart aimait et comprenait sont tour à tour disparus ; peu à peu, de méconnus ou de bafoués qu'ils étaient, ils sont devenus appréciés, puis célèbres. Puis les esprits généralisateurs les ont classés non seulement dans leur siècle mais par rapport à leurs devanciers. Ils ont constaté qu'ils étaient de ceux-ci les dignes successeurs. On a, dès lors, sans peine admis que Corot est aussi grand que Poussin, que Degas est aussi puissant que les grands Hollandais, que Renoir a des grâces françaises aussi capiteuses que celles des maîtres du xviiie siècle ; que Millet a ajouté des pages à l'histoire de l'humanité figurée ; que Manet, sorti des Espagnols, est aussi noble et aussi fort qu'eux, tout en étant devenu différent ; que Claude Monet, Sisley et Pissarro, priment maintenant les plus grands paysagistes anglais, Turner, Crome, et Constable. Et ainsi des autres, jusqu'aux plus petits maîtres ; jusqu'à ceux dont on a déjà presque oublié la vie, dont bientôt on oubliera le nom, mais dont on recueillera avec tendresse, à ce moment-là, les charmantes, touchantes et modestes œuvres.

Alors qu'arrive-t-il ? C'est que l'amateur passionné qui, envers et contre tous, avait groupé chez lui des œuvres significatives de chacun de ces artistes, et qui, ne s'embarrassant pas des considérations de vogue et de préjugés de mode, avait choisi justement leurs notes les plus tranchées, celles même qu'on n'aurait pas voulues au moment où l'on commençait à admettre qu'ils « n'étaient pas dépourvus de talent », cet

COROT
LE LAC NOIR

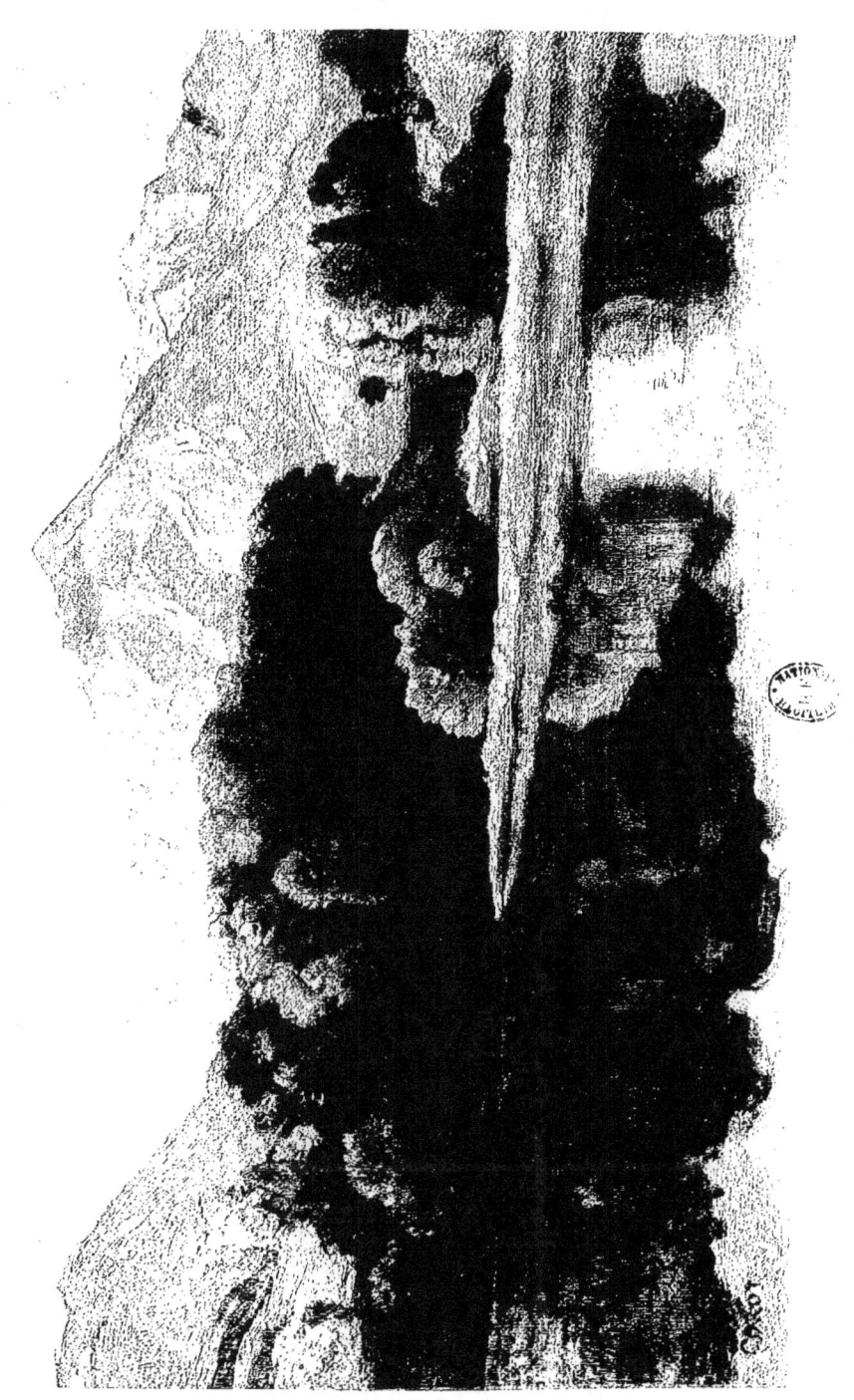

COROT
ILE ET PONT SAN BARTOLOMEO (ROME)

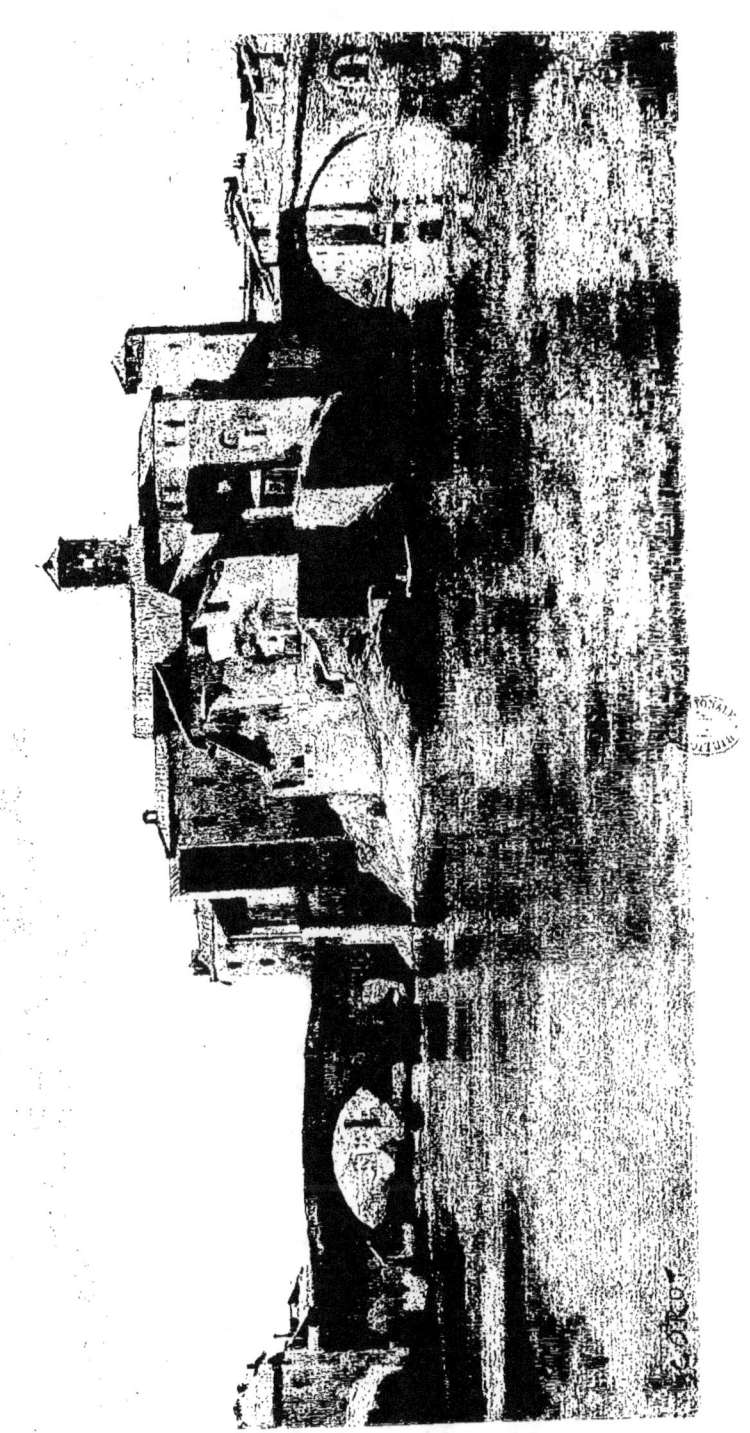

homme-là se trouve, tout bonnement, avoir fait *une véritable histoire en action de l'art de son siècle.*

Au contraire, ceux de ses contemporains qui, par exemple, doués de beaucoup de moyens de fortune, se targuaient d'acheter les grands succès des expositions, des Salons, ou bien qui conquéraient chez les plus habiles marchands, les œuvres « les plus importantes » des artistes « les plus connus », celles, entre autres, qui ressemblaient le plus à celle qui avait valu à ceux-ci les plus flatteuses préférences de la foule — ces sortes de collectionneurs-là, qu'ont-ils fait? Rien. Nous ne le savons que trop.

Les beautés du diable sont devenues décrépites; les gloires parfois ont décliné; les œuvres typiques n'ont plus de signification précise; on s'étonne que telle peinture ait eu un si grand retentissement, tant elle est devenue sèche, dure, noire, revêche; on ne comprend même plus les raisons qui l'avaient pu faire acclamer. Quoi! ce n'était que cela! Et ces grandes réunions fastueusement composées n'ont plus ni valeur artistique, ni valeur historique même, puisque l'histoire ne tient déjà plus aucun compte, ni des noms, ni des œuvres qu'elles nous présentent.

De modestes choses, au contraire, prennent chez un Rouart, une portée inattendue. Les Corot de la période italienne, dans leur adorable docilité qui paraissait naguère de la sécheresse, expliquent la formation d'un génie. Les figures du même maître que l'on dédaignait, deviennent déjà les Jocondes de l'avenir! Cette *Leçon de musique* de Manet représente donc l'aboutissement de sa première manière avant son adhésion à l'école dite « de 1870 ». Ce *Pavé de Chailly*, ce grand et beau paysage de Claude Monet, nous montre donc de la façon la plus forte et la plus formelle ce que cette école-là dut tout d'abord à Corot.

Autour des sommités se groupent les délices secondaires, ou, si l'on préfère, les œuvres qui sont ou étant secondaires, demeurent délicieuses, et ce n'est pas pour celles-ci que l'homme de goût a le moins de caprice. Aux peintures se rattachent les dessins, satellites des étoiles de première grandeur. Et, pour terminer cette admirable démonstration qui a d'autant plus de force et de grandeur *qu'elle n'avait pas l'intention d'en être une*, la passion bien inspirée du collectionneur a placé à côté de tout cela des termes de comparaison tirés des grands anciens auxquels les modernes qui lui sont chers auraient le plus souhaité de ressembler : le Greco à côté de Delacroix, Poussin à côté de Degas, Prud'hon cœur à cœur avec Corot, Chardin avec Corot, Jan Steen s'entretenant avec Daumier, la *Gitane* de Goya ne s'offensant pas d'avoir pour rivale la *Femme brune* de Manet.

Ainsi, après avoir visité la maison de M. Rouart, nous sommes à présent en communication avec son esprit. Ce qu'il avait recherché pour son plaisir se tourne naturellement à notre instruction. Cette histoire de l'art du temps qu'il a faite sans y songer, uniquement par instinct et par opiniâtreté de passion,

COROT

BRETOZZE ALATTI ÁT SOZ

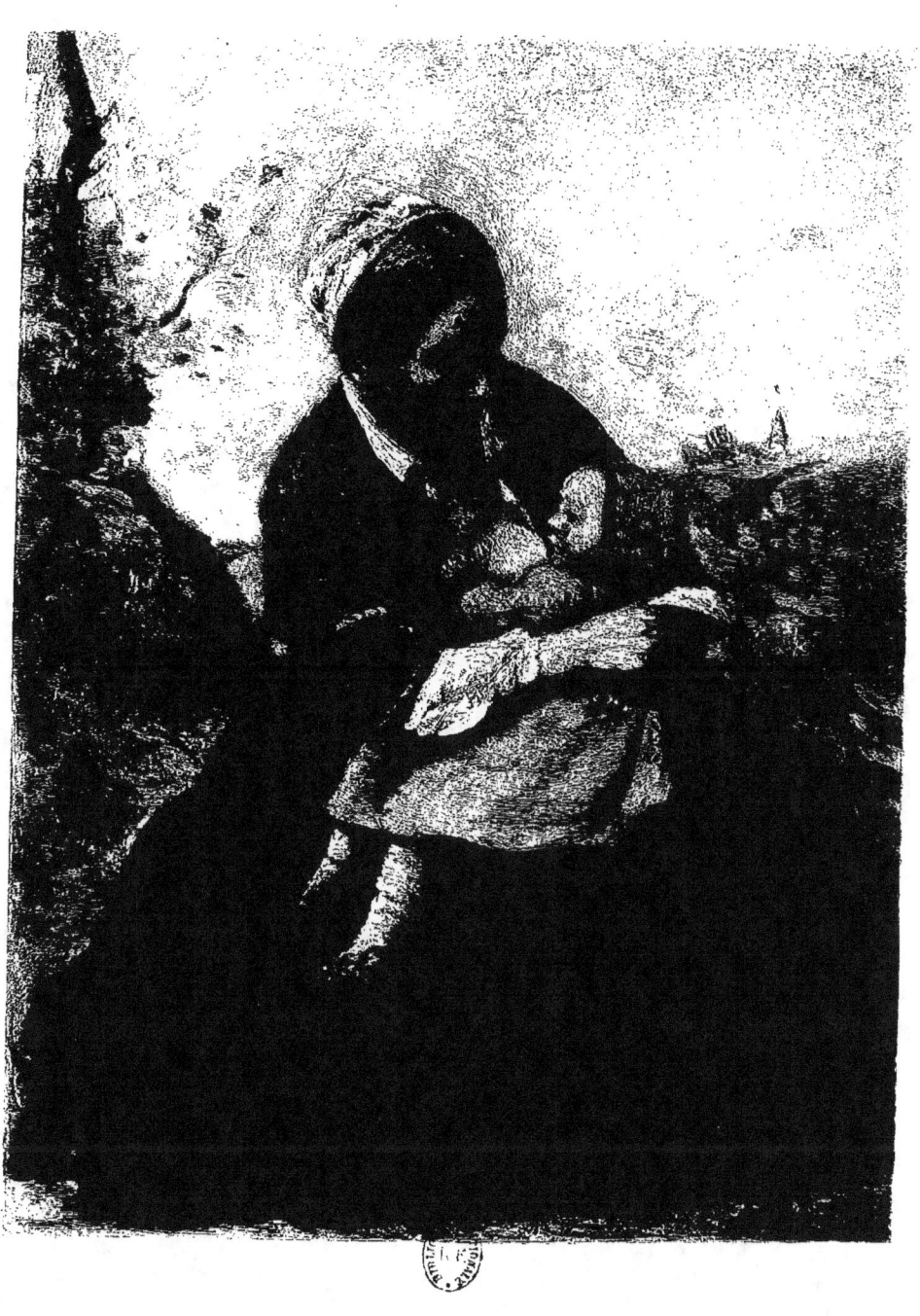

COROT

TIVOLI VU DE LA VILLA D'ESTE

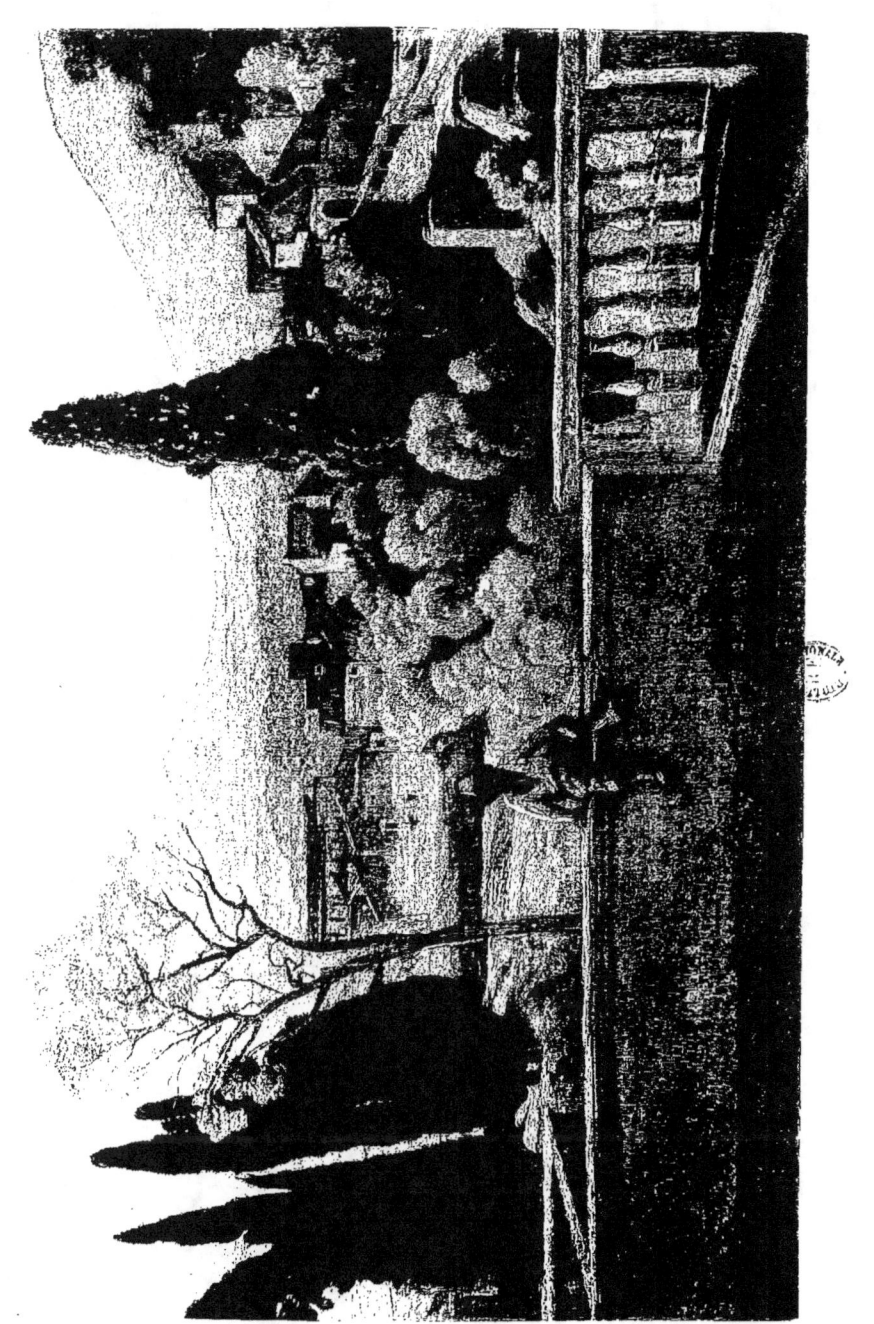

a beau être dispersée demain, elle se reforme idéalement. L'homme d'étude est obligé d'aller en rechercher les éléments, non seulement dans ce livre-ci, mais encore dans les collections nouvelles qui les recueillent, ou dans les musées où elles vont acquérir définitivement leur vertu enseignante.

C'est pour cela qu'avant de la passer une dernière fois en revue, on éprouve le besoin d'en savoir davantage sur l'homme dont ces œuvres conserveront le nom après celui de leur auteur. Peut-être, suppose-t-on, y a-t-il encore là quelque utile leçon à retirer ? Peut-être, si la collection était, en quelque sorte, une œuvre d'art, la vie du collectionneur en était-elle une aussi ? Voyons si cette hypothèse n'est pas téméraire.

*
* *

D'abord, nous y constatons un fait qui vient apporter beaucoup de force à une idée qui nous est spécialement chère. C'est que l'aptitude artistique et l'aptitude scientifique ne sont nullement les sœurs ennemies dont ceux qui ne sont que peu savants, et même ceux qui sont à peine artistes, voudraient encore entretenir la légende.

La vie active de M. Henri Rouart a été vouée à la science, sa vie idéale s'est complu dans l'art. C'est une harmonie que l'on voyait jadis couramment ; mais les spécialisations de notre ère en ont rendu la notion plus confuse et la réalisation même plus difficile.

Quoi qu'il en soit, M. Rouart fait des études scientifiques approfondies. Il est élève de l'École polytechnique, puis de l'École d'application de Metz. Au lieu d'entrer dans l'armée, où il eût certainement pris un rang supérieur, il se consacre à l'industrie, et il apporte aux problèmes de la science nouvelle le même instinct précurseur qu'il a prouvé à l'égard des questions artistiques. C'est ainsi que successivement les applications du Froid, la possibilité de véhiculer rapidement les correspondances par tubes pneumatiques, les moteurs à gaz et à pétrole, attirent dès la première heure ses facultés d'invention et de compréhension.

Il existe parmi les reliques que conserve sa famille un petit portrait de lui, une peinture d'une vigoureuse couleur et d'un énergique sentiment, qui représente l'ingénieur, coiffé d'un chapeau haute forme, et se détachant en silhouette sur un fond de fumantes usines. Cette vigoureuse peinture est l'œuvre de Degas, et se réfère aux temps des plus anciennes relations entre le grand collectionneur et le grand artiste.

M. Rouart avait été, en effet, camarade de collège de Degas. Chacun avait suivi sa voie, l'un entrant dans les affaires, l'autre partageant son temps entre le Louvre et l'atelier; et ils s'étaient un peu perdus de vue. A l'improviste, ils se retrouvèrent pendant le siège, aux remparts, dans la même batterie, où l'ancien élève de l'X était capitaine et le dessinateur simple servant. Dès lors leur amitié devint des plus étroites. Les deux caractères s'harmonisaient à merveille

TH. ROUSSEAU

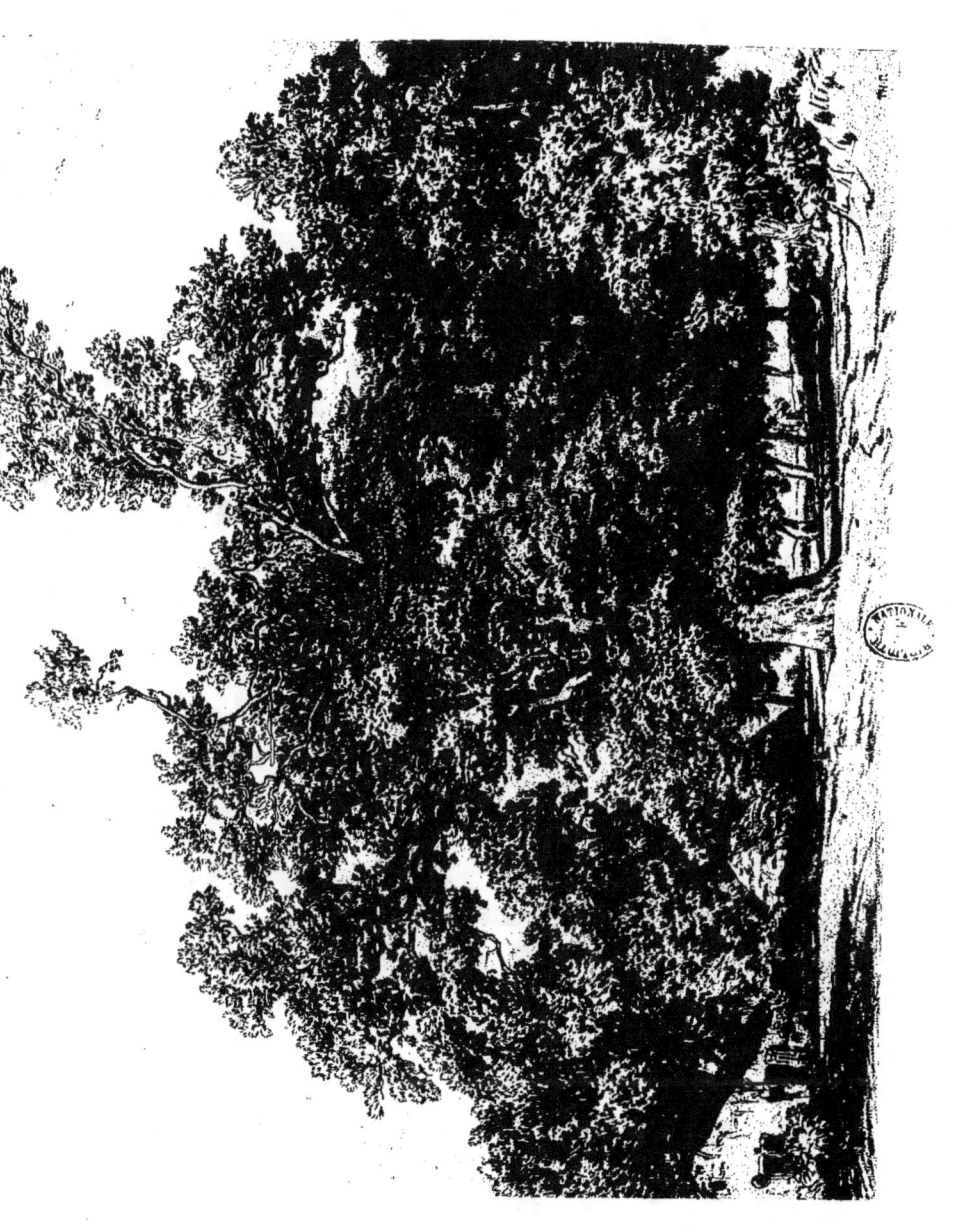

JULES DUPRÉ
PAYSAGE

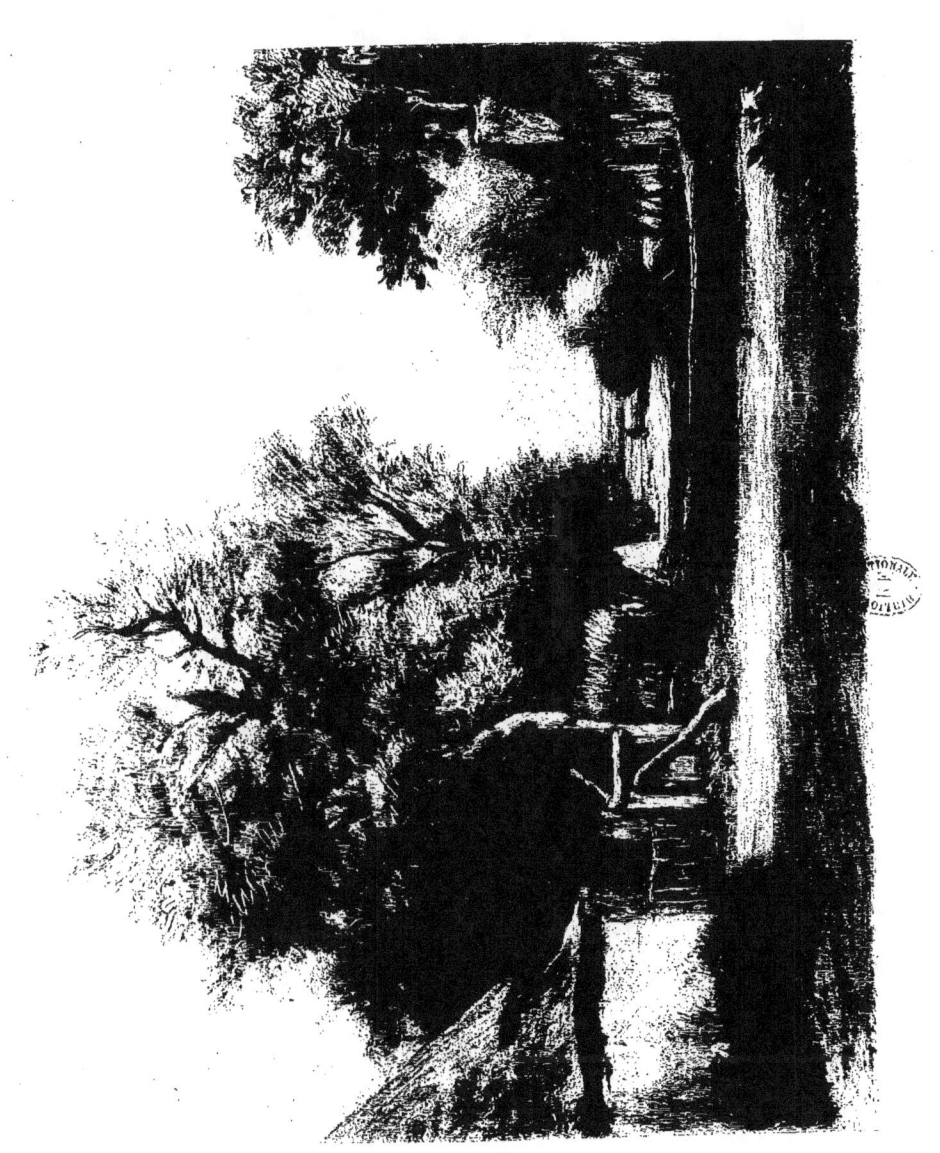

par leurs contrastes, l'un âpre, caustique, exclusif, emporté, mais éblouissant de verve, l'autre fin, bienveillant, d'une imperturbable courtoisie; mais tous deux ayant ce lien commun de l'admiration pour les œuvres des maîtres. M. Degas fut un des hôtes assidus de la maison, et des dîners célèbres, animés par la fantaisie et l'humeur mordante du peintre, eurent lieu qui présenteraient un bien vif intérêt aujourd'hui si l'on avait pu — mais la seule pensée en soit défendue! — les sténographier.

J'en noterai toutefois un écho amusant qui m'a été redit par M. Rouart lui-même naguère. Il indiquera l'état des esprits aux environs de 1875. La conversation vint à tomber, naturellement, sur la peinture, et un peintre connu, interpellant Degas, lui dit:

« Voyons, vous ne pouvez pas affirmer sérieusement que Corot *dessine bien* les arbres!

— Mais si, répondait le grand dessinateur, et j'ajouterai qu'il dessine non moins bien les figures. »

Quelques rires se faisaient alors entendre, et un autre artiste non moins célèbre que le premier intervenait, disant à l'autre :

« Allons! ne discutez pas! Vous voyez bien qu'il est encore en train de nous servir un de ses paradoxes. »

Or, ces deux spécialistes ne faisaient ainsi que traduire l'opinion moyenne des milieux artistiques. Les arbres de Corot, pour la plupart des connaisseurs, n'étant pas des *devoirs* de dessin, ils ne s'apercevaient pas que seule la quintessence d'une science profonde pouvait donner les illusions de la vie que nous admirons aujourd'hui. Ils ignoraient d'ailleurs, les cartons du maître n'ayant pas encore été ouverts comme ils le furent après sa mort, que dans sa jeunesse il avait fait nombre de ces *exercices*, dessinant les arbres et leur feuillé avec une minutie et une opiniâtreté extrêmes.

On voit quel courant avait à remonter un collectionneur comme celui-ci, les railleries qu'il lui fallait dédaigner, la foi intrépide qu'il lui était nécessaire de conserver au milieu de l'incompréhension générale.

C'est une véritable rigueur de mathématicien qu'il apporta dans la formation de sa galerie. Une fois la vérité admise, rien ne peut en faire démordre ces sortes d'esprits, et tous les corollaires viennent se grouper autour de la démonstration principale, comme rue de Lisbonne autour des plus grands peintres méconnus venaient se grouper les excellents petits maîtres dédaignés. Nous croyons, avons-nous dit, que loin d'être en désaccord avec les facultés artistiques, la haute culture scientifique ne peut que les étendre et les élever. La raison en est bien simple, et d'une évidence, pour ainsi dire, mathématique elle-même. Les grands peintres sont ceux qui obéissent à la logique la plus haute, la plus mystérieuse de leur art. Donc des hommes, qui, comme M. Rouart, connaissent assez la technique des arts pour l'analyser dans une peinture (je rappelle que ce collectionneur était devenu peintre avec Millet pour maître) saisissent, par leur habitude

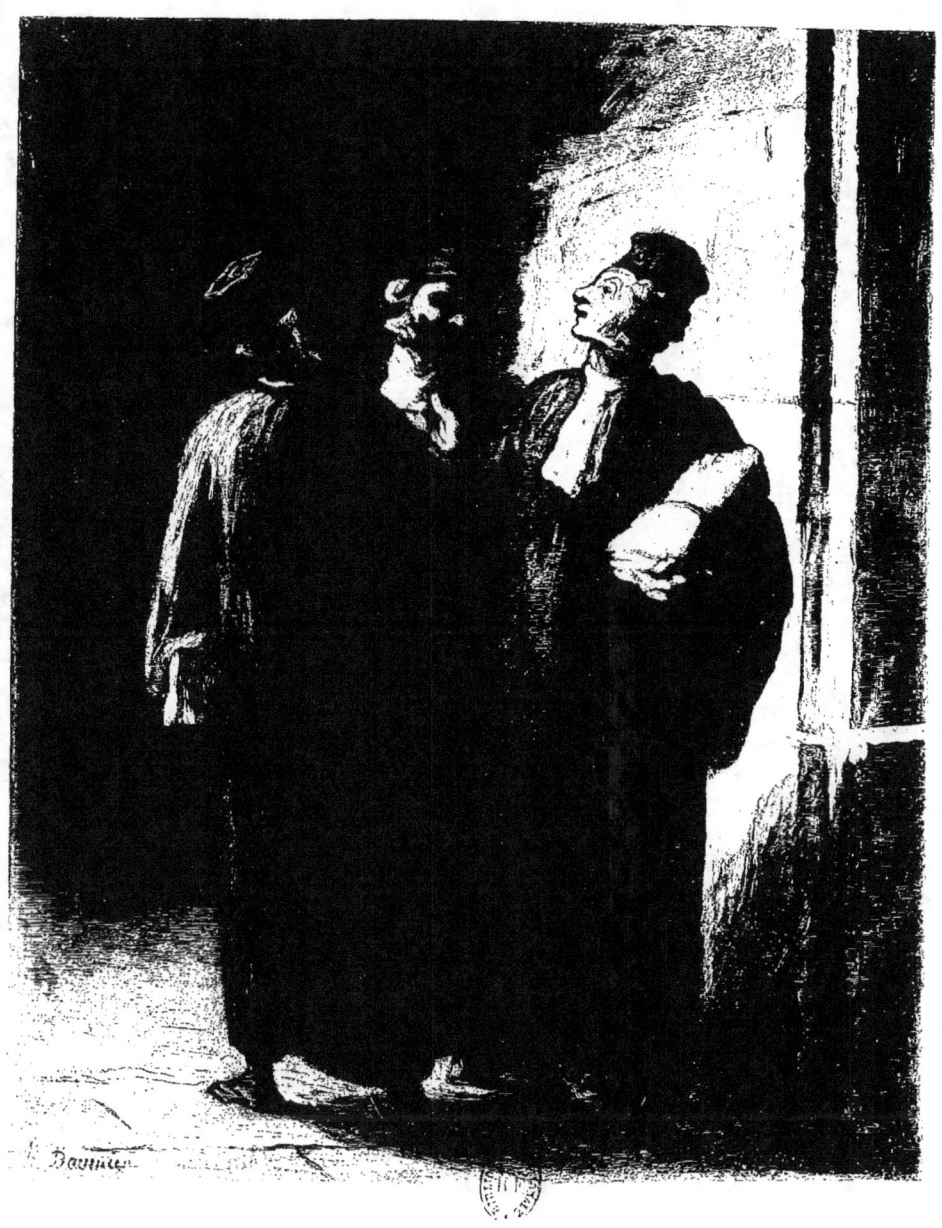

H. DAUMIER
LE LISEUR

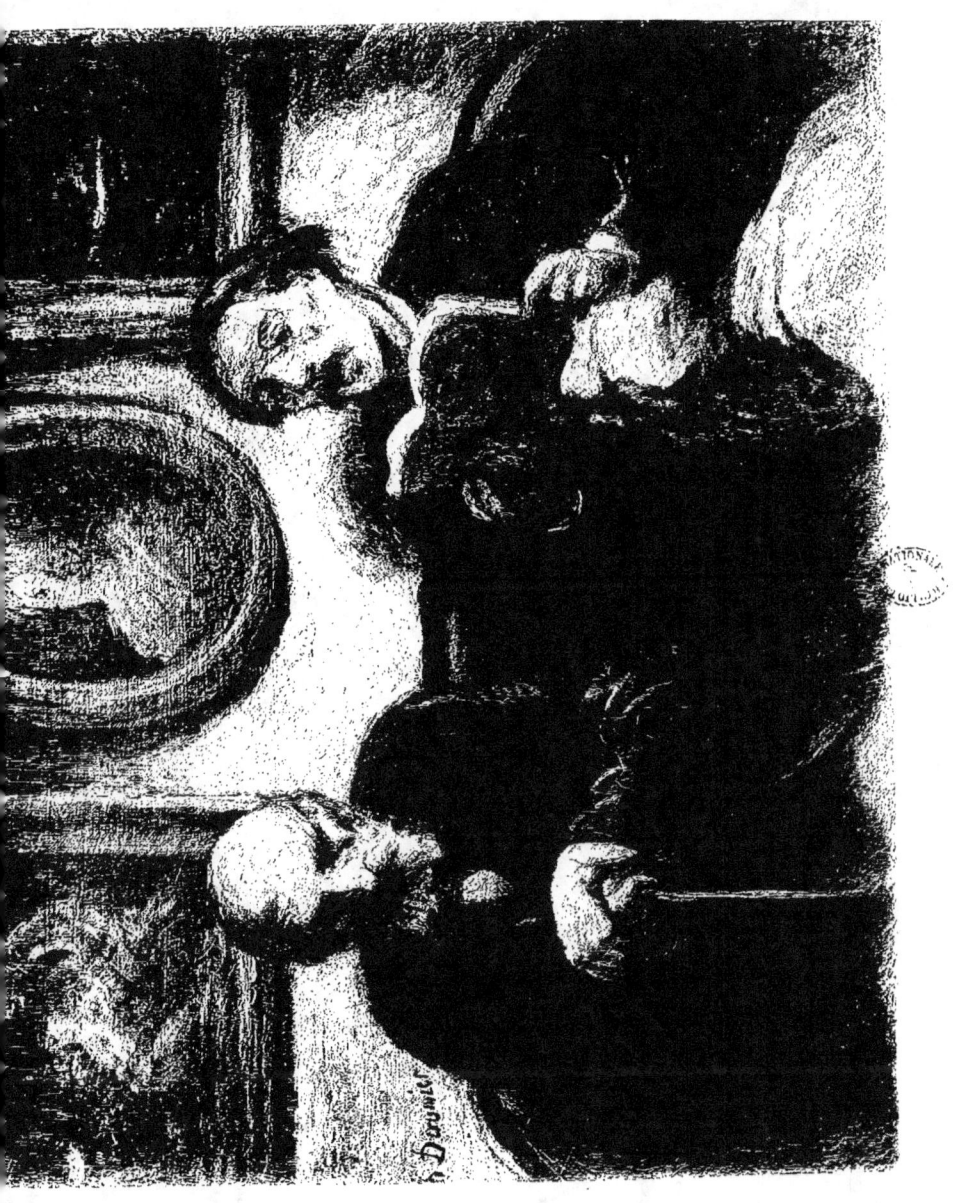

H. DAUMIER
LA PARADE FORAINE

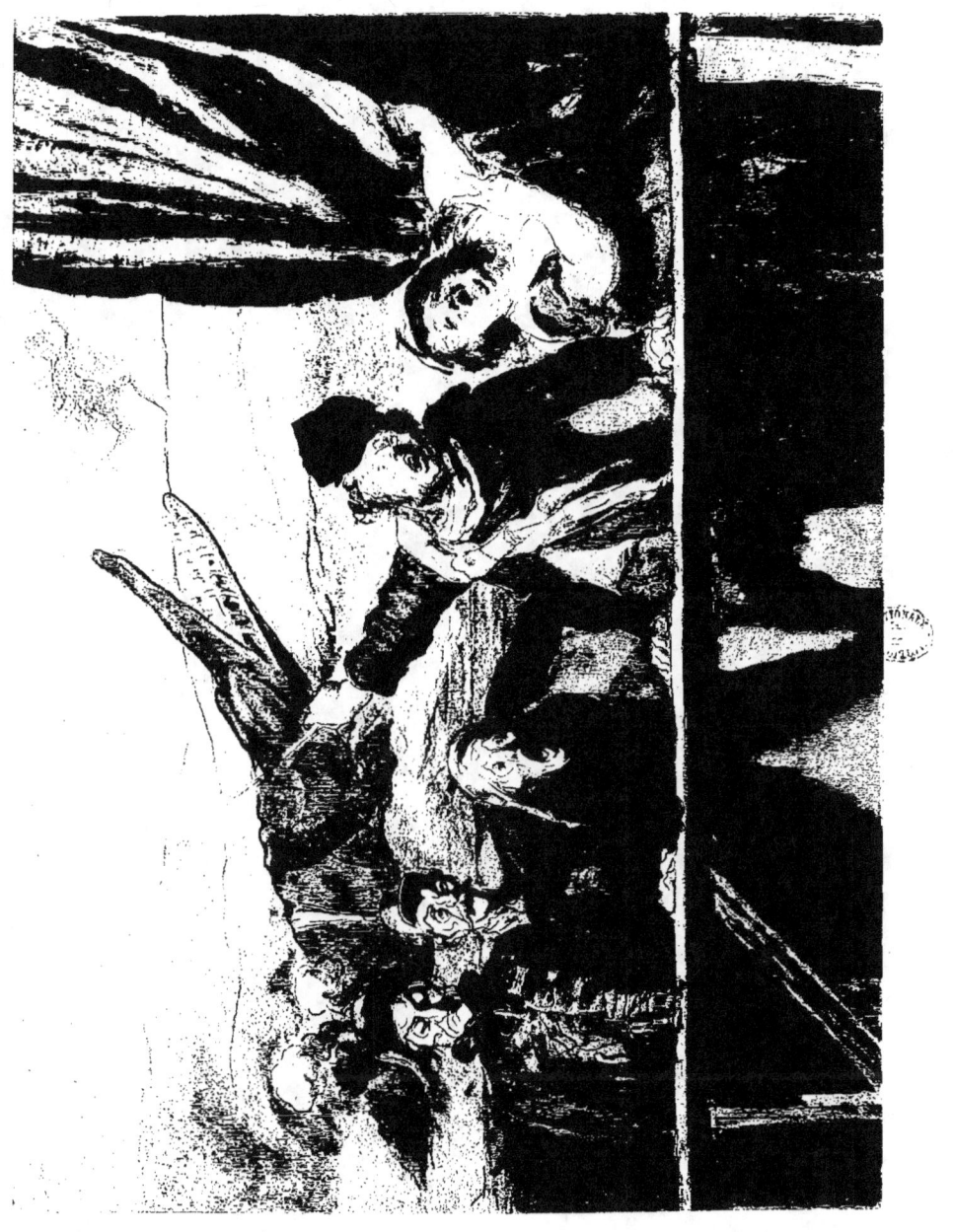

de la logique, celle qui règne dans les œuvres mêmes et surtout les plus incomprises.

Ce phénomène intellectuel n'a pas encore été suffisamment étudié dans certains arts du dessin, comme il a été étudié et admis dans les autres arts. Personne ne nie qu'un grand savant, un grand mathématicien, ait des facultés particulières qui lui permettent de mieux apprécier que le public des amateurs superficiels, les beautés de l'architecture ou celles de l'harmonie musicale. Pourquoi n'en serait-il pas de même des valeurs, des rapports de tons et de lignes qui sont les éléments exclusifs de la peinture? Chose étrange, on accepte encore qu'un grand artiste comme Léonard soit en même temps un savant universel, et, d'autre part, il semblerait contestable qu'un savant ès mathématique puisse aller à la rencontre des grands peintres, comme ceux-ci vont à la rencontre des savants?

Vous direz peut-être que cette petite dissertation nous éloigne un peu de la collection Rouart et de Rouart luimême. Je crois, au contraire, qu'il n'est pas possible d'analyser plus à fond l'esprit de cet ingénieur passionné, et de donner plus justement la raison secrète de l'homogénéité et de l'éclat de sa collection.

Si, maintenant, vous préférez le voir dans un jour plus familier et plus anecdotique, rien n'est plus facile. Il vous suffit, pour cela, de vous transporter rue Mogador entre 1870 et 1880, dans la boutique de Pierre-Firmin Martin, un marchand de tableaux comme on n'en verra probablement plus guère.

Martin, ancien ouvrier sellier, puis acteur de mélodrame au théâtre de Montmartre, homme excellent, mais voué, comme « traître », à l'exécration des foules, satisfit ses goûts pour la peinture et en même temps ses instincts légèrement révolutionnaires en s'établissant à la fin comme expert et en vendant de préférence les œuvres de ceux dont le public a horreur. Là, dans cette boutique, plaisamment appelée par ses habitués le Cercle Mogador, viennent des amateurs comme M. Rouart, le comte Doria, M. Hazard, M. Jean Dollfus, et des artistes comme Degas, Pissarro, Daumier, Cals, Victor Vignon, Jongkind (quand ce grand vagabond est à Paris), etc. Là Corot, Millet, Rousseau, Daumier, Delacroix sont les divinités. C'est de cette boutique, tenue par un apôtre enthousiaste et grognon, que souvent M. Rouart, au sortir de ses usines, rapporta sous son bras, rue de Lisbonne, beaucoup des tableaux qui à présent brillent de cette splendeur. Il a hâte d'en juger l'effet chez lui, de les accrocher à la place choisie, de les comparer avec ceux qu'il a déjà conquis. Peu à peu les murailles se couvrent et le fameux escalier se décore.

De même, dans les ventes hésitantes, où péniblement s'enlèvent les études et les tableaux, l'amateur a su voir celle qui « a le motif » comme dit l'expert Martin. A la vente de Corot, notamment, où maintes esquisses atteignent des prix plus que modiques, et en particulier les figures et les petits paysages d'Italie, il fait une riche moisson.

J.-F. MILLET
LE COUP DE VENT
Photo E. Druet

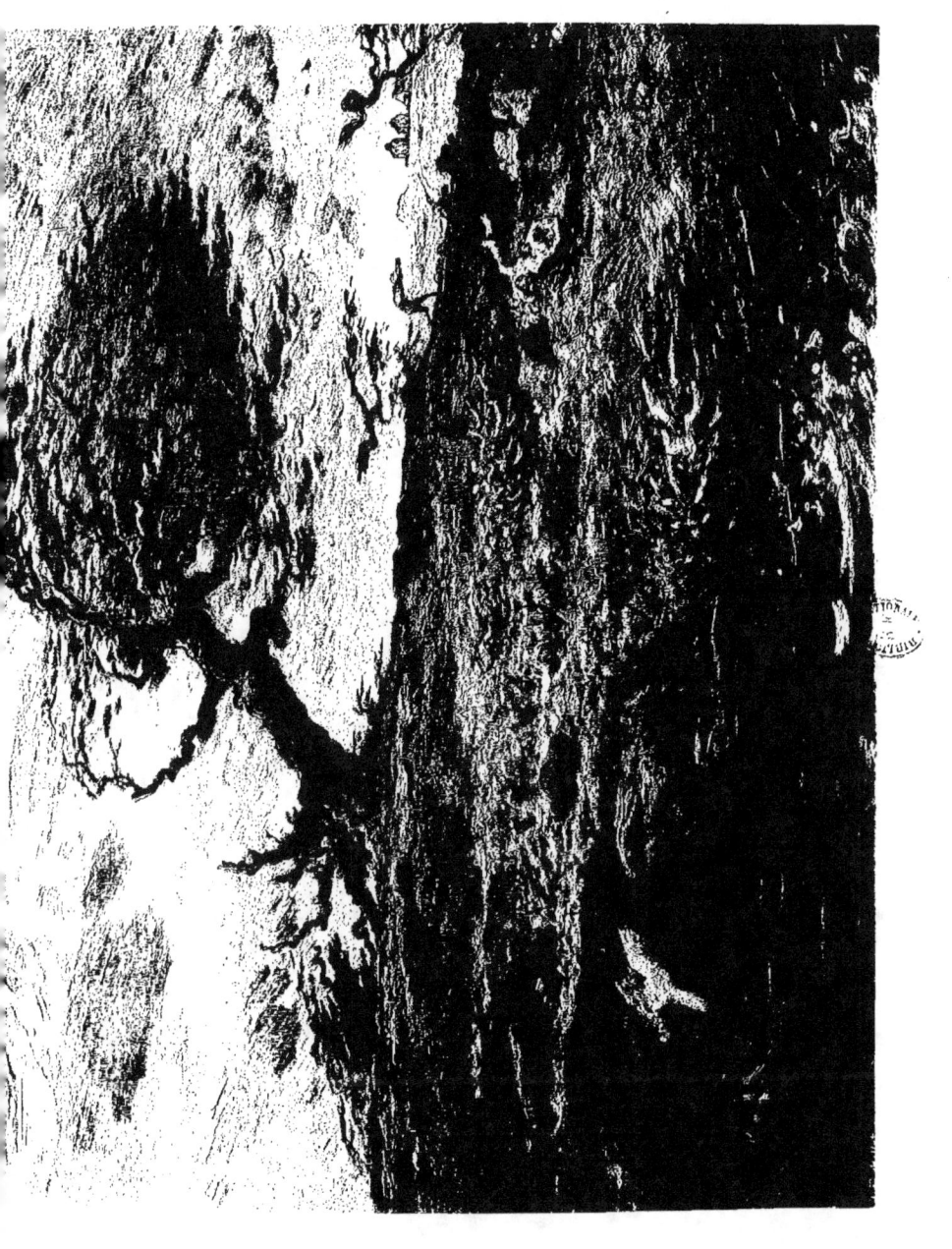

J.-F. MILLET
LA FIN DE LA JOURNÉE
(L'homme à la veste)

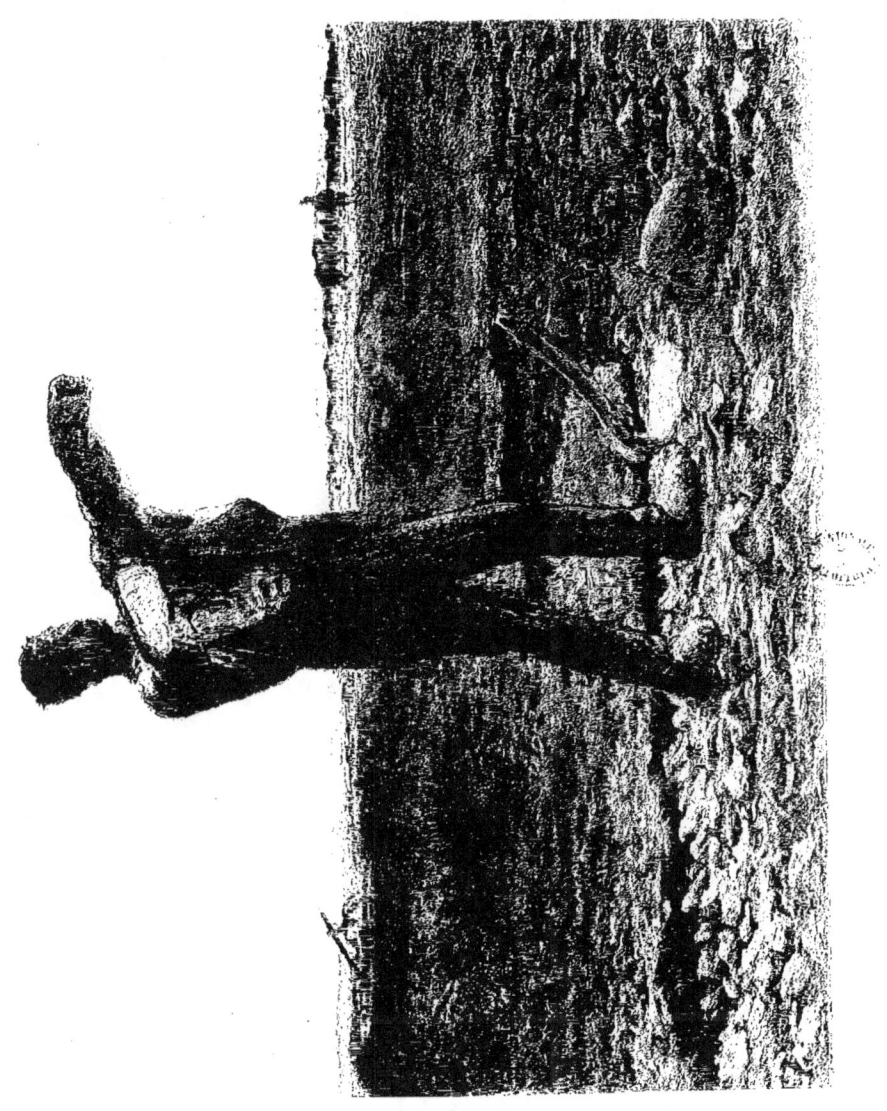

Puis, dans d'autres circonstances, il prend des décisions d'une réelle audace — quoique nous ayons peine à nous remettre dans l'idée qu'elles fussent si audacieuses. Par exemple, en 1870, un grand tableau de Manet, *la Leçon de musique*, a été l'objet des plaisanteries des plus spirituels journalistes, M. Pierre Véron, par exemple, ou M. Edmond About. Lui, il a remarqué cette peinture, et à la vente de Manet, il aura, une douzaine d'années plus tard, la joie de l'acheter... bien qu'on en rie encore.

Une autre fois, au Salon de 1873, l'*Amazone* de Renoir a été refusée. Il visite l'atelier de l'artiste, voit cette grande peinture, et séance tenante, enthousiasmé d'elle, il la fait transporter dans son hôtel.

Ce n'est pas ainsi que procèdent les collectionneurs sensés, qui éprouvent le besoin, pour être guidés dans leurs achats, de prendre l'avis de personnes autorisées, et pour être rassurés dans leurs admirations, de constater que leurs achats réunissent le suffrage de leurs relations mondaines et celui des marchands qui les leur ont procurés.

Aussi n'est-on pas surpris de voir qu'en si petit nombre qu'ils soient alors, les amateurs de l'espèce de M. Rouart s'entendent parfaitement et sont des amis plutôt que des rivaux. Par exemple le comte Doria et lui, qui professent une haute estime l'un pour l'autre, et ne parviennent pas à connaître, malgré les magnifiques raisons qu'à tour de rôle ils pourraient en avoir, le sentiment de l'envie. Par exemple encore lui et M. Cherfils, entre qui a lieu une histoire touchante.

M. Cherfils possédait cette émouvante tête de Bohémienne de Goya dont on trouve ici la reproduction. Elle était l'objet d'une vive et chaleureuse admiration de M. Rouart. Que de fois ils l'avaient ensemble étudiée et goûtée. Un jour, M. Cherfils tombe gravement malade. Son ami va le visiter assidûment, et à l'une de ces visites, le malade soupire : « Ah ! notre Goya !... Notre belle Gitane !... — *Votre* belle Gitane, dit M. Rouart. — Non ! non ! *Notre* Goya !... accentue encore le pauvre gisant. Ce tableau que vous aimez tant : je vous le donne... Il n'y a que vous qui puissiez l'avoir après moi... » M. Rouart se débat, proteste, refuse. Le lendemain, il apprend que le Goya était parti pour sa maison, et, très peu de jours après, mourait son ami M. Cherfils.

Les beaux traits sont à l'honneur de ceux qui en sont l'objet non moins que de ceux qui en sont les auteurs, et celui-ci jette une charmante lumière sur les collectionneurs d'une époque relativement récente... mais singulièrement lointaine.

Peut-être maintenant connaissez-vous un peu M. Rouart, et trouvez-vous dans sa physionomie des accents qui justifient le désir qu'a eu l'éditeur de ce recueil de conserver sa mémoire, tant pour l'histoire que pour l'exemple. Il ne nous reste plus, pour avoir achevé notre tâche, qu'à entrer un peu plus avant dans le détail de la galerie, ou tout au moins,

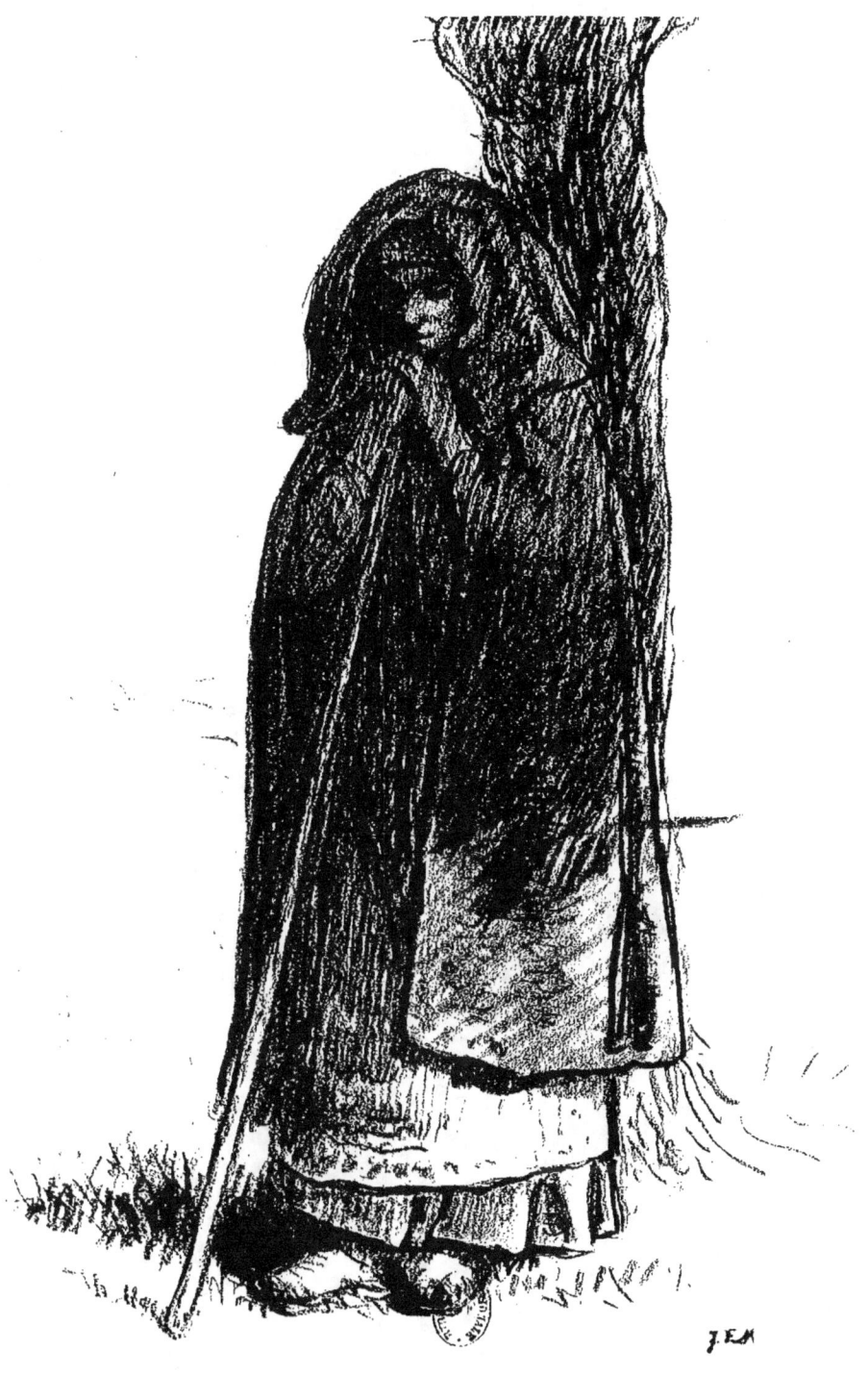

J.-F. MILLET

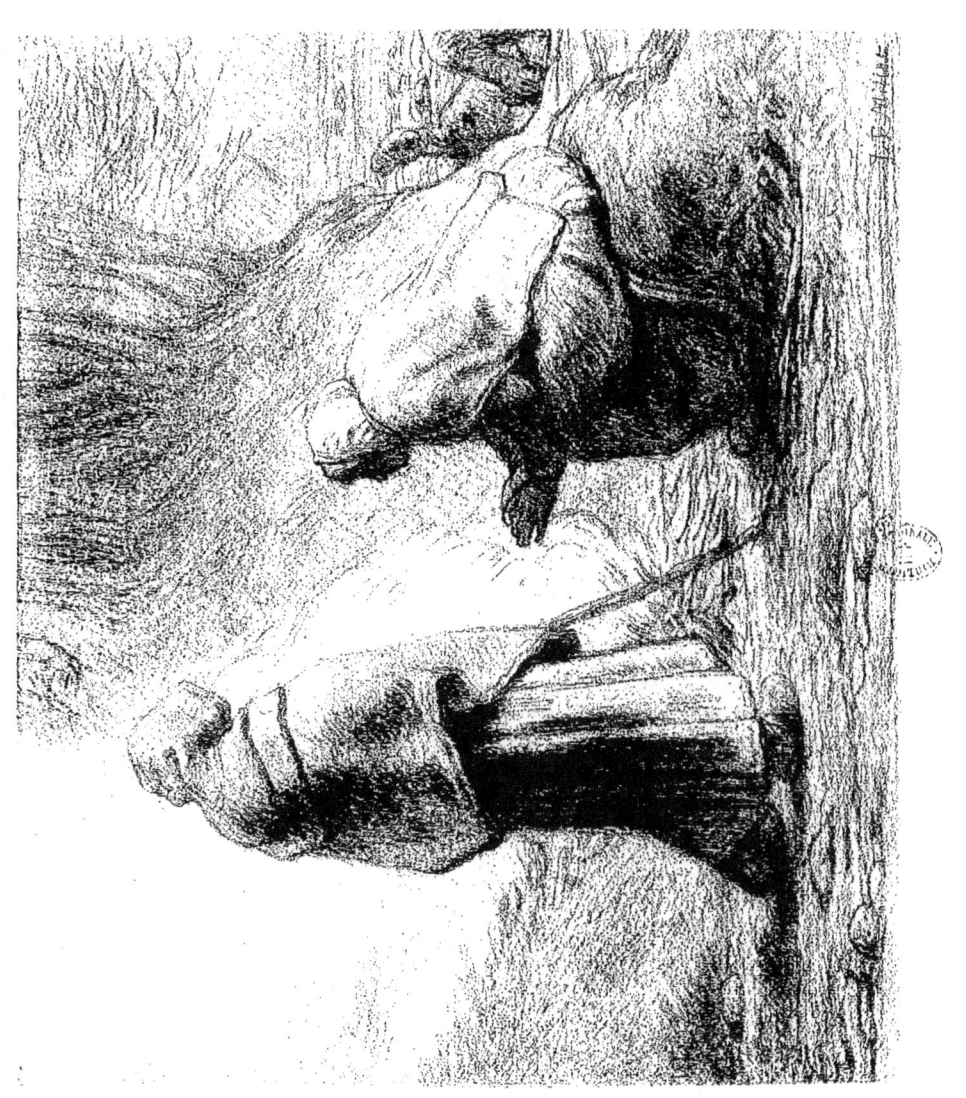

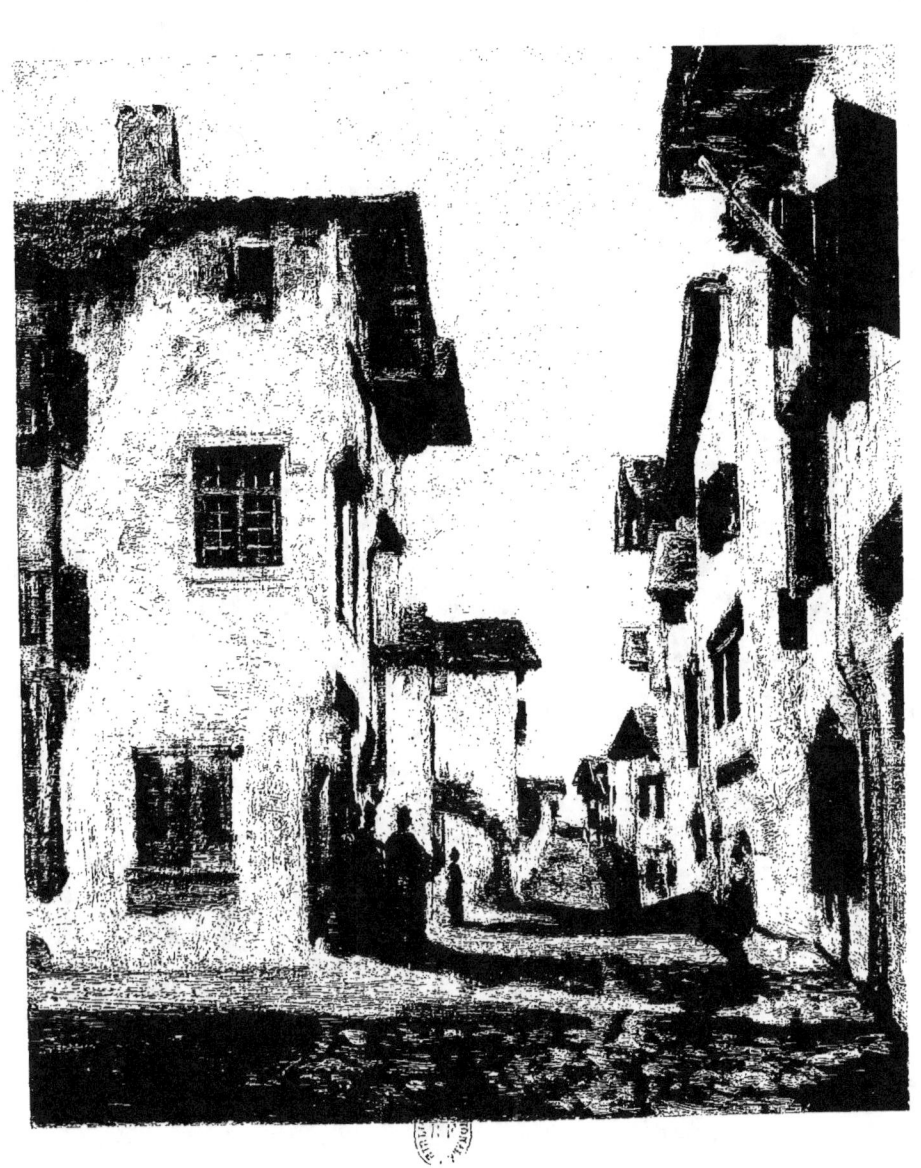

car le travail développé serait considérable, à en préciser l'essentiel.

* *
*

Si l'on cherche à établir des divisions dans la collection Rouart, on en trouve déjà quatre principales. Dans la première viennent se placer les œuvres des maîtres antérieurs au xixe siècle. La seconde est formée par l'histoire d'ensemble de l'art au xixe siècle lui-même, sauf l'art académique bien entendu. Dans la troisième se placent les dessins et aquarelles, formant à eux seuls une collection des plus importantes. La quatrième était constituée des sculptures et des objets d'art et elle est demeurée entre les mains de ses héritiers ; comme elle était fort expressive, elle aussi, nous en faisons tout de même une mention sommaire.

Les tableaux anciens n'ont pas été de la part de M. Rouart l'objet de recherches persistantes et aussi méthodiques que les peintures et les dessins modernes. Il procédait là plutôt par caprice et subissait la séduction d'une rencontre. C'est ainsi que tel Florentin du xive siècle, tel maître de la Renaissance allemande, flamande ou italienne se rencontrent parmi ses tableaux sans autre raison que l'intuition qu'ils feraient bien comme voisinage, en vertu de l'unité de goût du collectionneur lui-même. Il n'y a pas de cause formelle, mais il n'y a pas non plus, loin de là, de disparate. Un Bernard Strigel, par exemple, était placé à côté d'un petit Degas. Une Vierge de l'école de Van Orley n'était pas loin d'une intimité mondaine de Miss Mary Cassatt. Une *Anne d'Autriche en Minerve*, de Philippe de Champaigne, occupait, dans le petit salon, une place symétrique à celle de la grande esquisse de l'*Abondance* par Prud'hon, dans le salon d'honneur.

Il est pourtant un maître dont M. Rouart se soucia particulièrement et dont il aurait sans aucun doute rassemblé de nombreuses œuvres s'il n'avait pas vécu à un moment où les tableaux du grand exalté de Tolède n'avaient pas été mieux cachés par l'indifférence absolue dans laquelle on les tenait en Espagne, que ne le sont les señoras des romans, par la jalousie la plus féroce des maris ou des tuteurs. L'art essentiellement moderne du Greco le préoccupait fort ; il en parlait fréquemment avec une sorte d'anxiété. Il aurait voulu être renseigné sur lui, — mais on ne savait pas grand'chose encore, si tant est qu'on sache beaucoup maintenant. Il aurait fait des sacrifices pour se procurer de ses œuvres, — mais nous qui revenions d'Espagne en lui vantant fiévreusement la beauté du *Comte d'Orgaz*, des tableaux du Prado et de l'Escurial, nous ne savions qu'une chose, c'est que les couvents et les églises qui en possédaient refusaient fièrement de les vendre à cette époque où ils n'avaient pas de valeur. Au moment où M. Rouart eut cessé, pour cause d'âge et de santé, de faire des conquêtes, les Greco sortirent de leurs retraites et attinrent des prix formidables. Mais il y eut plus de mérite et de difficulté à trouver sans guide, sans point de repère et par le

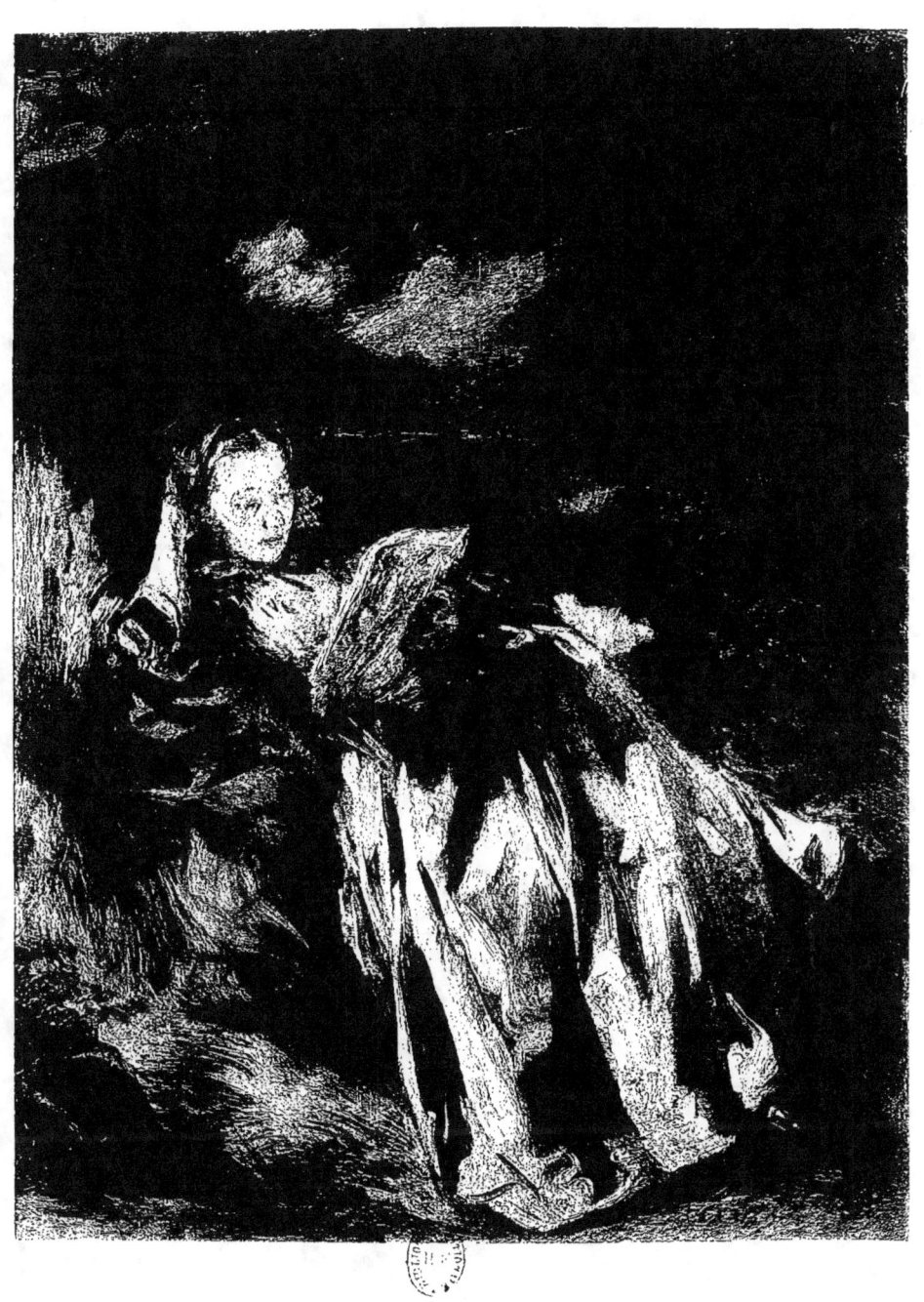

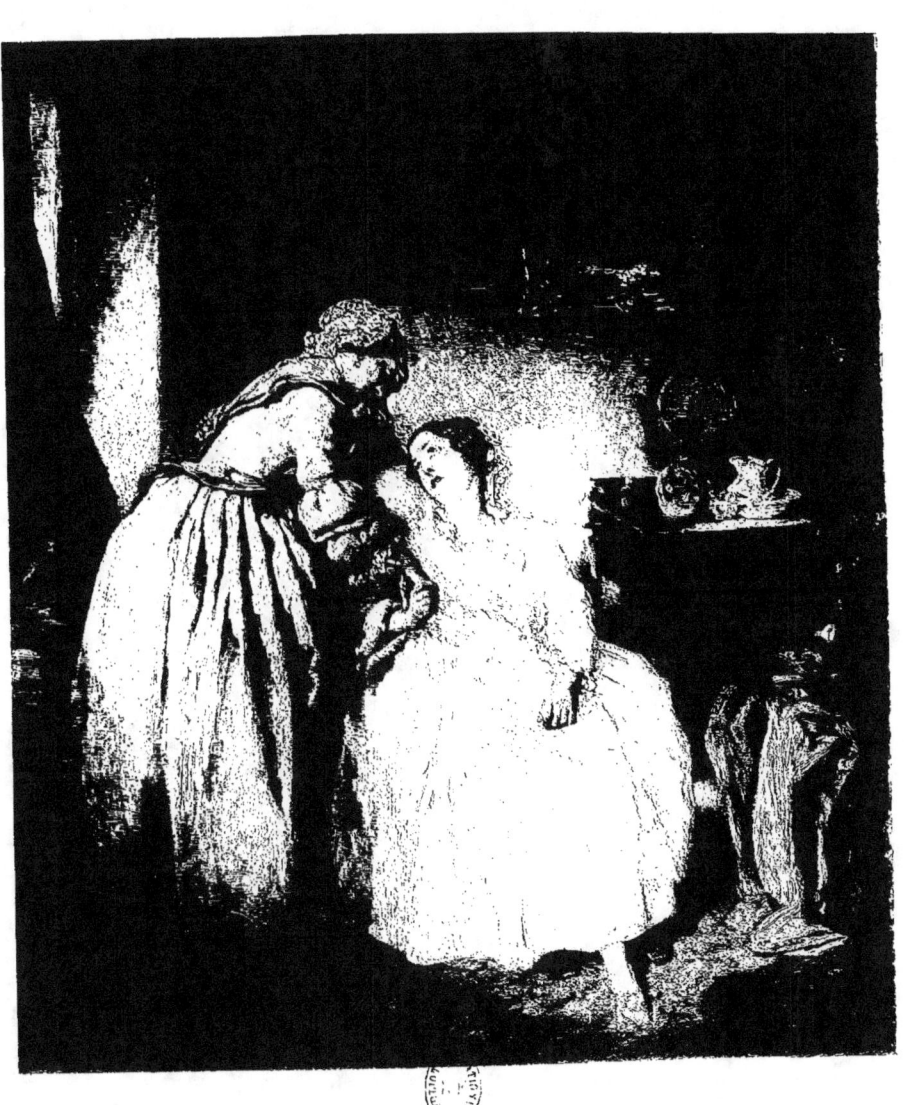

seul instinct, les quelques beaux morceaux que nous voyons dans la collection, qu'il n'y en a maintenant à faire l'assaut des maisons religieuses enfin converties au culte du sévère Theotocopuli. Un *Homme en bleu* qui est peut-être un apôtre, peut-être un théologien (car il fait le geste d'argumentation), une admirable *Apparition de la Vierge à saint Dominique*, patron du peintre, un dramatique et puissant buste de *Saint François d'Assise*, sont les principaux spécimens de son génie dans la collection Rouart.

L'école hollandaise ne se trouvait représentée que par un fin Constantin Netscher et par une scène d'intimité de Jan Steen. De l'école française, au contraire, il y avait de beaux exemplaires, et en nombre. Une magnifique petite esquisse de Poussin, l'*Enfance de Bacchus;* puis des portraits et des compositions du XVIIIe siècle, d'une qualité excellente. Entre autres une très curieuse *Dame à la vielle* qui est une énigme quant au modèle et à l'auteur; un très beau portrait de femme de Duplessis; un portrait d'homme en habit gris qui avait vraiment la tenue d'un La Tour et qui fut plus tard authentiqué comme une œuvre de Vigée; un Lépicié charmant; une très belle peinture d'*Attributs de la Musique*, maîtresse œuvre de Chardin; une petite maternité espiègle de Fragonard qui se trouve être, on ne peut s'empêcher de sourire, une *Fuite en Égypte*. Il y avait également un très beau paysage dont un marchand disait à M. Rouart : « Vous qui aimez les Corot de jeunesse, j'en ai un qui vous intéressera. » M. Rouart regardait le tableau et répondait : « C'est un Hubert-Robert, mais je le prends tout de même. » Et vous pensez bien que ce n'était pas le marchand qui avait raison.

Nous pourrions citer encore bien d'autres morceaux anciens, mais le plus important est rappelé, et il nous reste peu de place pour parler à peu près dignement des modernes.

*
* *

Corot, on est obligé de le redire, est vraiment le souverain de la collection. Parmi les paysages, outre les vues d'Italie que nous avons appréciées plus haut, il en est deux qui ont une beauté tout exceptionnelle. L'un est *Tivoli* vue des terrasses de la villa d'Este, une page délicate au suprême, argentée, baignée de rosée et de pâle lumière. L'autre, les *Baigneuses aux Iles Borromée,* de la maturité du maître, qui peut soutenir la comparaison avec le tableau du Louvre sur un motif analogue. Quant aux figures, c'est une étude entière qu'il faudrait pour analyser la gravité, la douceur, la mélancolie grandiose qui règnent dans ces conceptions uniques. La *Femme en bleu,* accoudée, demeure la plus belle de la réunion ; mais combien on aimait regarder longuement les autres, si diverses, les regarder aux yeux pleins d'ombre, à la bouche si expressivement entr'ouverte. Les souvenirs reviennent en foule et les rapprochements se font impérieux entre les plus rares œuvres de Van der Meer de Delft, et les humbles modèles dont Corot

MANET
LA LEÇON DE MUSIQU
Photo E. Druet

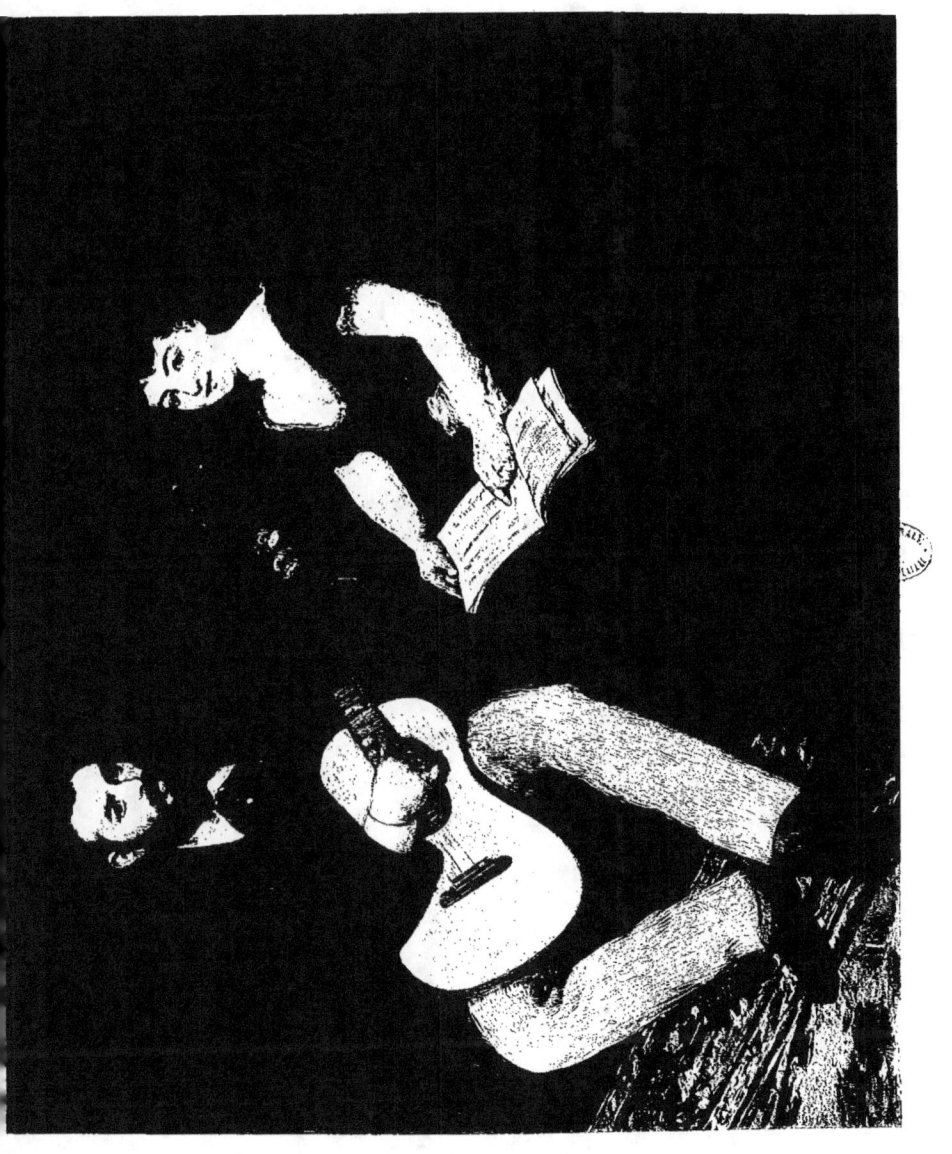

PUVIS DE CHAVANNES
L'ESPÉRANCE.
Photo E. Druet

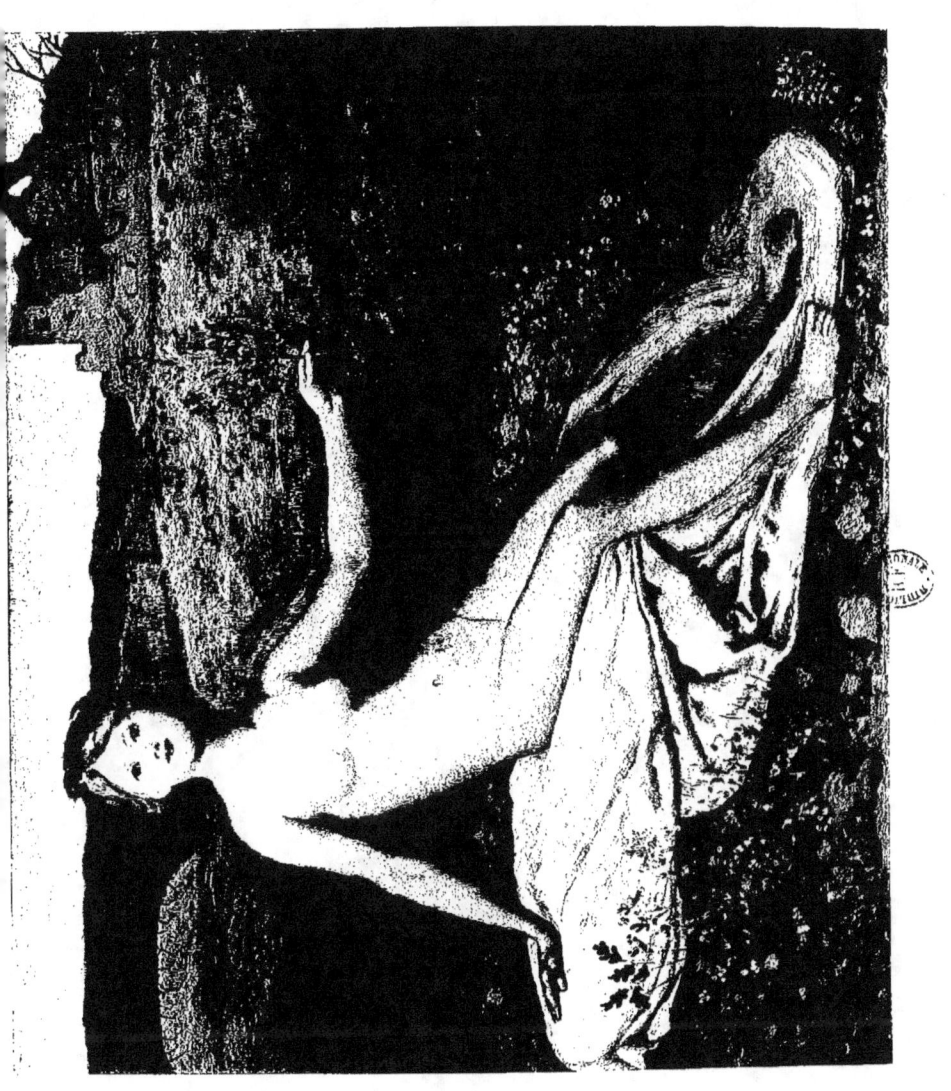

PUVIS DE CHAVANNES
MARSEILLE. COLONIE GRECQUE

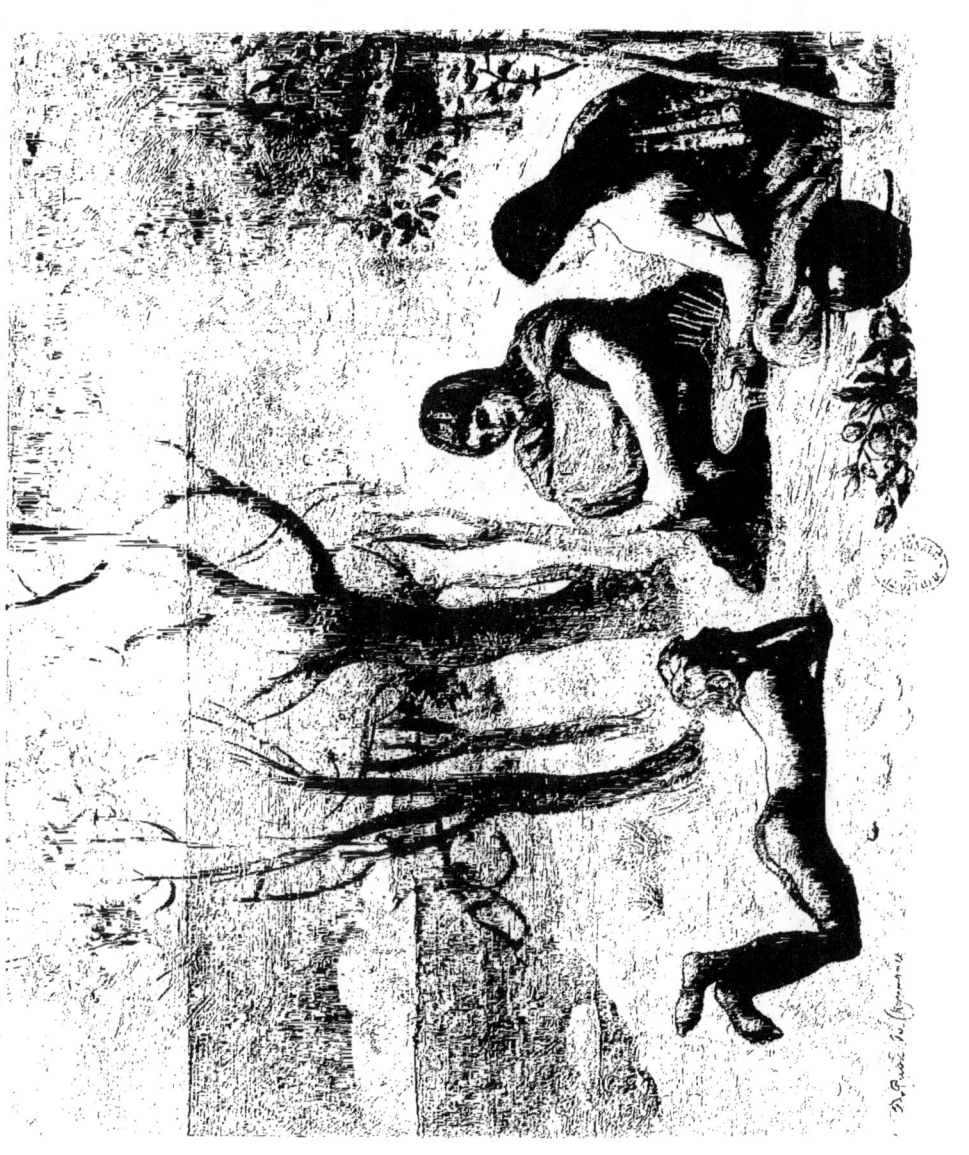

a fait des muses immortelles et des contemplatives que l'on contemplera toujours.

Et pourtant, cette souveraineté, Millet, lorsqu'on l'étudie isolément, la partage avec le grand Camille. De plus, tout comme celui-ci, on peut le suivre depuis ses débuts jusqu'à l'apogée de sa force. Ils sont singuliers, et d'ailleurs très beaux, ces débuts du grand naturiste dans le genre allégorique et romantique qui le passionna tout d'abord. Le *Barde et Ophélie*, scène tirée d'Ossian, et les *Étoiles filantes*, petite et précieuse peinture, éclairée crépusculairement, comme la précédente, furent souvent le sujet des commentaires des visiteurs. Un petit *Amour endormi*, bijou de sensualité picturale, est aussi une œuvrette non moins charmante en elle-même qu'intéressante par rapport à l'évolution de Millet. Puis, tout à coup, avec *le Chêne et le Roseau*, le peintre, encore romantique, devient cependant un des plus grands interprètes de la nature qui se soient révélés dans le siècle. Les rafales font rage, déracinent le colosse, font fuir éperdu un pauvre petit humain..., puis, comme dans la *Symphonie pastorale*, après ce formidable ouragan, l'œuvre de Millet se continuera désormais en une grave et harmonieuse action de grâces. C'est une immense invocation à la nature, malgré les labeurs qu'elle impose, que les œuvres de ce grand homme. Voyez en des chants caractéristiques dans cette belle vue d'Auvergne, dans cette peinture de la *Fin de la journée*, et dans toutes les autres de la collection. Et même une note tendre, inattendue, brille dans cet ensemble avec une forte douceur : cet incomparable *Bouquet de marguerites*, pastel de Millet, aussi beau que la plus belle de ses peintures, et dont M. Rouart aimait à dire que c'était « une des pages de sa collection où circulait le plus d'air ». Parole déconcertante tout d'abord, mais dont un examen plus attentif permet bientôt de vérifier toute la profondeur, car l'impression d'atmosphère en peinture n'est pas forcément donnée plus vive par une gamme claire, que par une harmonie aussi soutenue que celle-ci, du moment que chacun des éléments du tableau semble, en vérité, respirer dans l'espace.

La primauté incontestable de Corot et de Millet dans cette réunion nous a fait un peu anticiper sur la chronologie. M. Rouart était trop peu porté à goûter l'art imperturbable pour avoir pu jamais apprécier même les plus grands des Académiques. Il n'est pas sûr que, s'il avait rencontré un très beau David, même à des conditions tentantes, il l'aurait acquis. Il mettait, même dans ses préférences, une sorte de partialité qui ne fait, en somme, qu'accentuer son caractère, et souligner celui de la collection. Aussi ne voyait-on pas chez lui un David, mais en revanche on y goûtait plus d'un Prud'hon. Il ne tenait pas à reconnaître, malgré les remontrances de M. Degas, l'originalité d'Ingres, mais il avait cherché de Delacroix les notes les plus véhémentes qu'il pût trouver. C'est là peut-être seulement que l'on pourrait chez lui dénicher le petit coin des protestations. Car, cela je pense ressort trop bien de tout ce qui précède, il aimait trop les objets de son choix pour les aimer *contre*

E. DEGAS
LA RÉPÉTITION DE DANSE

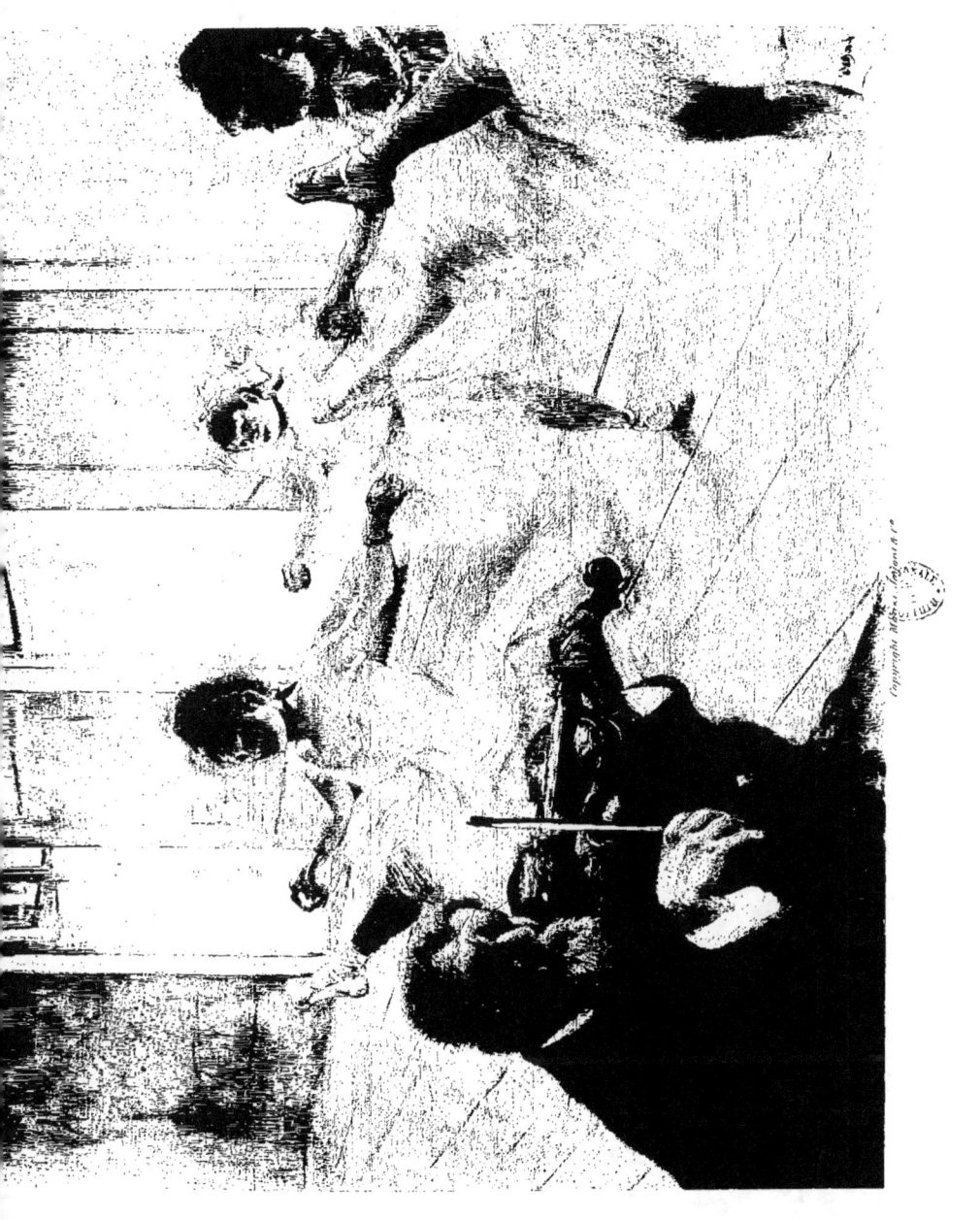

E. DEGAS
DANSEUSES A LA BARRE

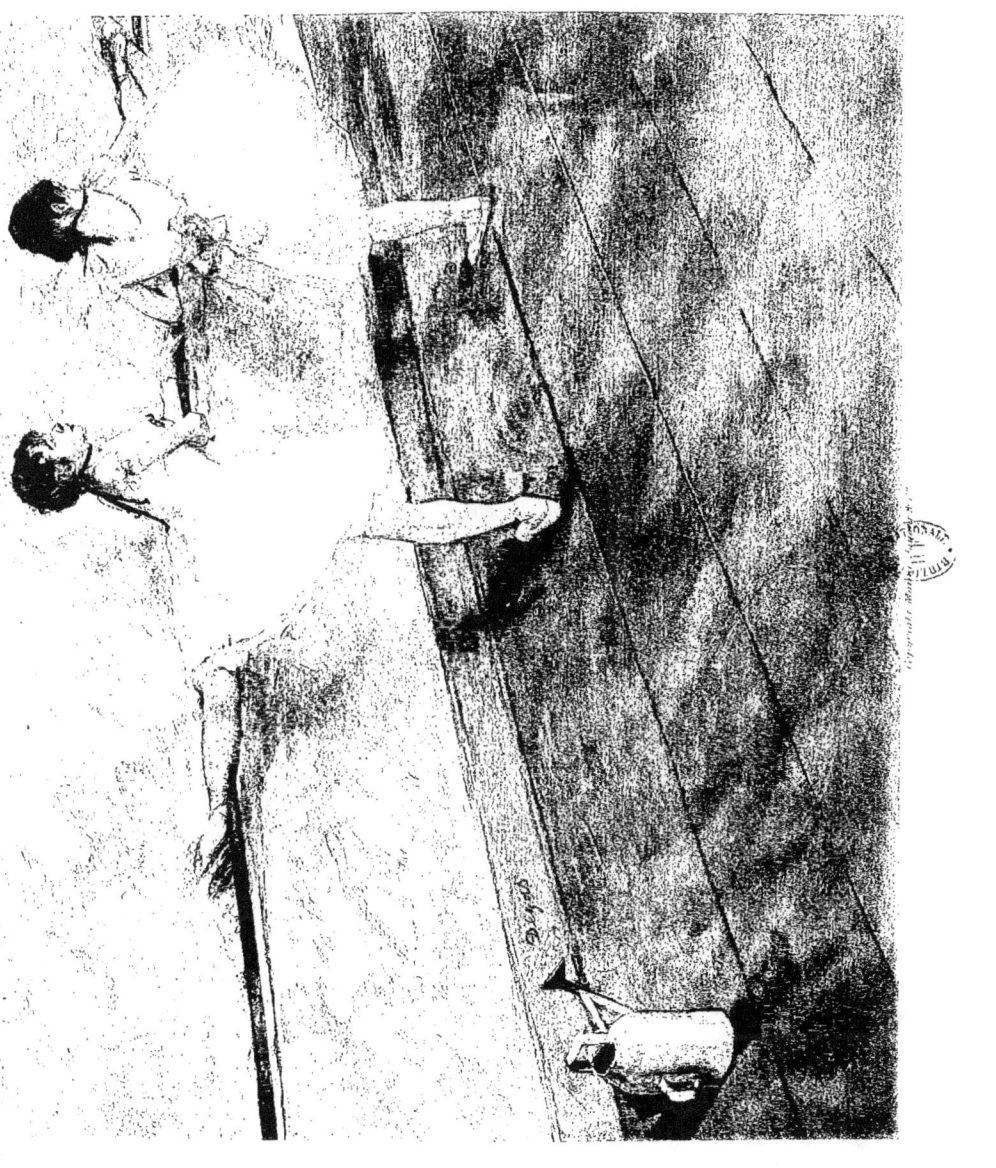

quelqu'un ou contre quelque chose. Aux amours sincères peu importe l'opinion défavorable ou hostile de l'univers entier.

Ces quelques esquisses ou études de Delacroix sont d'un format réduit, sauf une grande esquisse d'un portrait de lui-même, mais elles le montrent de la façon la plus expressive, et une de façon très inattendue. Une première idée du *Saint Sébastien* de Nantua est d'une couleur riche et sombre et d'un jet de composition et d'imagination très éloquent. Une petite esquisse de la *Mort de Sénèque* vient rappeler son œuvre capitale et trop peu célèbre même de notre temps, la décoration de la Bibliothèque à la Chambre des Députés, dont c'est un des épisodes. Une tête de *Vierge* toute convulsée de douleur, penchée vers les clous de la Passion dans un mouvement désespéré, est un exemple des plus saisissants du pathétique de Delacroix. Enfin, la note imprévue est une étude d'un *Coin d'atelier*, avec un vieux petit poêle, une peinture qui a toutes les qualités de fini et de puissance d'un maître hollandais. Ajoutons à cela des *Indiens* brillamment notés à l'aquarelle, sans compter les dessins dont nous redirons un mot, et nous pourrons convenir que le grand artiste qui devait avoir sa place dans cette galerie, l'a digne de lui.

Et, avant de passer à ceux qui sont plus près de nous, il nous faut reparler un peu de Prud'hon, parce que sa présence, avec l'esquisse de l'*Abondance* et le beau portrait de la *Princesse Bacciochi*, est là significative. Prud'hon a été une des grandes, une des profondes originalités de la peinture au début du xixᵉ siècle, originalité dans le charme alors que le charme était proscrit, originalité dans l'harmonie alors que la « couleur » était suspecte, Ne suffit-il pas de citer le mot indigné de David : « Prud'hon est le Watteau de son temps ! » pour comprendre la raison qui a fait rechercher à M. Rouart au moins quelques spécimens de cet adorable réfractaire ? Peut-être devons-nous attribuer en partie à Prud'hon la charmante petite première pensée du *Rêve de bonheur* de Mademoiselle Constance Mayer, que le collectionneur eut la bonne fortune de réunir aux œuvres mêmes du maître. Collaboration discrète sans doute et laissant à l'élève toute la charmante illusion que cette petite peinture est d'elle ; mais toujours est-il qu'elle a plus de force et de vaporeux à la fois que le grand tableau du Louvre. Quoi qu'il en soit Prud'hon nous réapparaîtra tout à l'heure, aux dessins, non moins bellement représenté.

Nous reprenons maintenant les artistes qui touchent à notre propre époque, et tout d'abord, après Millet, nous en trouvons deux, des plus grands et aussi de ceux qui furent le moins appréciés de leur vivant. D'ailleurs, c'est en somme la règle, pour ainsi dire, de la maison, et nous tâcherons de ne pas répéter la formule pour ceux dont il nous restera à parler. Mais comment ne pas rappeler que Courbet, malgré l'admiration de quelques très rares amateurs, et l'enthousiasme ainsi que la qualité de quelques-uns de ses élèves (mais eux-mêmes eurent à soutenir les mêmes luttes), fut généralement considéré sous l'Empire comme un assez lourd excentrique, puis, après

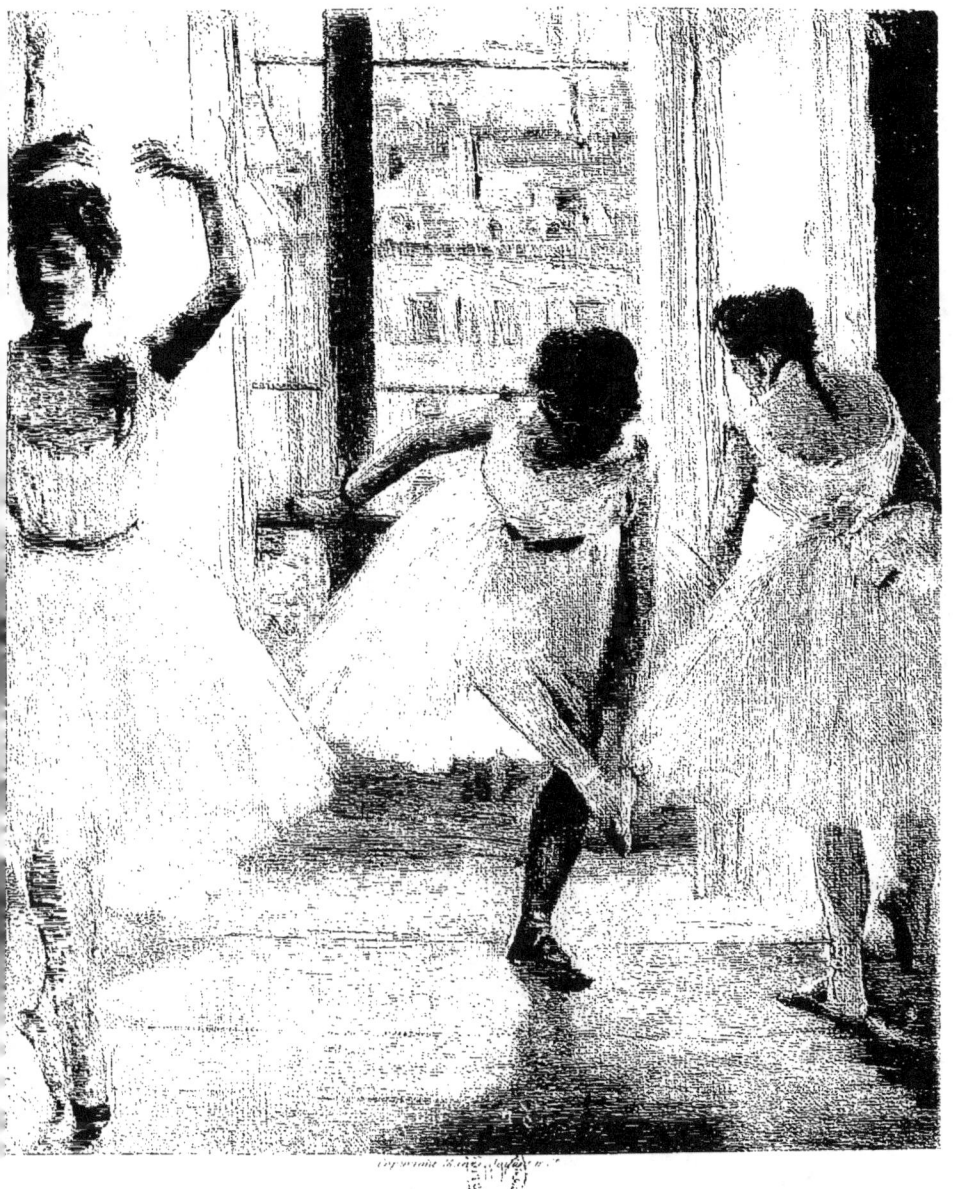

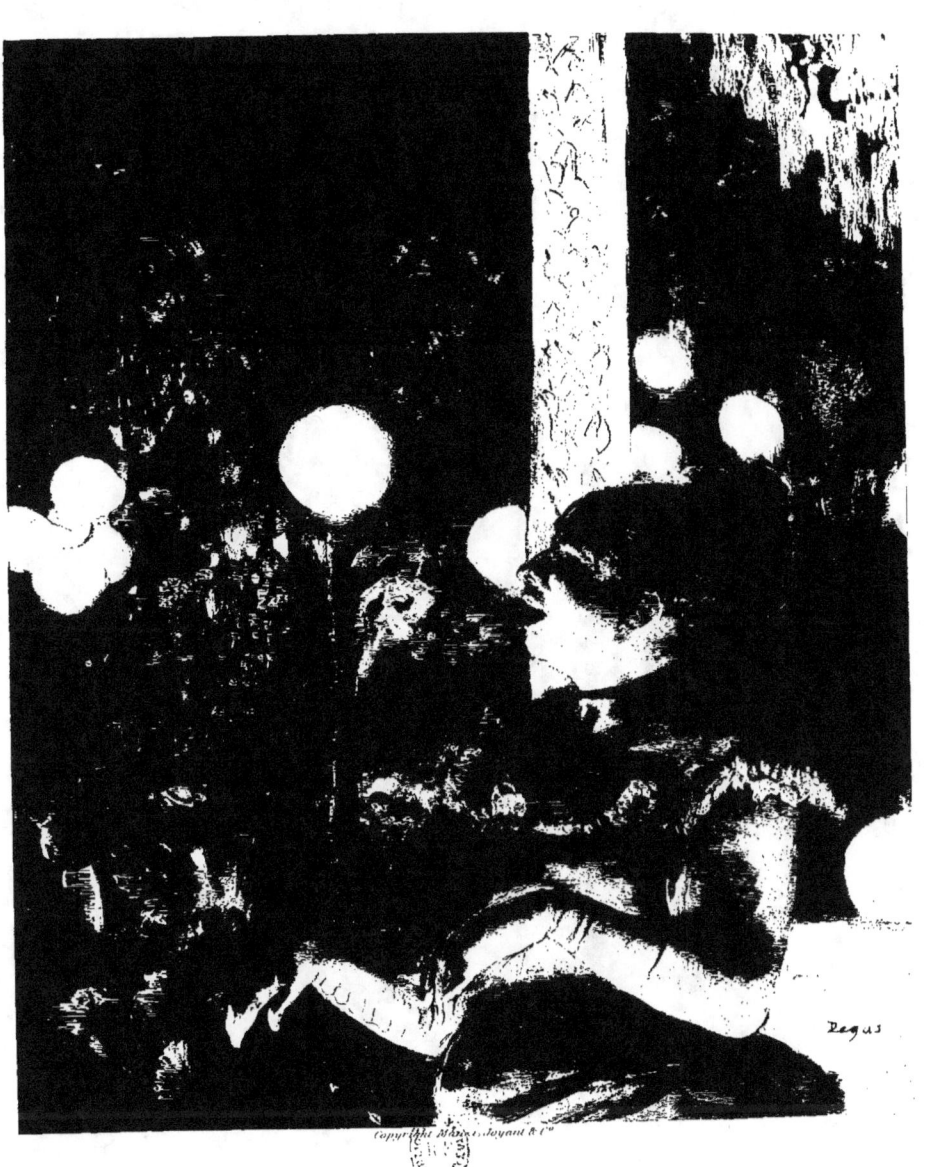

CLAUDE MONET
EFFET D'HIVER A ARGENTEU

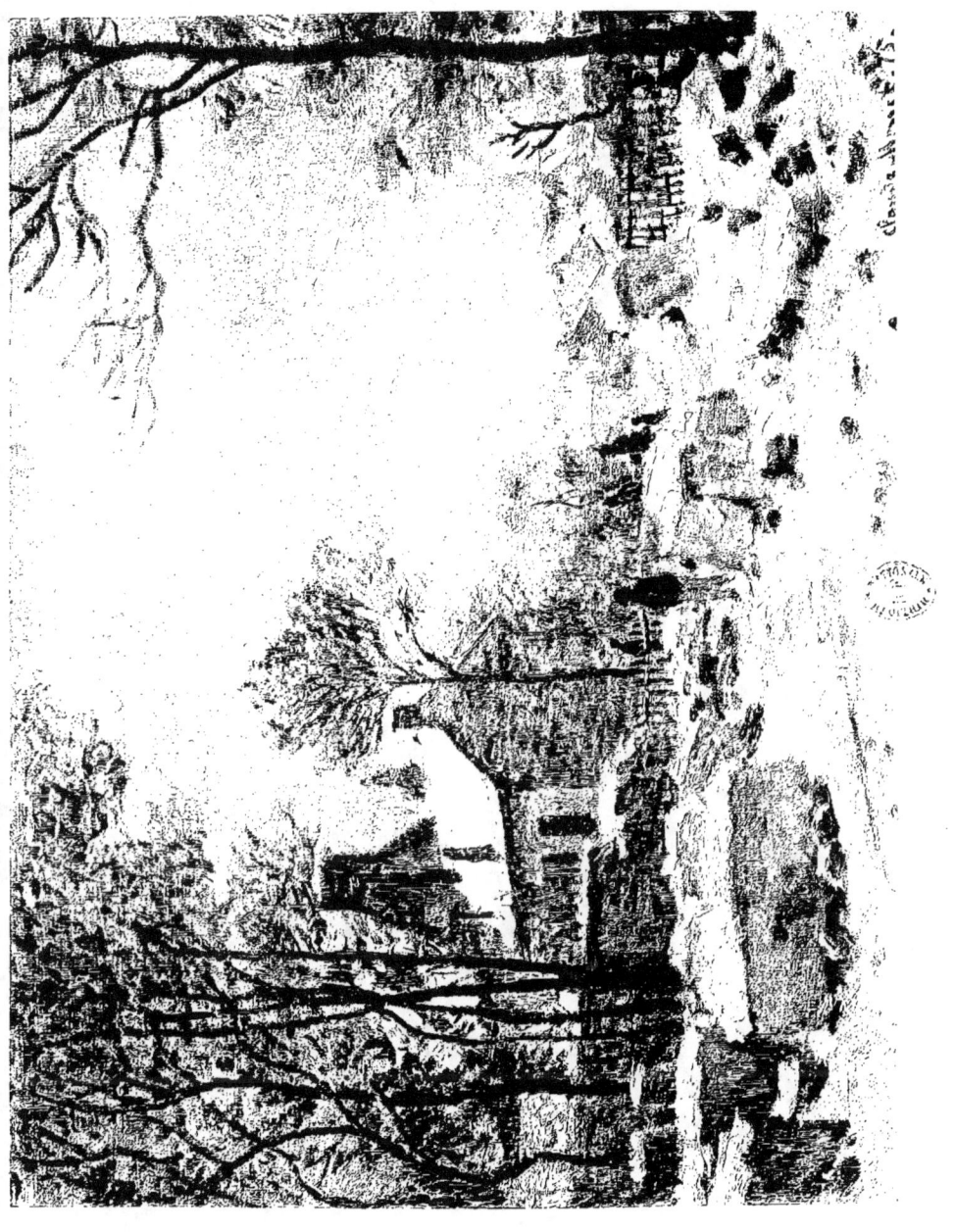

la guerre comme un criminel envers sa patrie ; — et que Daumier, toute sa vie, accepté comme caricaturiste, comme *amuseur*, ne fut même pas discuté comme peintre, car sauf une ou deux douzaines d'amis, au maximum, personne ne le soupçonna tel? Maintenant Courbet a été réhabilité comme il convenait, et l'on s'explique sans peine l'estime exceptionnelle en laquelle Corot tenait le peintre Daumier.

Courbet, paysagiste, n'a jamais fait moyen tableau plus robuste et d'une plus belle pâte que cette *Ferme de Joux* dans le Jura, où sous une échelle réduite se sent pourtant toute la grandeur de cette contrée. Courbet, peintre de figures et « penseur », est raconté d'une façon amusante et pittoresque par le petit portrait en pied du *Philosophe Trapadoux*, assis dans un logis plutôt modeste et feuilletant un album. De ce « philosophe » il ne nous reste pas une doctrine, car il n'eut pas de disciples, ni une œuvre, car il n'écrivit pas. Il logeait, paraît-il, dans une armoire, à cause de sa taille gigantesque n'ayant pu se procurer, à la Diogène, un tonneau suffisant. Mais, à défaut du tonneau, il était familier avec les bouteilles. Fantin-Latour, visitant un jour la collection de M. Rouart, l'identifia au premier coup d'œil : « Si je reconnais Trapadoux ! s'écria-t-il. Un soir Courbet me le laissa sur les bras, abominablement ivre, et je dus, moi qui aimais me coucher de bonne heure, le promener une grande partie de la nuit ! » Les deux magnifiques *Études de pommes*, vermeilles, succulentes, émaillées par le temps, qui représentent encore Courbet dans la collection, furent peut-être le déjeuner frugal du philosophe protégé par le peintre, mais, en tout les cas, elles étaient un régal auquel nous revenions souvent dans nos causeries et dans nos comparaisons entre les peintures du petit salon.

Daumier, vous le savez, était, de ce petit salon, un des maîtres qui nous retenaient aussi le plus souvent. Nous qui, tout de même, comprenions pas mal de choses en peinture, nous n'arrivions pas à comprendre comment on n'avait vu en lui de son vivant qu'un faiseur de charges et un polémiste politique, d'ailleurs assez mal pensant. Nous nous demandions comment, en 1878, l'exposition de ses œuvres, qui avait de bien peu précédé sa mort, avait été absolument négligée, n'avait pas rapporté un sou au pauvre artiste et n'avait guère été appréciée à sa juste valeur que par un nombre infime d'écrivains, parmi lesquels, surtout, le plus compréhensif avait été Camille Pelletan. Quoi! ces *Spectateurs* absorbés par la scène capitale; ce *Liseur* et son complaisant auditeur, si bien à leur tâche tous les deux, si puissamment modelés; cette scène de révolution avec sa foule emportée dans un mouvement furieux; ces *Avocats*, s'entretenant avec une bonne humeur qui vous donne le frisson; ce magnifique *Crispin* confiant à un Scapin qui n'a pas l'air d'y croire, un secret auquel sans aucun doute il ne croit pas lui-même, puissante scène qui égale en force et en verve, par des moyens de peintre, les dialogues qui nous subjuguent, chez Molière, par les plus beaux moyens de poète; — tout cela avait donc passé inaperçu! Tout cela

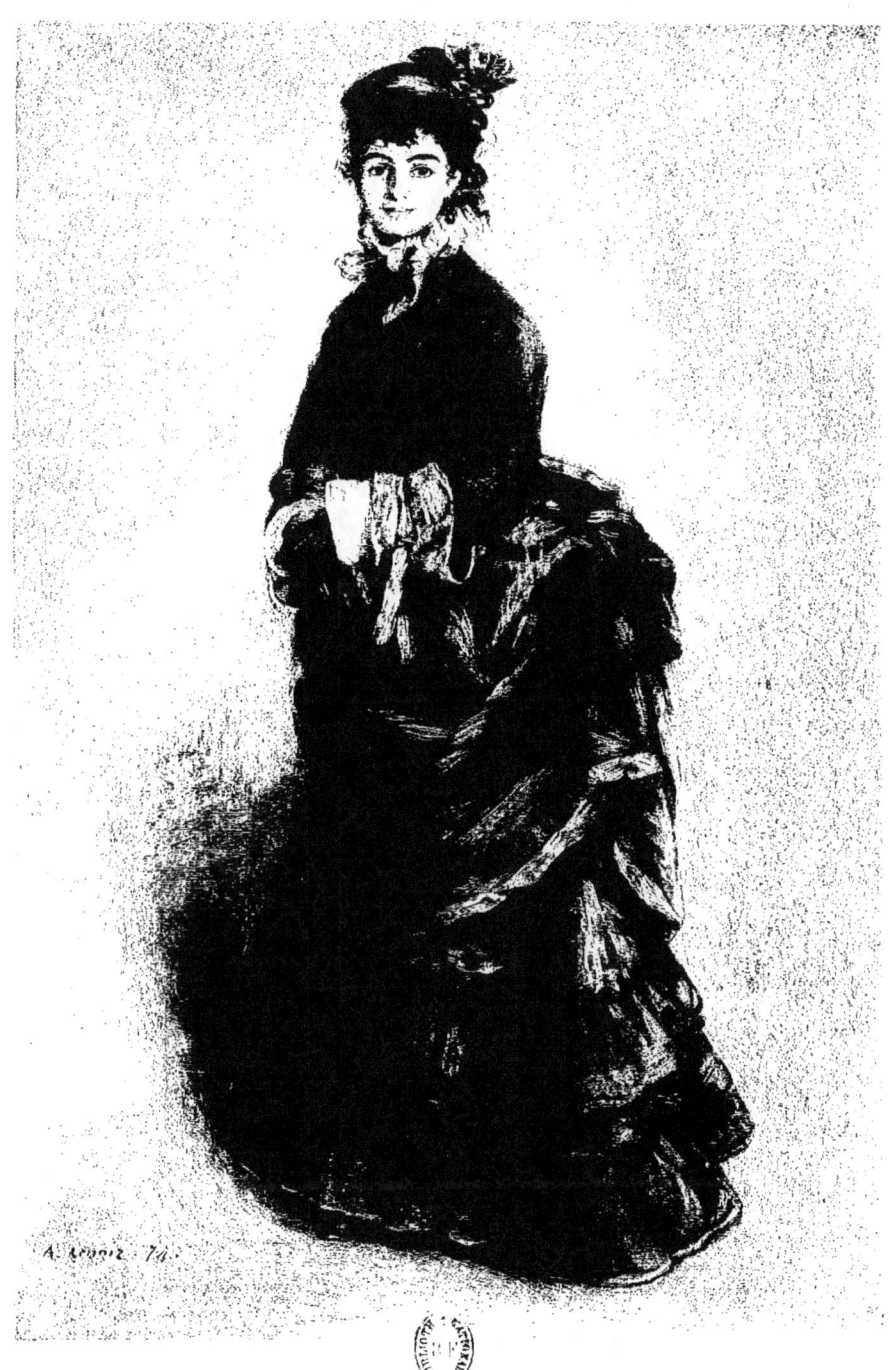

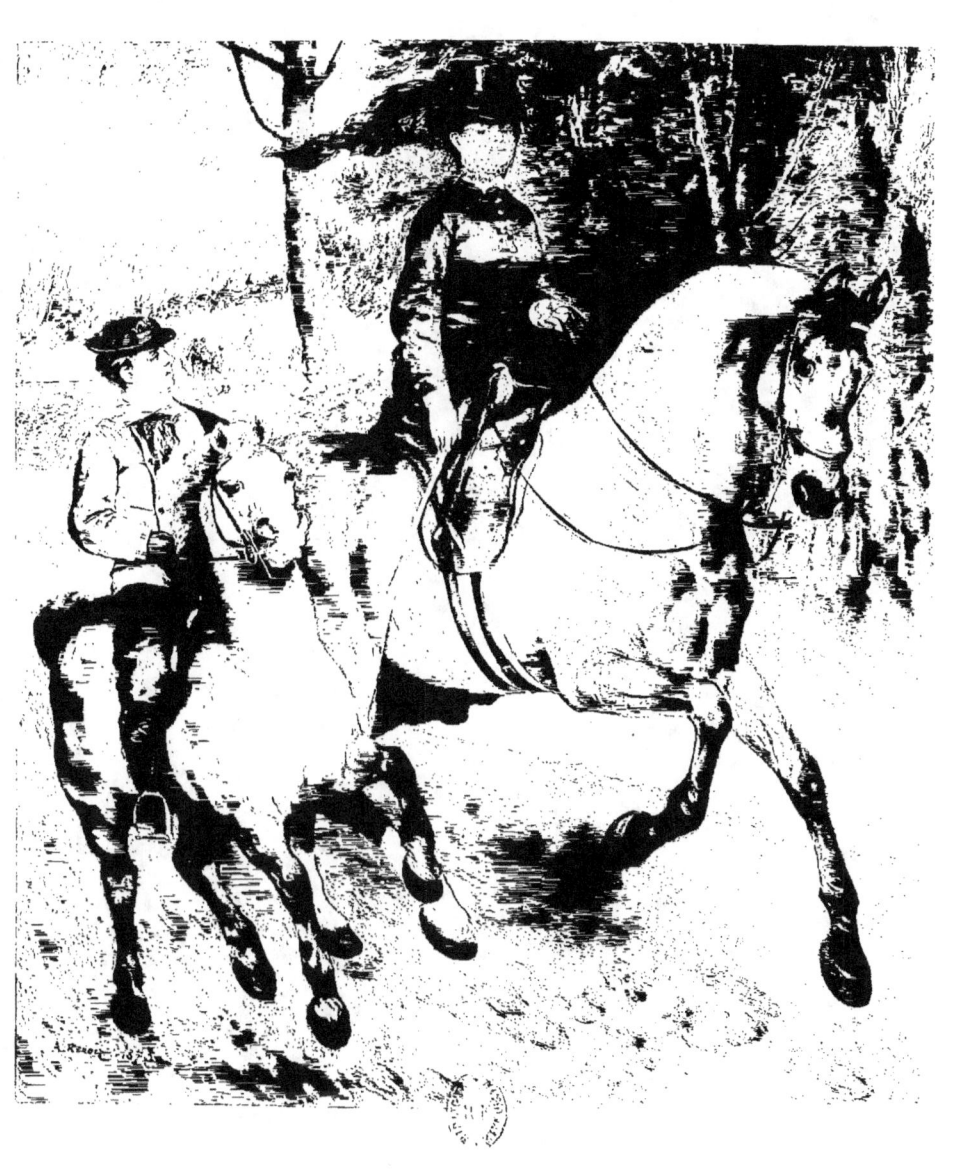

avait donc été mis au niveau des caricatures de ces petits journaux qui, au contraire, se montraient toujours hostiles à ce qui était, en art, original et grand! M. Rouart fut avec le comte Doria, celui qui (sauf Corot) comprit le mieux Daumier de son temps et l'aima le plus sincèrement. Il y avait, de leur part, un surplus de mérite à porter une appréciation aussi juste, car ils n'ignoraient pas que le vieux maître était fort loin de leurs idées. Mais ce qui rend estimable entre toutes cette race de grands amateurs de naguère, c'est que malgré leurs personnelles et très arrêtées convictions, dans des hommes de camps opposés comme Courbet et Daumier, ils voyaient et comprenaient seulement l'artiste, et dans l'artiste le génie.

Les œuvres de Manet, dont vous savez déjà les titres et l'importance, sont peut-être, en quelque sorte, la pierre de touche de la collection Rouart. Avec un homme comme celui que nous venons d'étudier ensemble, on ne peut pas parler de « courage », puisqu'il n'était pas de ces collectionneurs qui se croient très braves quand ils ont risqué quelques billets de banque sur des œuvres qu'aucune médaille ni aucune popularité ne certifient. Je crois même qu'en le félicitant d'avoir été très courageux pour acheter des Manet, on lui eût fait un compliment qu'il aurait médiocrement goûté, car si on adressait des félicitations analogues à un homme très épris, cela lui paraîtrait singulièrement moins flatteur que de lui dire qu'il était tout naturel qu'un tel trésor lui échût. M. Rouart était aussi éloigné de mettre dans ses choix de la provocation que de la vanité ; mais il n'en demeure pas moins qu'aimer le talent de Manet en toute simplicité, à l'époque où il acheta la *Leçon de musique*, le buste de femme, et la scène de plage, était de ces actes qui rétrospectivement classent un amateur au premier rang de ceux qui voient juste. Si l'on peut admettre à la rigueur qu'un Zola qui défend Manet avec le plus d'éclat possible y trouve son compte tout en satisfaisant à une passion de rendre justice, un Rouart qui achète de ses œuvres et ne se préoccupe pas plus des effarements de son monde que des félicitations des professionnels de l'indépendance, représente avec beaucoup de solidité et d'honneur la partie du public sans laquelle les plus grandes originalités en art seraient condamnées à la mort.

A ce qui concerne Manet, nous ajoutons ici le nom de sa charmante et si originale belle-sœur, Madame Berthe Morisot. Une délicieuse étude animée de figures au bord de la mer représente seule, mais très finement, cette artiste de plus en plus appréciée.

*
* *

Avec M. Degas s'ouvre de la façon la plus magistrale le deuxième chapitre de cette grande Histoire de l'Art au xixe siècle, le premier étant constitué, nous venons de le voir, par les romantiques et par les naturalistes de 1830 et ceux qui se rattachent à eux.

JONGKIND

VUE DU PONT LOUIS-PHILIPPE, À PARIS

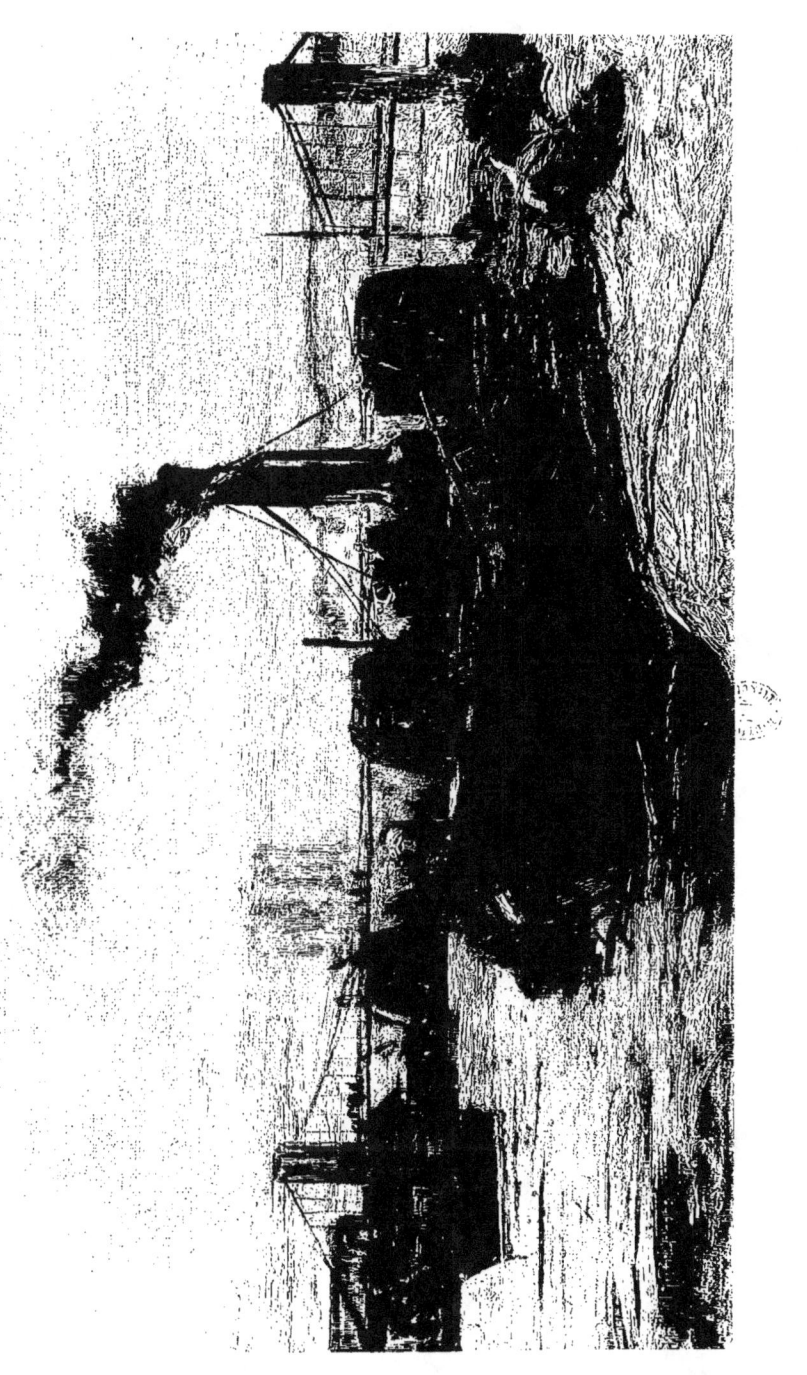

JONGKIND

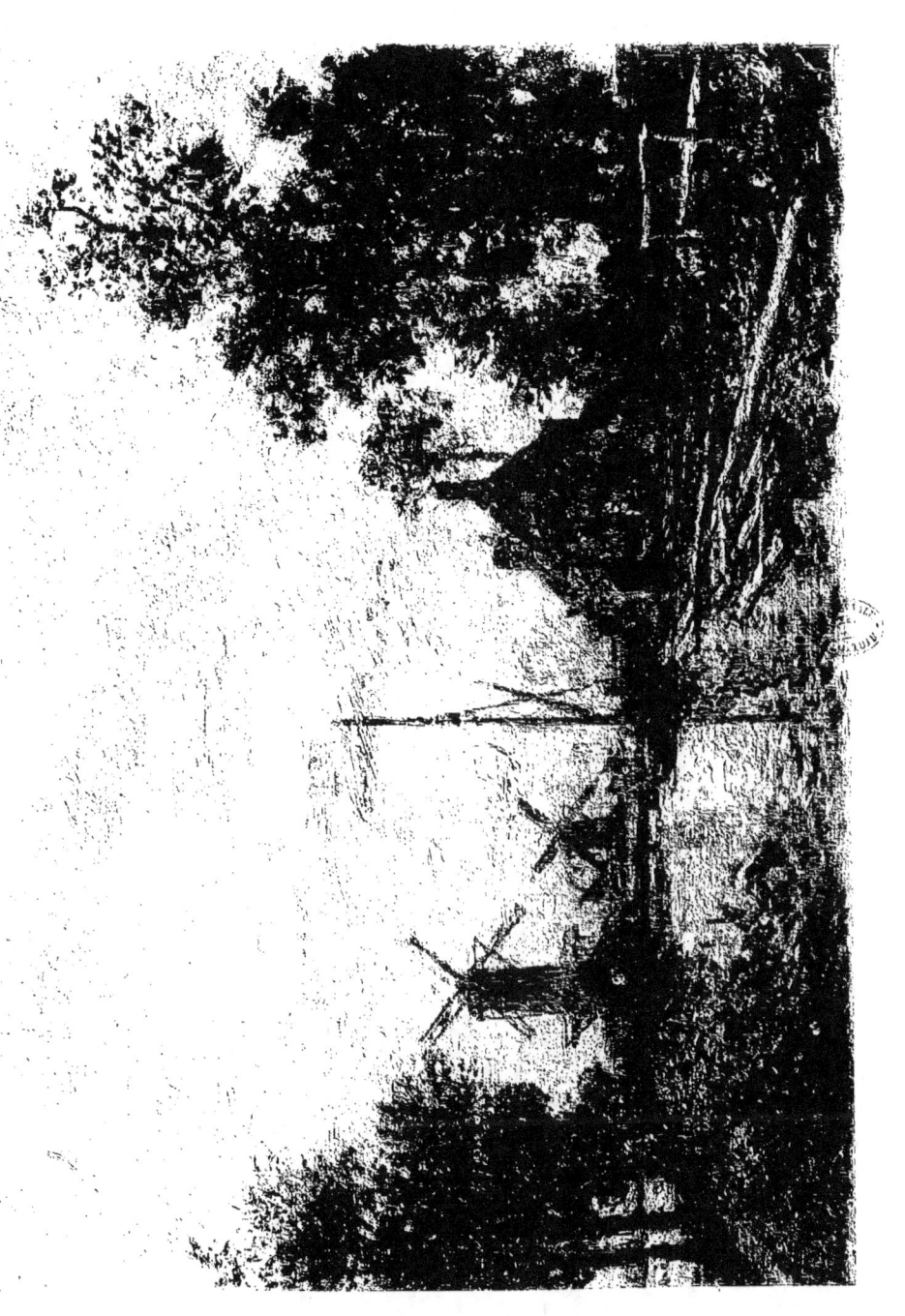

M. Degas, cela n'est pas la première fois qu'on le fait ressortir, est à la fois le disciple des maîtres et le maître des innovateurs. Poussé et cultivé en terre classique, il a produit des fruits essentiellement nouveaux. Ses admirables vertus ont engendré beaucoup de vices qui ont attiré nos jeunes écoles. Il cherche dans sa jeunesse des leçons auprès d'Ingres et des enseignements auprès de Poussin, vous en avez vu la preuve avec sa fougueuse et pourtant docile copie de l'*Enlèvement des Sabines*. Dans son âge mûr ses dessins prennent une liberté et une audace que rien désormais ne pourra dépasser, et dont toutes les prétendues audaces que nous avons vues se réclamer de lui n'ont aucun droit de le faire, car ce sont des imitations affaiblies, et qui ne reposent pas, comme ses plus saisissantes trouvailles, sur le plus étendu des savoirs et sur les calculs les plus justes et les plus ingénieux. Bien qu'il eût acquis une science unique de saisir les mouvements et de manier la couleur en vue de la puissance dans le modelé comme le plus vigoureux statuaire manie la terre ou la cire, M. Degas ne s'est jamais reposé sur sa science et, au contraire, est demeuré toute sa vie un infatigable inventeur. Chacune de ses œuvres offre l'alliance d'une conception toute personnelle, à la fois délicate et ironique, et d'un métier tantôt emporté, tantôt précieux, mais toujours infiniment captivant.

De ce maître unique en son temps, et unique dans l'art français, M. Rouart, pour les raisons que nous avons dites, possédait des œuvres en nombre relativement restreint, mais suffisant, toutefois, pour qu'aucun des principaux aspects de son talent ne fût absent de la collection, et chacun se trouvait représenté par des types d'une véritable excellence. Le pastel des *Modistes*, d'une harmonie très soutenue et d'un dessin énergique et vivant, est un exemple du plaisir que l'artiste moderne a éprouvé à dépeindre les détails de la vie, le fouillis familier, la conviction du geste dans les occupations de la vie courante, toutes choses où l'esprit de notre temps a apporté une acuité d'analyse toute spéciale. Réussir à retenir les regards et à captiver la pensée avec ces objets, prouve sans doute que l'intérêt intellectuel d'une œuvre d'art ne repose pas forcément moins dans l'interprétation de l'artiste que dans le sujet lui-même. C'est le dernier affranchissement que pouvait souhaiter l'art. Certainement il demeure de beaux sujets, poétiques, philosophiques ou historiques, qui font partie du trésor, et même sans cesse enrichi, de l'humanité; seulement, on accepte désormais que sur un objet qui eût jadis été réputé vulgaire ou indigne, un grand artiste projette son intelligence ou sa sensibilité. Mais il faut, bien entendu, que l'homme, sinon le thème, en vaille la peine. C'est ce que prouve l'exemple de Degas, mais c'est aussi ce qui condamne les médiocres qui osent se couvrir de cet exemple.

Les *Danseuses à la barre*, tableau délicat, fin comme la perle, aussi clair que le précédent est renforcé de ton, sont certainement une des œuvres d'art les plus rares de la galerie. Les mouvements y sont surpris et fixés avec une

JONGKIND
UN PORT EN HOLLANDE

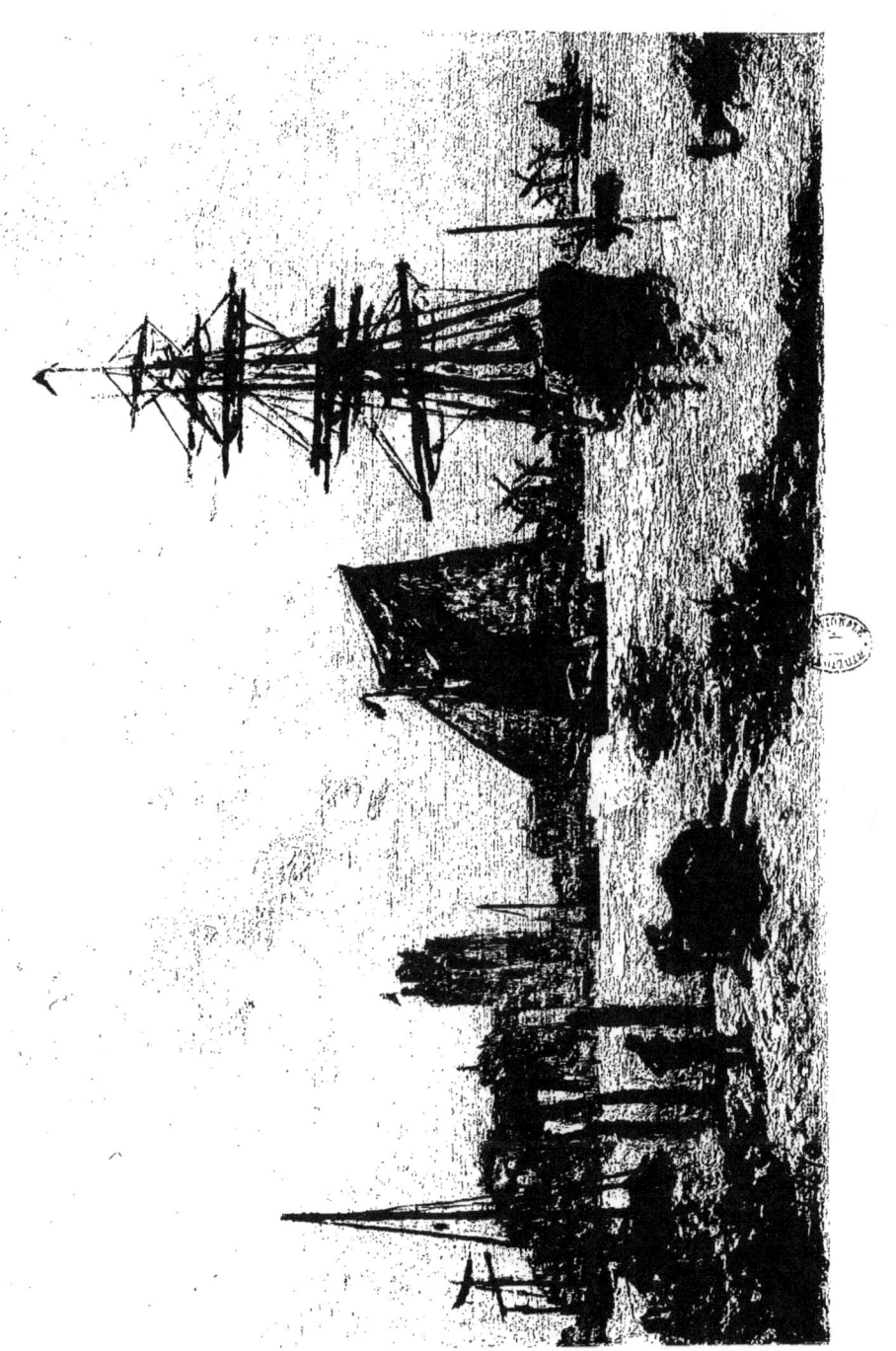

JONGKIND
UN CANAL PRÈS DE ROTTERDAM

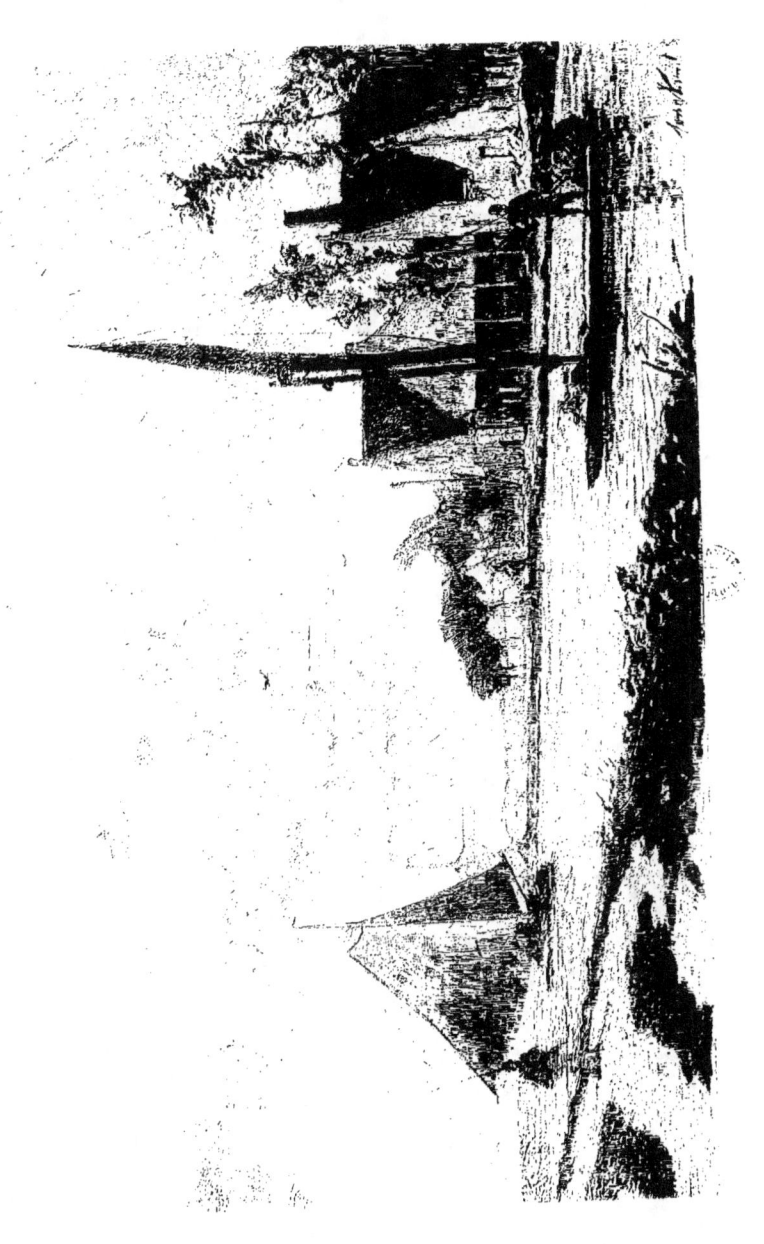

souplesse et pourtant une fermeté dont les mots ne peuvent donner une idée et rien ne peut exprimer non plus la subtile caresse pour le regard de ces gris rehaussés de rose et de citron pâle. Les diverses *Répétitions* et *Exercices de danse* sont également des mieux choisis qui se puissent voir. Quant aux études de types et de physionomies que nous offrent divers pastels et dessins, il faudrait tout un travail pour les analyser. La *Chanteuse de café-concert*, massive et quasi bestiale ; l'*Actrice*, un peu marquée déjà, qui au contraire souligne ses finesses de diseuse ; la danseuse ruminante qui tient son éventail comme un morne sceptre, reine factice du soir ; celle qui, vue de haut, sort de sa loge en faisant bouffer sa jupe verte pailletée ; — autant d'observations vives, narquoises, vigoureuses, autant de riches notations de couleur. Un tableau est très à part dans cet ensemble, c'est une scène sur la plage, peinte d'une manière large et simplifiée qui semble avoir été inspirée à M. Degas, par le désir d'étudier les procédés de synthèse de Manet, sans pour cela cesser d'être lui-même.

Ainsi que nous avons rapproché du nom de Manet celui de Madame Berthe Morisot, nous placerons ici celui de Miss Mary Cassatt, qui cultiva grâce aux leçons de Degas sa brillante et décidée personnalité. Avec une *Maternité* d'une vive couleur, et le tableau du *Thé* qui est un de ses plus accomplis, elle occupe une place très à part et cependant très en vue à côté de son maître.

Un mot encore en ce qui concerne M. Degas. Nous avons à l'instant, pour essayer de le définir, emprunté une comparaison à la sculpture. Nous aurions aimé à développer cette considération, et à montrer comment le jeune admirateur d'Ingres, après s'être dans ses premiers dessins rendu maître de la ligne, fut de plus en plus porté à modeler par le relief.

Aussi, le rapprochement serait des plus intéressants à faire, dans la collection Rouart, entre ces trois grands peintres *sculpturaux :* Millet, Daumier, Degas. Le fait de les avoir rapprochés dans ses prédilections est encore un des témoignages de l'unité de vues propre au collectionneur.

*
* *

S'il s'était arrêté au point où nous en sommes arrivés, nous trouverions complète et digne d'admiration sa carrière, et ses recherches se bornant à cette période de l'histoire artistique, auraient formé un cycle absolu, normal, pouvant justifier le repos après un tel travail accompli.

Mais au moment où M. Rouart parfaisait sa collection, une nouvelle école avait surgi, de nouvelles luttes s'étaient engagées dont tout de suite il comprit l'intérêt et l'importance. L'amateur qui aurait pu séparer son ami M. Degas des nouveaux venants avec lesquels il exposait sans précisément prendre part à leurs recherches, fut sensible à la passion pour la lumière, pour la vibration de la couleur, qui animait

JONGKIND
MOULIN AU BORD D'UN CANAL (HOLLANDE)

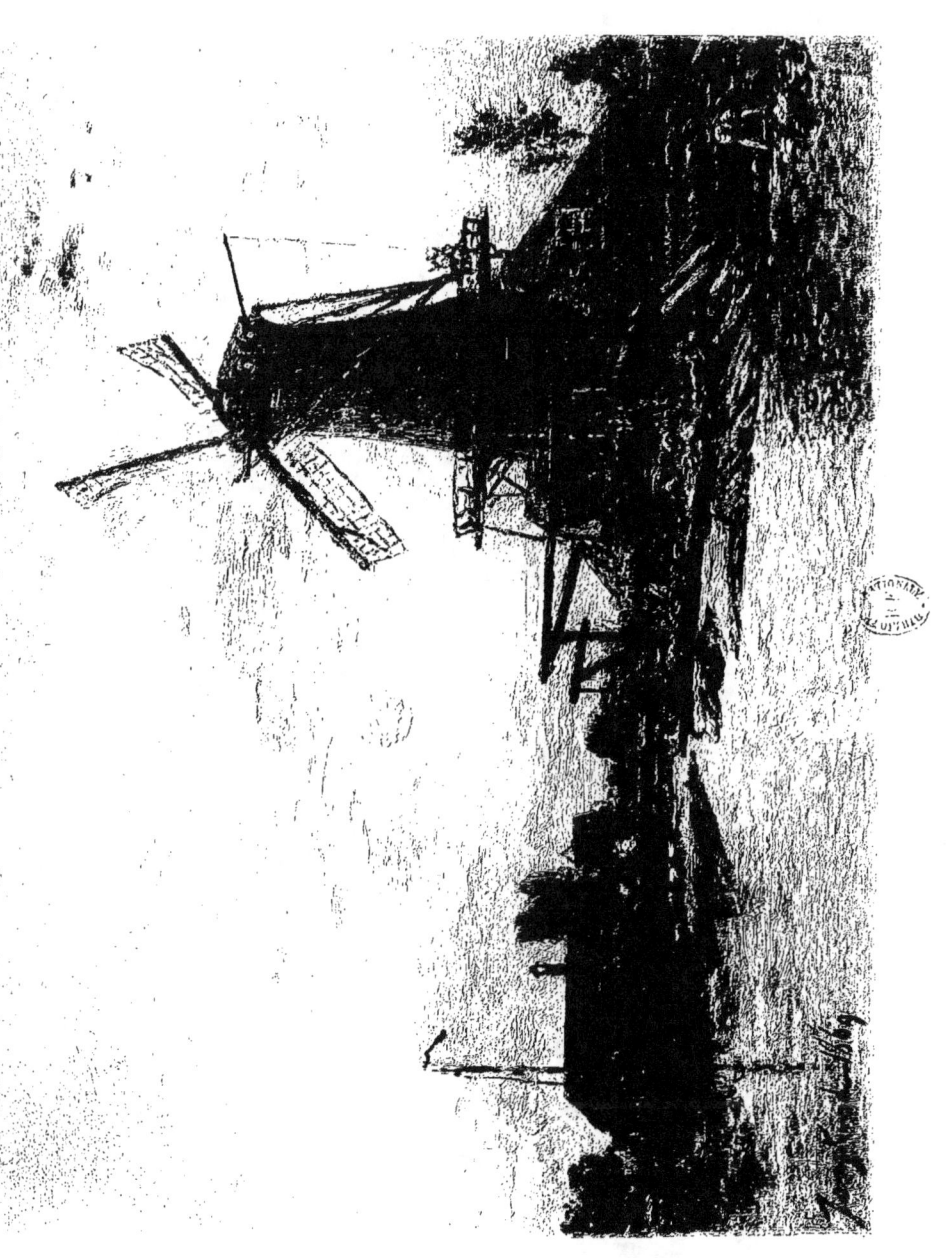

JONGKIND
PAYSAGE AUX ENVIRONS DE ROTTERDAM

ספריית פוקס

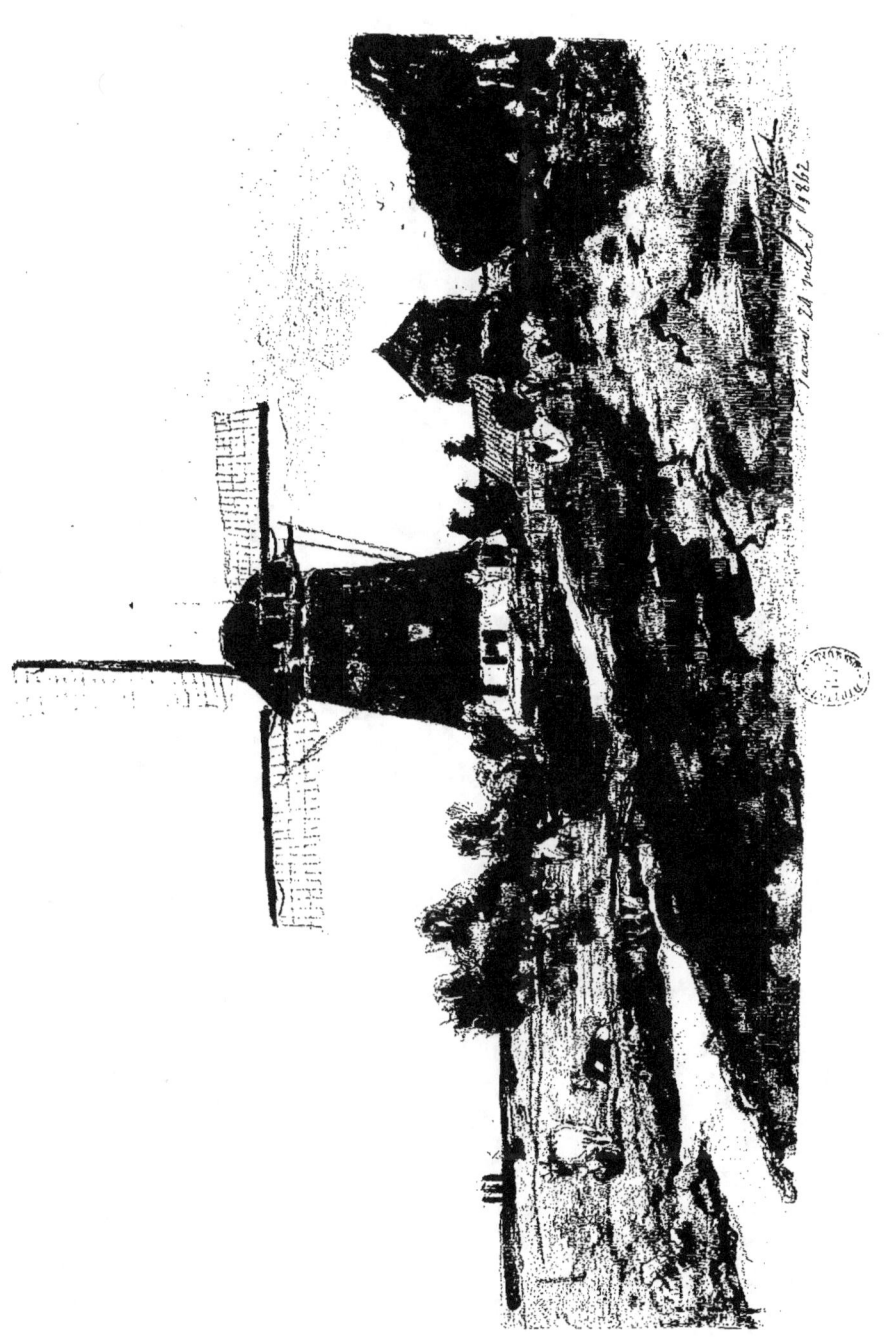

Claude Monet, Renoir, Pissarro, Sisley. Il ne crut pas qu'il y aurait un criant contraste à accrocher leurs claires peintures à côté des richesses assombries de ses Millet, de ses Daumier, ni à côté des vaporeuses féeries de Corot, qui était d'ailleurs leur maître de prédilection.

C'est pourquoi, chez M. Rouart, prirent encore place le grand tableau de jeunesse de Monet, *le Pavé de Chailly*, qui justement montre la transition de l'influence de Corot à l'impressionnisme commençant ; puis du même artiste, trois ou quatre autres très bonnes toiles, entre autres des bateaux dans la brume et un superbe effet de neige ; de Pissarro, quelques grandes et saines peintures rustiques ; de Renoir enfin les *Cavaliers* et la *Dame en bleu* dont nous avons déjà parlé.

Lorsqu'on repasse la collection d'un seul coup d'œil, un étonnant rapprochement s'établit entre deux précieux jalons d'une évolution artistique chez un amateur qui demeurait fidèle à ses admirations anciennes, tout en étant ouvert à des admirations nouvelles. Il n'a pas été imité, en cela, par certains collectionneurs modernes qui, impatients de nouveautés, quelle que soit leur valeur, ne croient prouver la sagacité de leur goût qu'en se déjugeant.

Pour moi, je vois dans la présence simultanée, dans le voisinage piquant et harmonieux de la *Dame bleue* de Corot et de la *Dame bleue* de Renoir, un symbole frappant de toute la collection et de l'esprit qui l'anime.

De même que dans toute composition bien comprise, les dominantes tout d'abord apparaissent, et que l'esprit n'est qu'ensuite ravi ou amusé par les détails heureux et expressifs, de même dans cette galerie si bien équilibrée, après avoir mis en lumière les maîtres qui en forment les assises et en dessinent les grandes lignes, nous pourrions encore trouver la matière d'une étude détaillée dans les *isolés* et dans les artistes de moindre envergure, ou, simplement, dans ceux de valeur non moindre peut-être, mais de moins éclatant renom. On peut dire que la collection en était si riche et avec des caractères si divers, qu'ils donnaient à toute la maison une atmosphère, une couleur à part, accompagnement exquis, imprévu, fouillé à l'extrême, des motifs principaux.

Voici, par exemple, de rares et séduisants peintres d'intimités, extrêmement différents et tous deux vrais *petits maîtres* de la plus grande valeur : Tassaërt, narrateur sentimental et coloriste brillant et subtil; Cals, amoureux des humbles, adorable bonhomme, paysagiste discret autant que subtil. Voici encore le caressant et fin Lépine, et le robuste Gustave Colin, disciple des Espagnols; et Jongkind, le grand Hollandais, précurseur, initiateur même, dans une certaine mesure, des Impressionnistes et qui est ici superbement représenté.

Quant à ceux que nous venons de baptiser les « isolés », en voici deux d'un aloi supérieur : Puvis de Chavannes et son allégorie pleine de grâce et de grandeur, *l'Espérance* fleurissant sur les ruines, et sa belle étude pour une des

LEPINE
EFFET DE LUNE

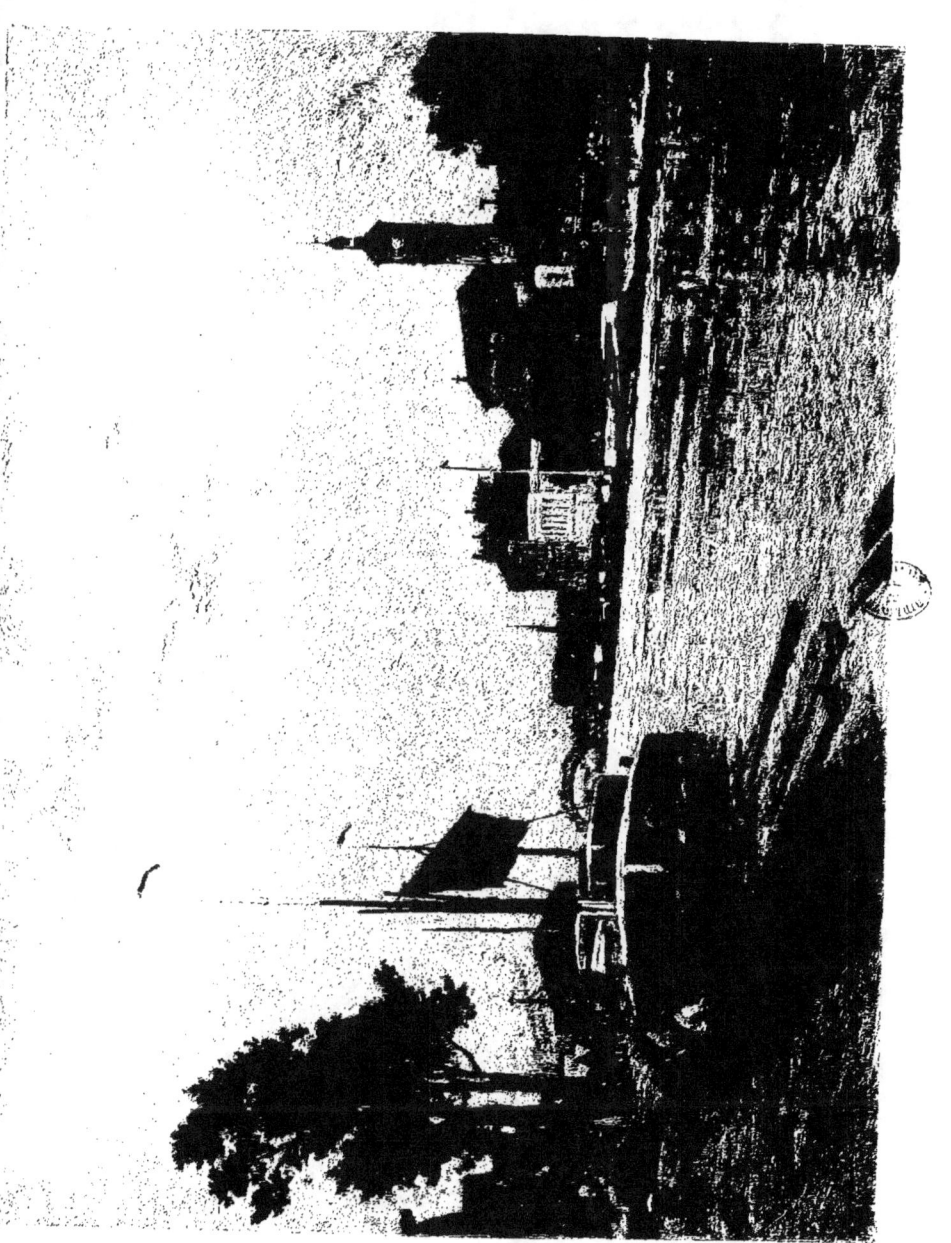

MISS MARY CASSATT
LE THÉ
Photo L. Druet

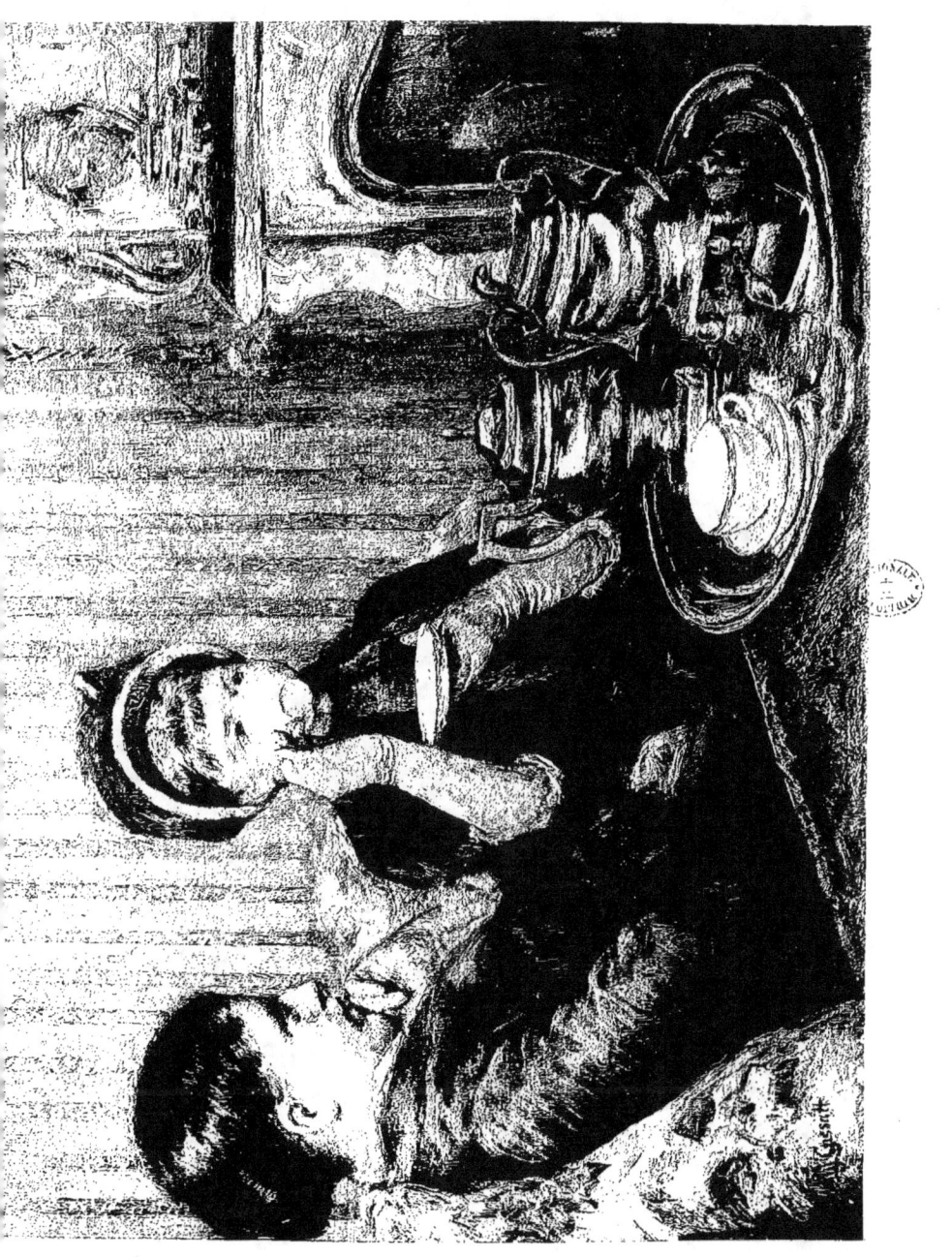

peintures décoratives de Marseille; puis Fantin-Latour et cette *Diane endormie*, spécimen choisi de ses peintures de rêve.

Nous en oublions forcément dans cette partie de notre dénombrement, et non des moins typiques. Mais comment ne pas donner encore cette indication indispensable ? Le collectionneur, vers la fin de sa course, jetant un dernier coup d'œil sur ce qui commence à se manifester de tendances inédites et faisant une place à Forain, à Toulouse-Lautrec, à Gauguin, et n'ignorant pas Cézanne, de qui quelques notes prenaient une place légitime, tout en demeurant proportionnée à celle qu'occupaient les maîtres d'une gloire indiscutable et consacrée.

Les dessins étaient le complément, à lui seul inépuisable, du grand édifice d'art que nous venons de visiter. Ils étaient comme les notes explicatives de cette histoire constituée par un véritable historien en action. La visite uniquement de cette partie de la demeure nous retint souvent des heures entières lors des après-midi inoubliés.

Rien que la série des dessins de J.-F. Millet, dont quelques-uns des plus beaux sont ici reproduits, était à peu près la plus nombreuse et la plus variée qui se pût voir entre les mains d'un seul particulier. Là encore, on retrouvait des notes inattendues et de celles qui donnent l'irrésistible secousse de la surprise et de l'émotion, comme cette tragédie *le Cavalier au bord de la mer*, correspondant, en dessin, à ce qu'était, en peinture, *le Chêne et le Roseau*. Un grandiose pastel, une vue de *Montagne* en Auvergne, était placé parmi les tableaux proprement dits, et nous aurions pu le placer nous-même dans le passage de cette étude qui en traitait. Les plus saisissantes silhouettes rustiques, les scènes si profondes de la vie des champs, par exemple, cette *Bergère* adossée à un arbre, cette autre assise au pied d'une meule (un des plus aimés du possesseur). Ces *Bergères se chauffant,* ce *Paysan au repos,* battant le briquet, ces tableaux de labour et de labeur, que d'œuvres d'art puissantes! Quel livre grandiose que ces feuillets ainsi rapprochés. Il est à craindre que jamais l'on n'en puisse reconstituer un pareil d'ici longtemps.

Corot n'était pas moins bien commenté par quelques études des plus opportunes et des plus précieuses. Un nu de jeune fille, entre autres, fit sensation dans une exposition centennale. Quant à Daumier, l'aquarelle de *la Parade,* les dessins et croquis de toute sorte, ne manquaient point de renforcer la haute impression qu'avaient donnée les peintures au visiteur, et de raconter expressivement toute la philosophie du grand dessinateur.

Les feuillets de Delacroix formaient un recueil des plus variés, que l'on devait, faute de place, feuilleter dans des cartons, et l'on ne s'en faisait pas faute. Qu'ajouter à cela? Les plus piquantes raretés, les œuvres les plus inspirées, sous les espèces les plus modestes d'un papier crayonné, vous arrêtaient à l'improviste. Un Ingres ou deux, tout au plus, pour ne pas souligner d'une façon trop formelle, et qui eût

FANTIN-LATOUR
LA NUIT

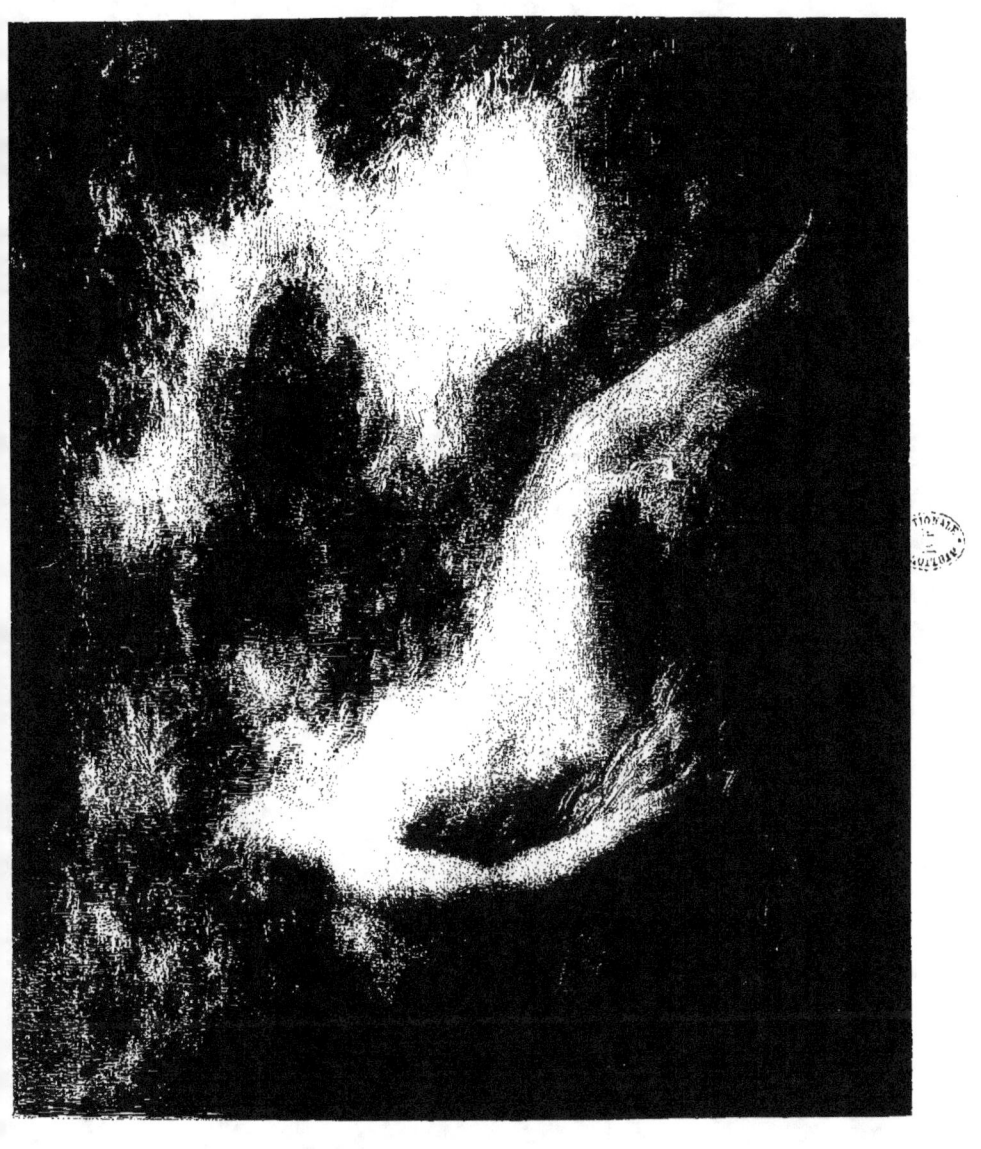

J.-L. FORAIN
L'ASSISTANCE JUDICIAIRE

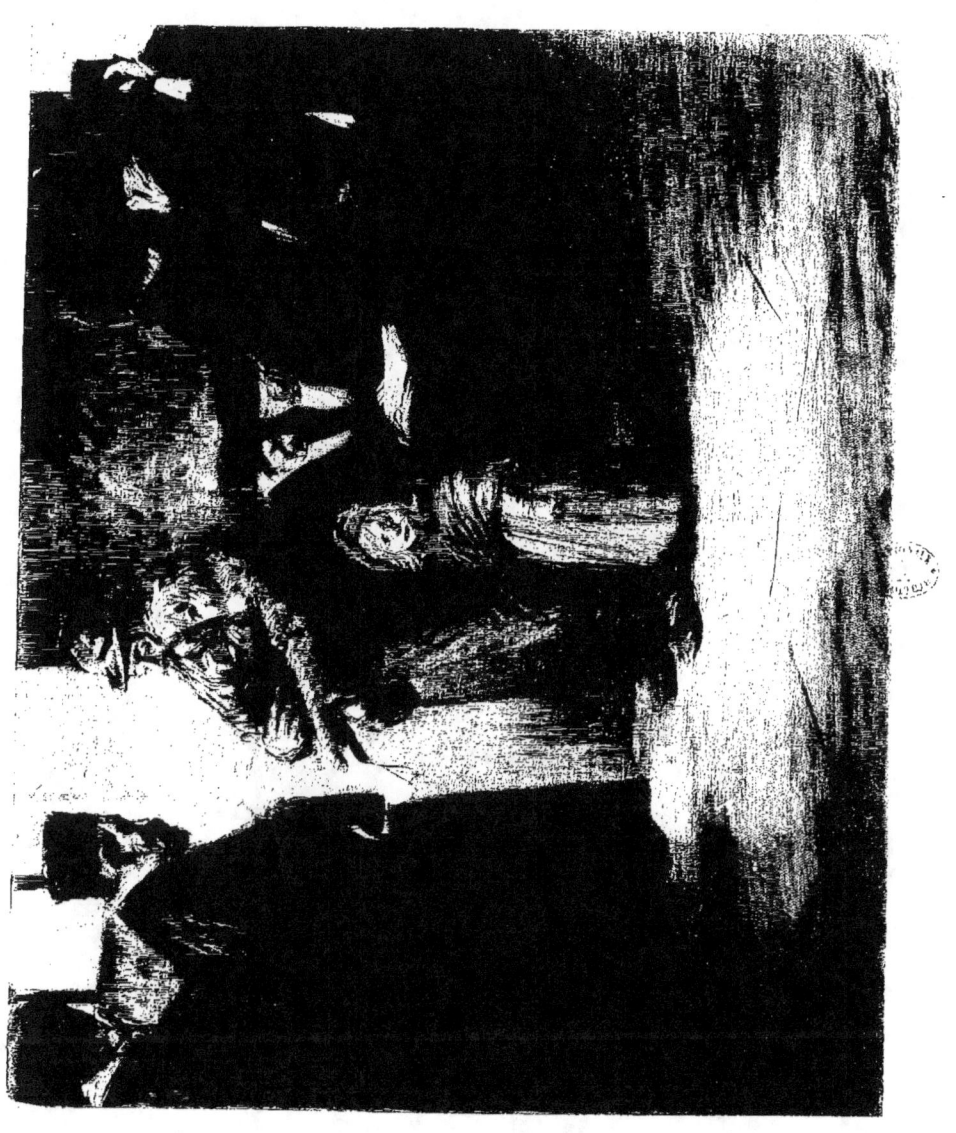

affecté une allure agressive, la préférence accordée à d'autres...
Un dessin de Rousseau, une étude d'arbres *Dans les Landes*,
prodigieux de fini et pourtant d'une réelle majesté. Des aquarelles dramatiques de Barye, où la vie des fauves et la sau-
vagerie des paysages étaient condensées par la forte main de
ce grand homme. Un dessin de Prud'hon, *l'Ame*, tout lumière
et tout poésie, sur lequel il nous plaît de finir, — car le reste
est multitude.

Je rappelle seulement que les sculptures, les terres cuites
antiques, les figurines égyptiennes, les bronzes aux belles
patines se mêlaient à toutes les autres richesses, leur donnant
de la vie et leur en empruntant, en vertu des curieux
phénomènes de sympathies et de réciprocités entre les travaux
qu'exécutèrent les mains des hommes passionnés de tous les
temps et de tous les pays. En cela s'attestait sous d'autres
formes l'insatiable curiosité de beau qui avait permis à un tel
homme de se créer, en même temps que sa vie réelle, si
active et si remplie, une existence de plus, dans les régions
de l'esprit et dans la fréquentation de ceux qui n'ont pas
le moins contribué au prestige de notre pays.

*
* *

En commençant cet écrit, nous avons dit que nous nous
proposions de rassembler de nouveau, et d'une façon illu-
soire sans doute, mais pourtant durable, ce qui sera dispersé, —

ce qui est déjà dispersé virtuellement. Nous espérons avoir à peu près tenu parole.

Nous en ressentons, à tout prendre, une impression réconfortante. Rien, en réalité, ne se disperse absolument; ce que la passion vraie avait joint, demeure idéalement réuni. La graine portée au loin reconstitue la forêt. Partout où se trouveront une œuvre de la collection Rouart et un exemplaire du « testimonial » que voici, on retrouvera vivant, de la meilleure manière, ce collectionneur de grande race, parmi les choses qu'il aima, au grand complet.

LA COLLECTION HENRI ROUART

CATALOGUE

LA COLLECTION
HENRI ROUART

TABLEAUX ANCIENS

BEUCKELAER (Joachim) — (1530-1570). — *Jésus chez Marthe et Marie.*

Sur le dallage carrelé d'une grande salle, sont étalées de nombreuses victuailles. Vers le centre, le Christ, en robe bleue, est assis près d'une fenêtre et parle aux deux saintes femmes. L'une d'elles, vêtue de rouge, tient un livre sur ses genoux, tandis que l'autre debout, en robe bleu clair, saisit une volaille. A droite, une femme devant la cheminée fait chauffer une marmite.

Dans le fond, par une porte entr'ouverte, on aperçoit des personnages attablés.

Toile. — Haut. : 1 m. 05 ; larg. : 1 m. 80.

BOILLY (Louis-Léopold) — (1761-1845). — *Général Baron Camus de Richemont, gouverneur de Saint-Cyr.*

Vu de face, en habit noir et cravaté de blanc.

Toile. — Haut. : 22 cm. ; larg. : 17 cm.

BONITO (Le Chevalier Giuseppe) — (1705-1789). — *Portrait d'homme.*

Il est vu de face, en buste, les cheveux légèrement poudrés, la figure souriante, en habit gris brun et cravate blanche.

N° 5 du catalogue de la vente du prince Pierre de Bourbon, duc de Durcal, 3 février 1890. Sur le châssis, cachet de la collection de S. A. R. Don Sébastien Gabriel de Bourbon-Bragance.

Toile. — Haut. : 39 cm. ; larg. : 32 cm.

BREUGHEL. — *Rixe de paysans.*

Au cours d'une partie de cartes, deux paysans dont l'un est armé d'un fléau et l'autre d'une fourche, en sont venus aux mains. Des paysans et des paysannes cherchent à les séparer.

Au fond, les maisons d'un village.

Panneau. — Haut. : 91 cm. ; larg. : 1 m. 24.

BRUYN (Bartholomeus de) — (1497-1557?). — *Portrait de femme.*

Elle est vue à mi-corps, de trois quarts à gauche, en coiffe blanche à bande de velours, en vêtement noir bordé de fourrure et garni de dentelle blanche au cou et aux poignets. Ses deux mains, dont l'une tient un gant, sont jointes sur la ceinture et ornées de bagues.

Dans le haut, de chaque côté, un blason, surmonté à droite de l'inscription : Ætatis 57 et, à gauche, de la date : ANNO 1557.

Panneau. — Haut. : 44 cm. ; larg. : 33 cm.

CARNICERO (Antonio) — (1748-1814). — *Portrait de femme.*

Elle est vue en buste, de trois quarts à gauche, sa chevelure brune descendant le long du dos, la main droite ramenée sur la poitrine et tenant un éventail. Sa robe grise entr'ouverte laisse voir la naissance de l'épaule.

Toile. — Haut. : 56 cm. ; larg. : 41 cm.

CEREZZO (Antonio). — *L'Assomption.*

La Sainte Vierge est enlevée au ciel par des anges.

Toile. — Haut. : 33 cm. ; larg. : 26 cm. 1/2.

CHAMPAIGNE (Philippe de) — (1602-1674). — *Portrait d'homme.*

Il est en perruque, habit noir et rabat blanc, et tourné de trois quarts à gauche.

Toile. — Haut. : 54 cm. ; larg. : 45 cm.

CHAMPAIGNE (Philippe de) — (1602-1674). — *Portrait d'Anne d'Autriche (en Minerve).*

Coiffée d'un casque en bronze doré surmonté d'un panache blanc, en robe grise légèrement décolletée, elle est assise et vue de face, le visage tourné de trois quarts à droite. D'une main elle soutient un livre, et de l'autre elle montre des armes. En bas, à droite, bouclier à tête de méduse et chouette. Au fond, bibliothèque et rideau ouvert sur le ciel.

En bas, à gauche, la date 1644.

Toile ovale. — Haut. : 1 m. 43 ; larg. : 1 m. 11.

CHARDIN (Jean-Baptiste-Siméon) — (1699-1779). — *Instruments de musique.*

Sur le tapis rouge d'une table sont posés une vielle, que couvrent en partie les feuillets d'un cahier de musique, une flûte, et un violon muni de son archet. Fond gris.

Signé à droite.

N° 4 du catalogue de la vente Barroilhet, 12 mars 1855.

Toile. — Haut. : 49 cm. ; larg. : 95 cm.

DANDRÉ BARDON (Michel-François) — (1700-1783). — *Turquerie.*

Un seigneur turc, vu de profil, en habit vert et manteau rouge, offre des friandises à une femme en robe de satin jaune et en mante bleue bordée de fourrure blanche.

Toile. — Haut. : 1 m. 48. ; larg. : 1 m. 97.

DANLOUX (Henri-Pierre) — (1753-1809). — *Portrait d'homme.*

Vêtu d'un habit noir, il est vu de trois quarts à gauche, en cravate de dentelle, les cheveux poudrés, un nœud noir retenant le bas de la perruque.

Toile. — Haut. : 46 cm. ; larg. : 38 cm.

DAVID (Jacques-Louis) — (1748-1825). — *Bélisaire demandant l'aumône.*

Accompagné de son jeune guide, Bélisaire, tête nue, s'appuie sur un bâton, et tend la main gauche pour demander l'aumône.

N° 4 du catalogue de la vente Coutan-Hauguet, 16 décembre 1887.

Toile. — Haut. : 66 cm. ; larg. : 79 cm.

DUMONSTIER (Daniel) — (1574-1646). — *Portrait d'homme.*

Les cheveux en brosse, en habit noir à col blanc, il est vu de trois quarts à droite.

Dans le haut, à gauche, les armes de la famille Texier de Hautefeuille sous la devise : « Secundis viribus impleor. » En haut, à droite, l'inscription : Anno ætatis Quint.

N° 457 du catalogue de la vente Fillon, mars 1882.

Panneau. — Haut. : 37 cm. ; larg. : 32 cm.

DUPLESSIS (Joseph-Silfrède) — (1725-1802). — *Portrait de Madame Couturier.*

En robe bleue et en mantille, coiffée d'un bonnet tuyauté que recouvre une étoffe noire nouée sous le menton, elle est vue à mi-corps, assise de trois quarts à gauche, les mains dans un manchon appuyé sur une table.

Cadre ancien en bois sculpté.

Reproduit par Saint-Aubin dans le livret du Salon de 1769.

N° 38 du catalogue de la vente Camille Marcille, mars 1876, sous le titre « Portrait de femme », par Greuze.

Toile. — Haut. : 81 cm. ; larg. : 64 cm.

ÉCOLE ALLEMANDE PRIMITIVE — (xve siècle). — *Le Christ s'appuyant sur la croix.*

Le Christ debout, appuyé sur la croix, presse la blessure de son flanc, dont le sang découle dans un calice posé sur le bord d'un tombeau ; à droite, on aperçoit la tunique, les dés, une lanterne, une torche et une tête d'homme roux vu de profil. A gauche, auprès de la colonne où sont attachés le fouet et les verges, un personnage crache sur le Sauveur.

Panneau cintré. — Haut. : 32 cm. ; larg. : 24 cm.

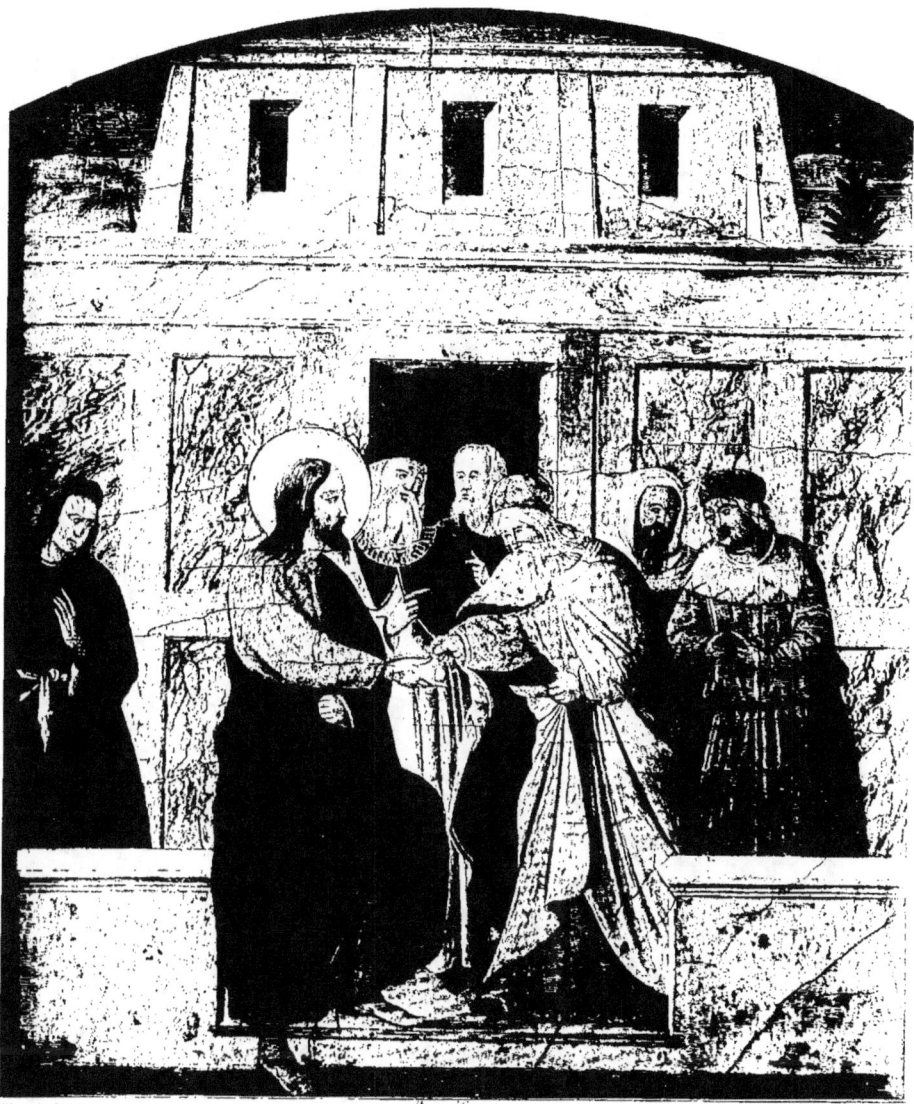

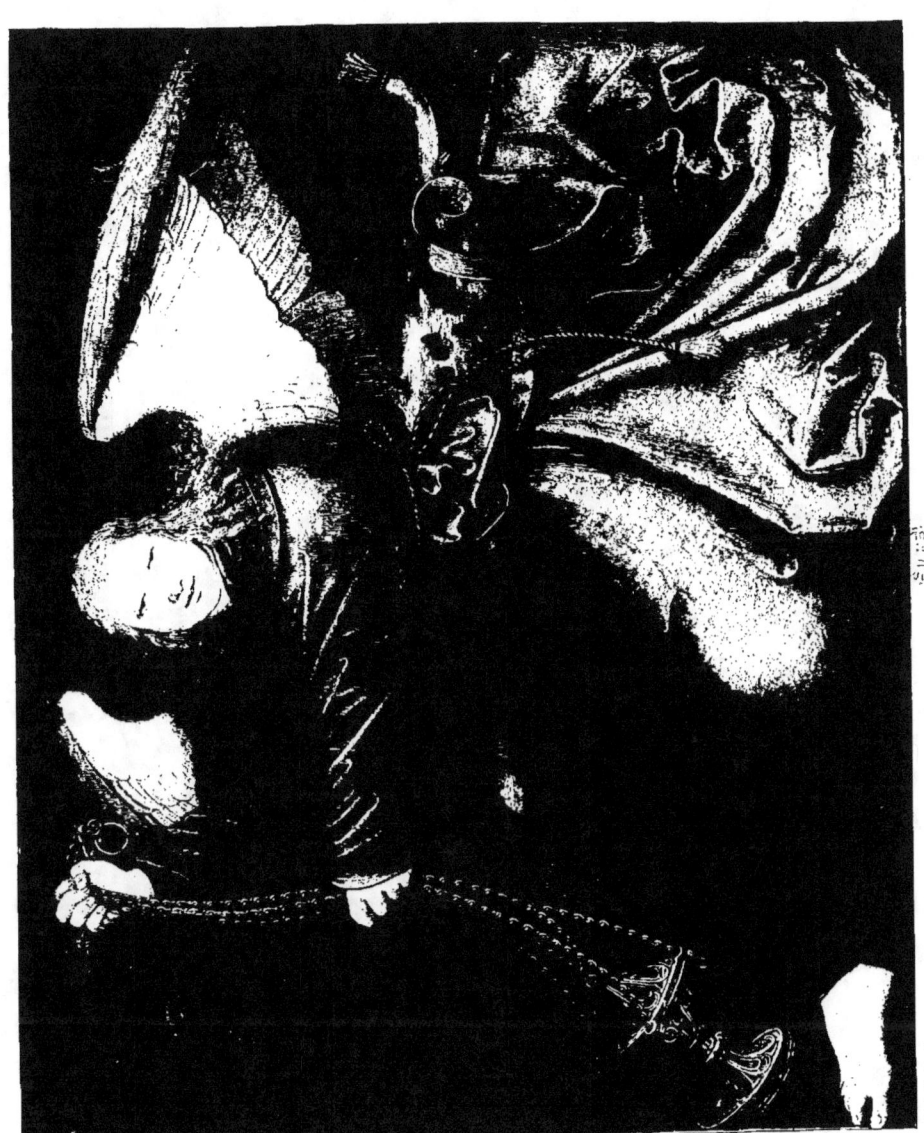

BERNARD STRIGEL.

CATALOGUE

ÉCOLE ALLEMANDE — (xvɪ° siècle). — *Portrait d'homme.*

En habit brun, une fraise blanche au cou, il est vu en buste, de trois quarts à droite.

Signé d'un monogramme à gauche et daté 1510.

Panneau rond. — Diamètre : 10 cm.

ÉCOLE ANGLAISE (Commencement du xɪx° siècle). — *Portrait d'homme.*

Il est vu en buste, presque de face, les yeux levés vers la droite, une cravate rouge retombant sur les revers du vêtement noir.

Toile. — Haut. : 57 cm. ; larg. : 48 cm.

ÉCOLE BYZANTINE. — *La Crucifixion.*

Au premier plan, les soldats clouent le Christ sur la croix posée à terre. A droite, quelques cavaliers ; plus loin, le groupe des saintes femmes. Au delà, Jérusalem se détache en silhouette sur un fond d'or.

Dans le bas, occupant toute la largeur du panneau, une inscription grecque sur fond blanc.

Panneau. — Haut. : 26 cm. ; larg. : 23 cm.

ÉCOLE ESPAGNOLE — (xvɪ° siècle). — *Archimède.*

Il est vu debout, de trois quarts à droite, coiffé d'un bonnet rouge garni de fourrure, une main posée sur une sphère céleste, et l'autre retenant son manteau d'étoffe rayée. Dans le haut, à gauche, l'inscription : « ARCHIMEDES. »

Toile. — Haut. : 1 m. 3 cm. ; larg. : 74 cm.

ÉCOLE ESPAGNOLE. — *Bénédiction d'un malade.*

Un Saint, accompagné d'un moine, bénit un malade assis à terre entre deux cierges.

N° 68 du catalogue de la vente Paul de Saint-Victor, 23 janvier 1882.

Toile. — Haut. : 80 cm. ; larg. : 41 cm.

ÉCOLE ESPAGNOLE — (xviie siècle). — *Saint Ignace de Loyola.*

Le coude droit appuyé sur une pile d'in-folio, il lit un livre posé sur une tête de mort.

Collection du comte A. M. Zanetti (Venise).

Toile. — Haut. : 72 cm. ; larg. : 67 cm.

ÉCOLE ESPAGNOLE — (xviiie siècle). — *Portrait présumé de Goya.*

L'artiste est vu de face et en buste, en gilet jaune et redingote vert sombre sur laquelle se détachent les blancs du col et de la cravate.

A droite, l'initiale G, en rouge.

Toile. — Haut. : 62 cm. ; larg. : 51 cm.

ÉCOLE FRANÇAISE — (xvie siècle). — *Portrait de Diane de France, duchesse d'Angoulême.*

Elle est vue en buste, de trois quarts à gauche, en robe noire à manches bouffantes, le corsage orné d'une guimpe à réseau de perles, les cheveux roux couverts d'une coiffe noire.

Panneau. — Haut. : 20 cm. ; larg. : 15 cm.

ÉCOLE FRANÇAISE — (xvie siècle). — *Portrait de femme.*

Debout et vue presque de face, en manteau noir bordé de fourrure blanche, elle tient d'une main un chapelet attaché à sa ceinture. Sur la tête, une coiffe noire surmontée d'un rang de perles et doublée à l'intérieur de dentelle blanche.

Panneau. — Haut. : 32 cm. 1/2 ; larg. : 23 cm.

ÉCOLE FRANÇAISE — (xviie siècle). — *Portrait d'homme.*

En costume noir à collerette blanche, il est vu en buste, nu-tête et de trois quarts à gauche.

Haut. : 42 cm. 1/2 ; larg. : 23 cm.

ÉCOLE FRANÇAISE — (xviiie siècle). — *La Joueuse de vielle.*

Une femme aux cheveux poudrés, en robe verte brodée de fleurs et dont les manches sont ornées de dentelle, est assise, vue de trois quarts à droite, une vielle sur ses genoux.

Cadre ancien en bois sculpté.

Toile. — Haut. : 80 cm. ; larg. : 64 cm.

ÉCOLE FRANÇAISE — (xviiie siècle). — *Portrait d'homme.*

La tête vue de face et légèrement inclinée vers l'épaule gauche, les cheveux poudrés, la figure rasée, il est vêtu d'un habit gris bleu à revers rouges bordés d'or.

Toile ovale. — Haut. : 56 cm. ; larg. : 45 cm.

ÉCOLE FRANÇAISE — (Fin du xviiie siècle). — *Portrait d'homme.*

En habit bleu, couvert d'un manteau gris à revers, le buste serré dans un gilet blanc, il est vu de trois quarts à droite, la figure rasée, les cheveux poudrés. Au cou, une cravate dont les rayures noires, jaunes et rouges, contrastent avec le blanc du col.

Daté à gauche, 1795.

Toile ovale. — Haut. : 30 cm. 1/2 ; larg. : 23 cm.

ÉCOLE FRANÇAISE — (Commencement du xixe siècle). — *Portrait d'homme.*

En habit noir et manteau gris entr'ouvert, il est vu de trois quarts à gauche, la figure rasée, cravaté de blanc.

Toile. — Haut. : 59 cm. ; larg. : 48 cm.

ÉCOLE FRANÇAISE — (Commencement du xixe siècle). — *Portrait de femme.*

En costume empire, un châle tombant sur les épaules, en robe blanche à collerette, elle est vue de trois quarts à droite, un peigne à diadème dans les cheveux noirs et bouclés sur le front.

Toile. — Haut. : 58 cm. ; larg. : 48 cm.

ÉCOLE HOLLANDAISE — (Commencement du xvie siècle). — *Ascension de N.-S. Jésus-Christ.*

Agenouillée et entourée des apôtres, la Sainte Vierge, les yeux levés vers le ciel, contemple le Christ, disparaissant dans un nuage. Dans le fond et à gauche d'un paysage accidenté, la silhouette d'une ville.

Cadre en bois sculpté.

Panneau. — Haut. : 47 cm. ; larg. : 36 cm. 1/2.

ÉCOLE SIENNOISE — (xve siècle). — *La Vierge à l'Enfant.*

La Vierge et le Divin Enfant sont entourés par des anges et par des saints, se détachant sur le fond doré.

Cadre ancien.

Panneau de forme ogivale. — Haut. : 99 cm. ; larg. : 52 cm.

ÉCOLE DE VÉRONE — (xve siècle). — *Diptyque.*

Sur le volet de gauche :

Un saint vêtu de rose, couvert d'un manteau noir et tenant une houlette dans ses bras.

Sur le volet de droite :

Saint personnage vêtu de bure, un corbeau planant au-dessus de lui, tandis que deux lions sont couchés à ses pieds. Fond doré.

Panneau de forme ogivale. — Chaque volet : haut. : 62 cm. ; larg. : 25 cm.

VAN EVERDINGEN (A.) — (1621-1675). — *Marine.*

Au premier plan, la plage limitée par des falaises et quelques grands rochers éboulés. Plus loin, la mer agitée où trois voiliers luttent contre la tempête. Grands nuages blancs dans le ciel mouvementé.

Signé à droite, à mi-hauteur d'une falaise.

Toile. — Haut. : 66 cm. ; larg. : 1 m.

FOUQUIÈRES (Jacques) — (1580-1659). — *Effet de neige.*

Au premier plan, une voiture à quatre chevaux passe dans un chemin bordé à droite par une auberge à la lisière d'un bois.

A gauche, un grand arbre détache son feuillage sur le ciel qu'éclairent les lueurs du couchant.

Toile. — Haut. : 90 cm. ; larg : 1 m. 10 cm.

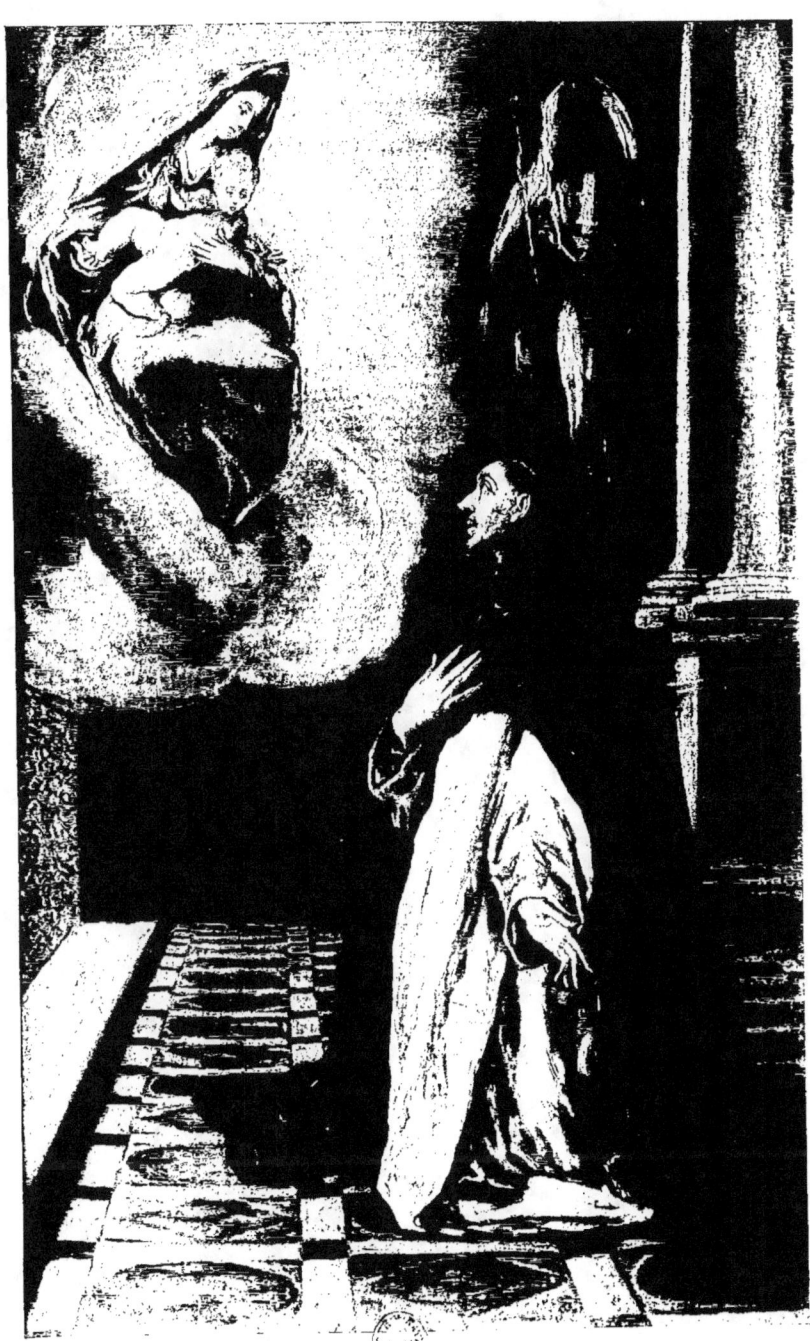

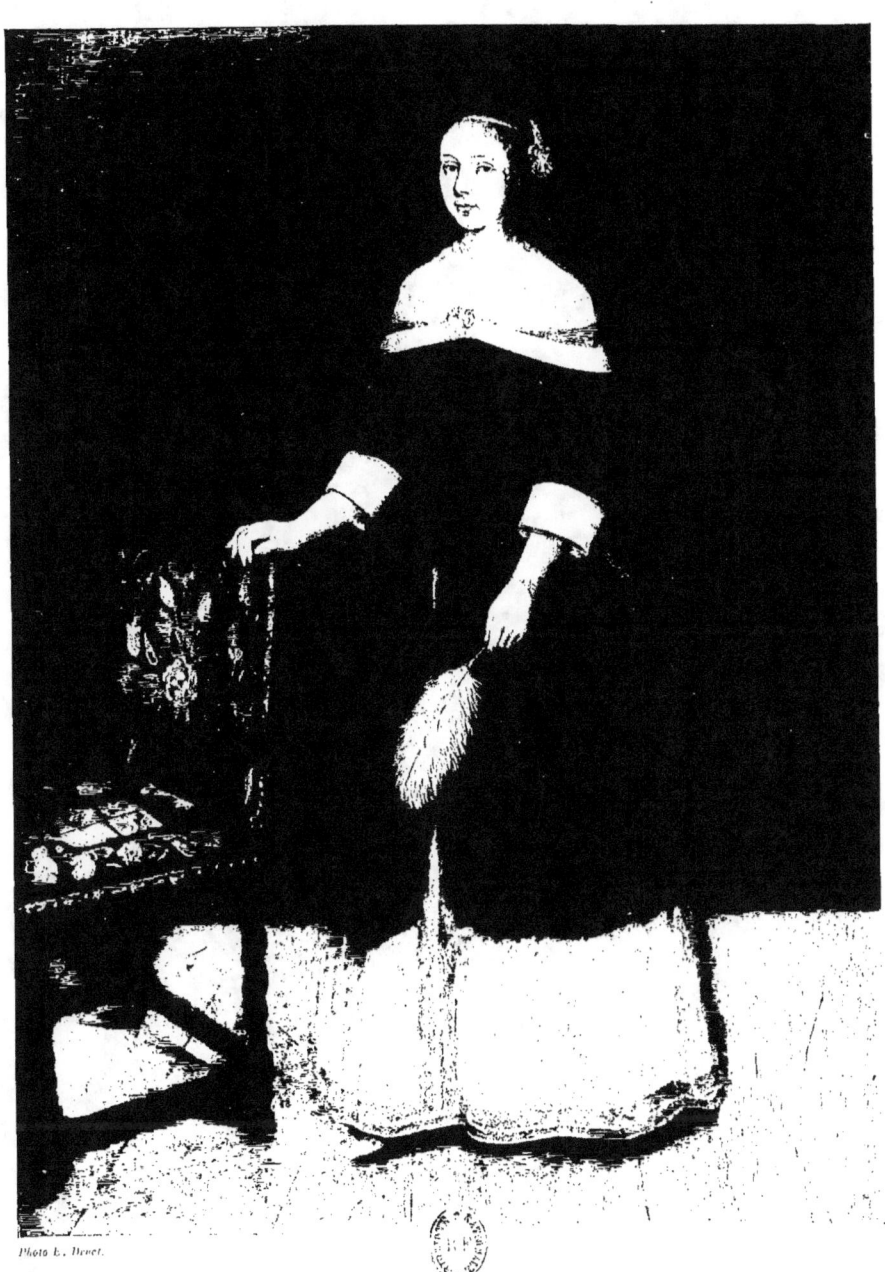

CATALOGUE

FRAGONARD (Jean-Honoré) — (1732-1806). — *Le Repos pendant la fuite en Égypte.*

La Vierge découvre devant Saint Joseph l'Enfant Jésus dormant dans son berceau auprès duquel l'âne est couché.

Toile. — Haut. : 53 cm. ; larg. : 43 cm.

FRAGONARD (Jean-Honoré) — (1732-1806). — *Paysage.*

Accompagnés de leur chien, un berger et une bergère sont debout sur un tertre.

A droite, dans un repli de terrain, des moutons paissent à proximité d'un bouquet d'arbres.

Dans le ciel clair, un grand nuage blanc.

Toile. — Haut. : 40 cm. ; larg. : 30 cm.

GOYA Y LUCIENTES (François) — (1746-1828). — *Femme espagnole.*

Elle est vue de trois quarts à gauche, les cheveux noirs retombant sur le front, le buste drapé dans un châle gris, la gorge légèrement découverte. Aux oreilles brillent de grandes pendeloques d'or.

Toile. — Haut. : 69 cm. ; larg. : 49 cm.

GRANET (François-Marius) — (1775-1849). — *La Chapelle de la Vierge à Saint-Roch.*

Devant l'autel qu'éclairent des flambeaux, les fidèles, dans la pénombre, assistent au service divin.

Toile. — Haut. : 29 cm. ; larg. : 39 cm.

GRANET (François-Marius) — (1775-1849). — *La Leçon.*

Une petite fille, debout devant une religieuse assise à une table auprès d'une fenêtre, récite sa leçon.

Signé à droite.

Toile. — Haut. : 45 cm. ; larg. : 37 cm.

GRECO (Domenico Theotocopuli, dit El) — (1548-1625). — *Un Apôtre.*

Il est vu de face et en buste, les cheveux noirs, la barbe en pointe, et vêtu d'une ample robe bleu clair.

Sa main droite, aux doigts effilés, esquisse un geste.

Signé du monogramme, à droite au-dessus de l'épaule.
Cité dans « Le Greco » par Maurice Barrès et Paul Lafond, page 154, et reproduit page 163.

Toile. — Haut. : 69 cm. ; larg. : 54 cm.

GRECO (Domenico Theotocopuli, dit El) — (1548-1625). — *L'Apparition de la Vierge.*

Vêtue d'une robe rouge et d'un manteau bleu, tenant dans ses bras l'Enfant Jésus, la Vierge, entourée de nuages, apparaît à Saint Dominique, agenouillé sur le sol dallé, devant un autel.

A droite, près d'une colonnade, la statue d'un Saint.

Toile. — Haut. : 99 cm. ; larg. : 60 cm.

GRECO (Domenico Theotocopuli, dit El) — (1548-1625). — *Saint François d'Assise.*

En robe de bure, vu de profil à gauche, il est en extase, les yeux levés, les mains tendues vers un rayon lumineux qui éclaire son visage.

N° 24 du catalogue de la vente Taylor, 24 février 1880.

Toile. — Haut. : 90 cm. ; larg. : 74 cm.

GRECO (Domenico Theotocopuli, dit El) — (1548-1625). — *Saint François d'Assise en prière.*

Debout, en robe brune à capuchon relevé, la main droite ramenée sur la poitrine, il contemple le crucifix et la tête de mort devant lesquels il prie.

Au fond et à gauche, un grand nuage traverse le ciel.

Toile. — Haut. : 78 cm. ; larg. : 60 cm.

CATALOGUE

GROS (Antoine-Jean, Baron) — (1771-1835). — *Un Ramoneur.*

Vu de face et en buste, le cou nu, il est coiffé d'un bonnet d'où s'échappent des mèches de cheveux.

Daté à gauche, 2 janvier 1811.

Toile. — Haut. : 45 cm. ; larg. : 34 cm.

HEEMSKERK (Egbert Van) — (1645-1704). — *Daniel confondant les prêtres de Baal.*

Au premier plan, à droite, un prêtre de Baal, en costume d'apparat et couvert d'un manteau de pourpre doublé d'hermine, s'entretient avec Daniel, vêtu d'une robe grise. A gauche, devant la statue d'or du dieu, des serviteurs s'empressent autour d'une table chargée de mets.

Toile. — Haut. : 1 m. 12 ; larg. : 1 m. 50.

HERCULANUM (Peinture murale trouvée à). — *Femme assise.*

Drapée dans un péplum, une couronne de feuillage sur la tête, elle se repose sur un banc de pierre le long duquel court une plinthe avec ornements en relief.

Peinture murale, trouvée à Herculanum.
Collections Joly de Bammeville (20 avril 1881).

Diamètre : 19 cm.

INGEGNO (l') (André Luigi, dit) — (Vers 1510). — *Vierge à l'Enfant.*

Dans une ogive semée de têtes d'anges aux ailes rouges, la Vierge, vêtue d'un manteau bleu à bordure dorée, tient l'Enfant Jésus dans ses bras.
Fond d'or.

Panneau. — Haut. : 44 cm. ; larg. : 34 cm.

JEAURAT (Étienne) — (1699-1789). — *La Convalescente.*

Une femme coiffée d'un bonnet blanc, vêtue d'une robe blanche et d'une mantille noire, est assise dans un fauteuil, les pieds sur un coussin rouge. Debout devant elle, une servante remplit une tasse.

Toile. — Haut. : 27 cm. ; larg. : 20 cm.

LEAL (Jean de Valdès) — (1630-1691). — *Portrait de Don Manuel Padial.*

L'inquisiteur est vu à mi-corps, de trois quarts à droite, coiffé d'une barrette noire, vêtu d'une aube blanche recouverte d'une chasuble rouge bordée d'or.

Dans le haut, à gauche, l'inscription : D. MANUEL PADIAL.

Toile. — Haut. : 65 cm. ; larg. : 58 cm.

LÉPICIÉ (Nicolas-Bernard) — (1735-1784). — *Portrait d'homme.*

En habit vert, orné d'un jabot de dentelle, il est vu en buste, de trois quarts à gauche. Un nœud de ruban fixe derrière la nuque sa perruque poudrée.

Toile. — Haut. : 41 cm. ; larg. : 33 cm.

MAAS (Nicolas) — (1632-1693). — *Femme assise.*

Elle est vue à mi-corps de trois quarts à gauche, décolletée, en robe de satin broché d'or et bordée de dentelles, un collier de perles au cou.

Son manteau doublé de fourrure retombe sur l'épaule droite, le bras gauche, nu jusqu'au coude, est ramené sur la poitrine.

Toile. — Haut. : 47 cm. ; larg. : 39 cm.

MAYER (Constance) — (1778-1821). — *La Barque.*

Dans une barque conduite par une femme entourée d'amours, un homme tient sur ses genoux une jeune fille et se penche vers elle.

Première idée du tableau du Louvre.

Toile. — Haut. : 22 cm. ; larg. : 28 cm.

MICHEL (Georges) — (1763-1843). — *Paysage.*

Un bouquet d'arbres se dresse au sommet d'un coteau, au pied duquel la plaine s'étend à droite jusqu'au fond du paysage.

Toile. — Haut. : 48 cm. ; larg. : 59 cm.

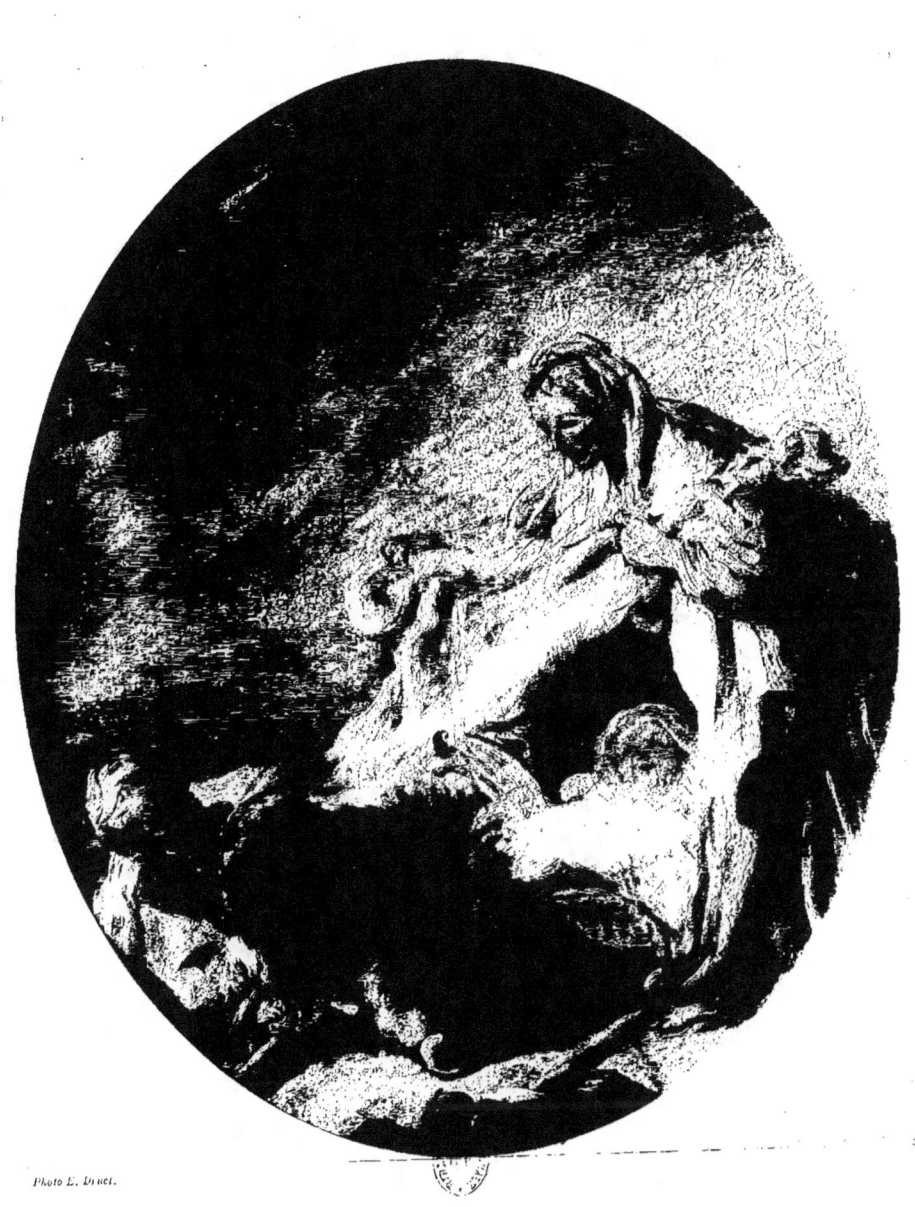

Photo E. Druet.

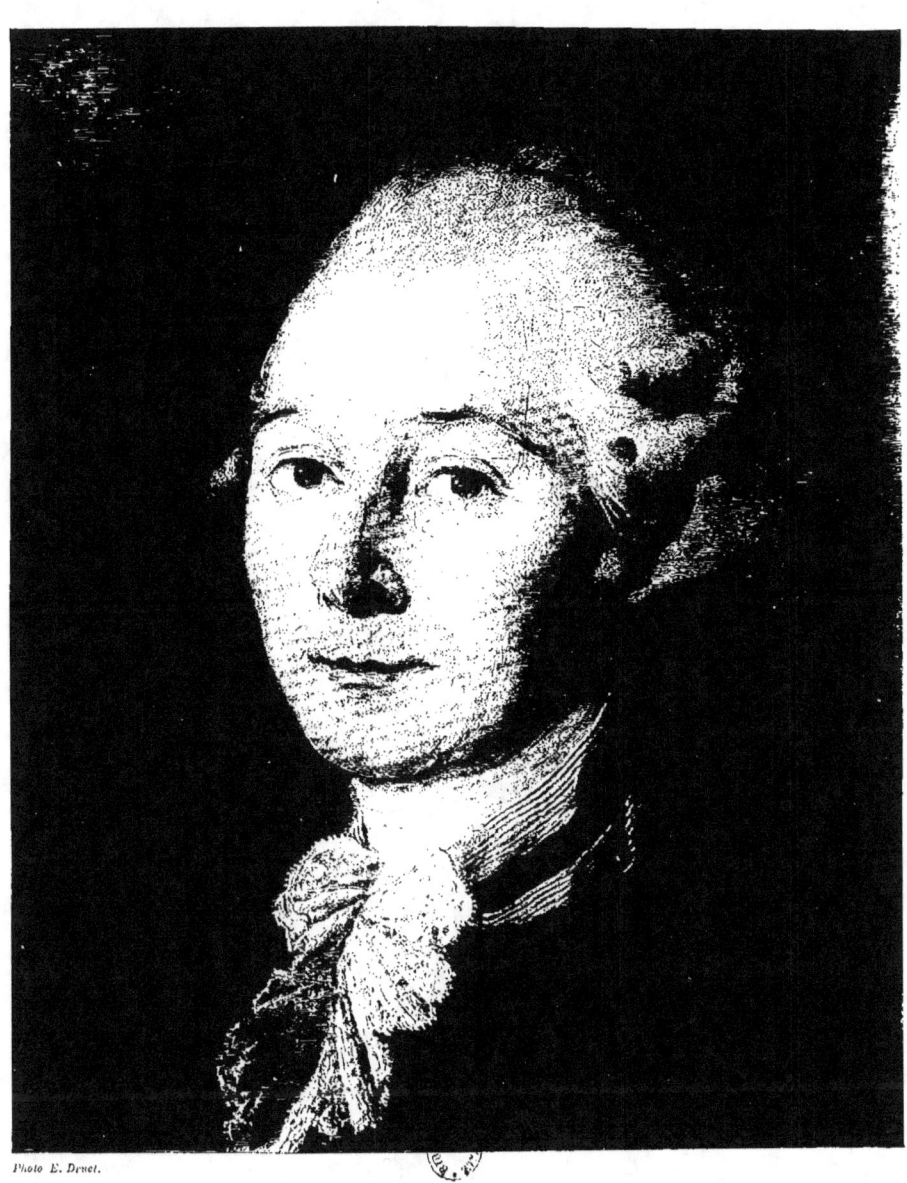
Photo E. Druet.

CATALOGUE

MOOR (Karel de) — (1656-1738). — *Un cavalier.*

Le poing sur la hanche, il galope, tête nue, sur un cheval gris. Un chien court à ses côtés.

Toile. — Haut. : 36 cm. ; larg. : 28 cm. 1/2.

NETSCHER (Constantin) — (1639-1684). — *Portrait de femme.*

Elle est vue debout, de trois quarts à gauche, en jupe blanche bordée d'or, recouverte d'un ample corsage noir, à collerette et manchettes blanches.

Sa main droite est appuyée sur le dossier d'une chaise, tandis que la main gauche tient un éventail de plume.

Signé à gauche, sur le bois de la chaise.

Panneau. — Haut. : 42 cm. ; larg. : 50 cm.

NONNOTTE (Donat) — (1708-1785). — *Portrait de femme.*

En robe bleue décolletée et bordée de fourrure, des rubans et des plumes de diverses couleurs sur les cheveux poudrés, une jeune femme, assise à une table, est en train de dessiner.

Toile. — Haut. : 89 cm. ; larg. : 72 cm.

OTTLEY (Guillaume) — (1771-1836). — *Portrait d'homme.*

En habit gris et culotte jaune, une cravate blanche au cou, les cheveux poudrés, il est vu à mi-corps, presque de profil à gauche, la main droite passée dans le revers de son habit, le coude gauche appuyé sur une balustrade de pierre.

Au fond, un paysage boisé.

Signé à droite.

Toile. — Haut. : 1 m. 01 ; larg. : 82 cm.

PAREJA (Jean de) — (1606-1670). — *Portrait d'une Infante.*

Elle est vue de face et à mi-corps, légèrement décolletée, en robe grise à parements rouges et à manches bouffantes. A son cou brille un collier, des rubans ornent sa chevelure.

Toile. — Haut. : 71 cm. ; larg. : 60 cm.

POUSSIN (Nicolas) — (1593-1665). — *L'Enfance de Bacchus.*

Au premier plan à gauche, une femme, la poitrine découverte, est agenouillée et tend les bras vers Bacchus enfant qui se tient debout près d'une panthère. A côté d'eux, un faune s'appuie d'une main à un arbre qui dresse vers le fond, à droite, ses branches autour desquelles s'enroulent des plantes grimpantes.

Toile. — Haut. : 49 cm. ; larg. : 35 cm.

PRUD'HON (Pierre) — (1758-1823). — *L'Abondance.*

Une jeune femme, debout, décolletée, en vêtement mauve, vide, devant une jeune fille en robe grise qui la regarde, le contenu d'une corne d'abondance.

N° 86 du catalogue de l'Exposition des œuvres de Prud'hon à l'École des Beaux-Arts (1874).
N° 37 du catalogue de la vente Laperlier, 17 février 1879.

Toile. — Haut. : 92 cm. ; larg. : 87 cm.

PRUD'HON (Pierre) — (1758-1823). — *Portrait de la princesse Élisa Bacciochi.*

En robe grise décolletée, elle est représentée en buste et de trois quarts à droite, un ruban retenant les cheveux sur le front.

N° 49 du catalogue de la vente Laperlier, 9 avril 1867.
N° 530 du catalogue de l'Exposition centennale de l'Art français, 1900.

Toile. — Haut. : 54 cm. ; larg. : 44 cm.

PRUD'HON (Pierre) — (1758-1823). — *Adam et Ève chassés du paradis terrestre.*

A gauche, Adam et Ève, le serpent à leurs pieds, sont agenouillés. A droite, apparaissant dans les nuages et accompagné de deux anges, Dieu étend la main sur eux.

N° 43 du catalogue de la vente Laperlier, 9 avril 1867.

Toile. — Haut. : 37 cm. ; larg. : 46 cm.

PUGET (Pierre) — (1622-1694). — *Portrait de l'artiste.*

En buste, les boucles de sa chevelure encadrant son visage, une cravate blanche contrastant avec l'habit de couleur sombre.

Toile. — Haut. : 50 cm. ; larg. : 39 cm.

RIBERA (Joseph) — (1588-1656). — *Le Sculpteur aveugle.*

Debout, vu à mi-corps, de profil, les paupières closes, il est vêtu d'une étoffe brune qui laisse à découvert l'épaule et le bras gauche.

Ses mains hésitantes suivent les contours d'une tête sculptée dans le marbre.

N° 42 du catalogue de la vente Laperlier, 17 février 1879.

Toile. — Haut. : 1 m. 26 cm. ; larg. : 99 cm.

ROBERT (Hubert) — (1733-1808). — *Le Jardin de l'Infante.*

Au premier plan, plusieurs personnages circulent autour d'une vasque, près des débris de sculptures et de colonnes gisant à terre, sous les arbres.

A gauche, le fronton du Louvre émerge du feuillage. Au fond, quelques maisons.

Toile. — Haut. : 35 cm. ; larg. : 45 cm.

SCOREL (Jean) — (1495-1562). — *Vierge à l'Enfant.*

Vue de face et feuilletant un livre posé sur ses genoux, la Vierge, en robe noire et rouge, est assise. Elle soutient de la main gauche l'Enfant Jésus, debout sur un coussin.

Au fond, plusieurs châteaux dans un paysage montagneux.

Panneau cintré. — Haut. : 70 cm. ; larg. : 52 cm.

SIRANI (Élisabeth) — (1638-1665). — *La Vierge allaitant l'Enfant Jésus.*

En robe rose, une écharpe bleue sur la tête, la Vierge, vue de profil vers la droite, tient dans ses bras l'Enfant Jésus et lui donne le sein.

Toile. — Haut. : 95 cm. ; larg. : 81 cm.

STRIGEL (Bernard) — (1461-1528). — *Un ange.*

Un ange aux cheveux blonds bouclés, vêtu de rouge, aux ailes blanches bordées de rouge, un genou en terre, balance un encensoir.

Cadre ancien.

Panneau. — Haut. : 48 cm. ; larg. : 60 cm.

TENIERS (Le Jeune) (David) — (1610-1690). — *Paysage.*

 A gauche, deux arbres bordent le chemin. A droite, sur le seuil d'une chaumière devant laquelle passe un homme avec son chien, une femme se tient debout, un enfant dans ses bras. Au fond, un grand arbre dans une prairie.

<small>Signé du monogramme, à gauche.</small>
<small>Panneau. — Haut. : 21 cm. ; larg. : 16 cm.</small>

TIEPOLO (Jean-Baptiste) — (1692-1770). — *Portrait d'un sculpteur.*

 En manteau brun bordé de fourrure et retenu par un fermoir où brillent des pierreries, coiffé d'un bonnet, il est vu en buste, de trois quarts à droite. Sa main gauche, appuyée sur une tête de marbre, tient un compas.

<small>Toile. — Haut. : 59 cm. ; larg. : 49 cm.</small>

TIEPOLO (Jean-Baptiste) — (1692-1770). — *La Vierge et l'Enfant Jésus.*

 Tenant l'Enfant Jésus dans ses bras, la Vierge est assise sur un socle de pierre qu'abrite un dais. Au premier plan à droite, debout sur les marches, drapé de rouge et vu de profil, un saint lit la Bible.

 A gauche, un évêque adresse la parole à saint Pierre. Plus loin, une sainte s'approche de la Vierge.

 Dans le ciel, deux anges portent des palmes.

 Cadre ancien en bois sculpté.

<small>Toile. — Haut. : 1 m. 42 cm. ; larg. : 73 cm.</small>

TIEPOLO Jean-Baptiste) — (1692-1770). — *Mort du pape Pie II.*

 Entouré de personnages, le Pape, à genoux au bord de la mer, lève les yeux vers le ciel où apparaît la Trinité au milieu des anges.

<small>Toile. — Haut. : 69 cm. ; larg. : 37 cm.</small>

TROY (François de) — (1645-1730). — *Portrait de femme.*

 En buste, de trois quarts à gauche, un bonnet de dentelle blanche sur les cheveux poudrés, un ruban de velours autour du cou. Sur les épaules, une mante noire laissant à découvert le haut de la poitrine.

<small>Toile ovale. — Haut. : 55 cm. ; larg. : 48 cm.</small>

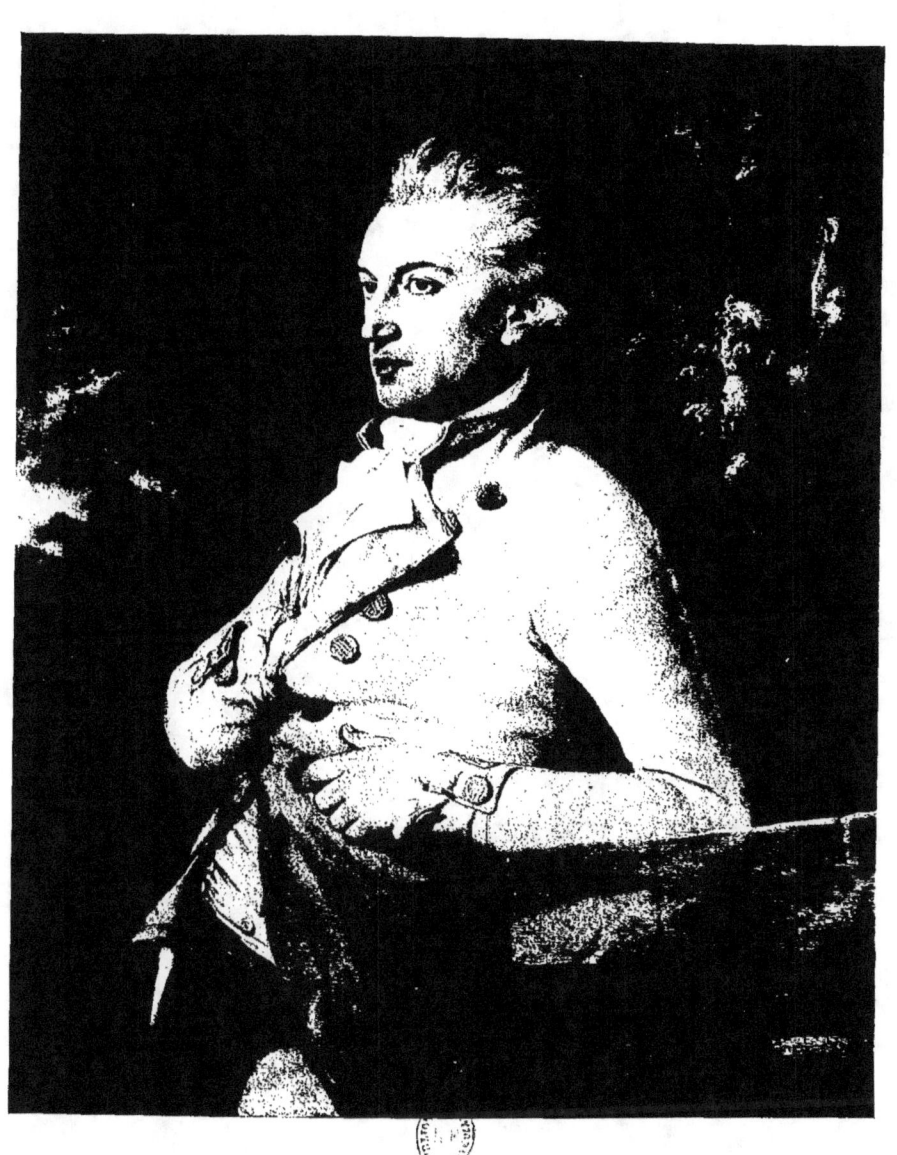

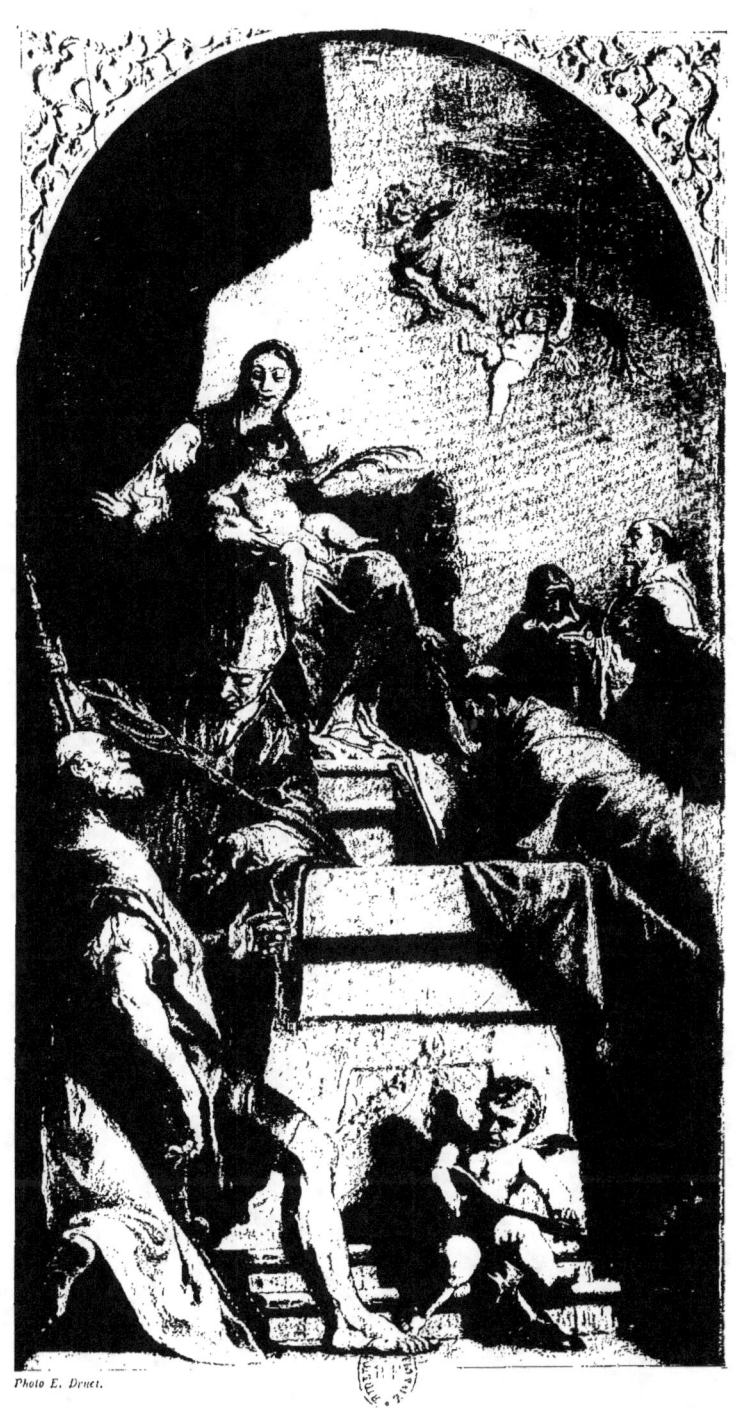

Photo E. Druet.

VELASQUEZ (Don Diego Rodriguez Sylva y) — (1599-1666). — *Portrait d'homme.*

Il est vu en buste de trois quarts à droite, en pourpoint sombre entr'ouvert, coiffé d'un grand chapeau de feutre à plumes posé sur le côté gauche de la tête.

Ses longs cheveux châtains retombent sur ses épaules. Grosse moustache noire, joues et menton rasés.

N° 53 du catalogue de la vente Laperlier, 9 avril 1867.

Toile. — Haut. : 78 cm. ; larg. : 63 cm.

VINCENT (François-André) — (1746-1816). — *Portrait de l'artiste.*

En redingote marron, vu à mi-corps, de trois quarts à gauche, les cheveux blancs, un binocle sur le nez. Sa main gauche tient la palette et sa droite le pinceau.

Cadre ancien en bois sculpté.

Toile. — Haut. : 56 cm. ; larg. : 46 cm.

TABLEAUX MODERNES

BOUDIN (Eugène-Louis) — (1824-1898). — *A Trouville.*
    Entrée et intérieur du port entre les deux jetées ; petits bateaux à voiles.
    Signé à gauche.
    N° 8 du catalogue de la vente Bascle, avril 1883.
                                     Toile. — Haut. : 20 cm. ; larg. : 25 cm.

BOUDIN (Eugène-Louis). — *Vue d'un port.*
    Au premier plan et à gauche, un grand bateau devant une jetée ; au fond, barques et voiliers.
                                     Toile. — Haut. : 41 cm. ; larg. : 54 cm.

BOUDIN (Eugène-Louis). — *Bassin d'un port.*
    Au premier plan barques ramenées sur le rivage. Au fond et à gauche, grande construction ancienne ; à droite, bateaux et maisons.
    Signé à gauche.
                                     Toile. — Haut. : 30 cm. ; larg. : 44 cm.

BOUDIN (Eugène-Louis). — *Une foire aux bestiaux en Bretagne.*
    Paysans et paysannes avec leurs bestiaux dans une rue de village ; arbres au fond.
    Signé à droite.
                                     Panneau. — Haut. : 31 cm. ; larg. : 45 cm.

BROWN (John Lewis) — (1829-1890). — *Cavaliers.*

Au premier plan, un cavalier, vu de dos, en redingote grise et monté sur un cheval blanc ; plus loin, à droite, cavalier vêtu de rouge, sur un cheval bai-brun ; au fond, une amazone.

Signé à droite et daté 1885.

Toile. — Haut. : 59 cm. ; larg. : 88 cm.

CALS (Adolphe-Félix) — (1810-1880). — *Paysanne et enfant.*

Dans un intérieur rustique, une vieille femme devant une fenêtre tient un enfant sur ses genoux.

Signé à gauche et daté 1871.

Toile. — Haut. : 35 cm. ; larg. : 27 cm.

CALS (Adolphe-Félix). — *Le Dimanche à Saint-Siméon.*

Dans un verger normand, sur l'herbe verte, des pêcheurs et des pêcheuses sont assis ou attablés. Au premier plan, une jeune fille avec deux enfants, l'un dans ses bras, l'autre se retenant à sa robe.

Signé à gauche et daté, Honfleur 1876.

Toile. — Haut. : 54 cm. ; larg. : 82 cm.

CALS (Adolphe-Félix). — *Le Vieux Pêcheur.*

Assis et vu de face, vêtu de son costume de pêche, les mains sur les genoux et le chapeau sur la tête. A droite, sur une table, une écuelle et un morceau de pain.

Signé à droite, dans le haut, avec la mention Honfleur.

Toile. — Haut. : 1 m. 15 ; larg. : 89 cm.

CALS (Adolphe-Félix). — *Scène d'intérieur.*

Une femme est assise dans un fauteuil vert près d'une cheminée et chausse sa pantoufle. Derrière elle, un lit découvert.

Signé à gauche et daté 1857.

Toile. — Haut. : 40 cm. ; larg. : 31 cm.

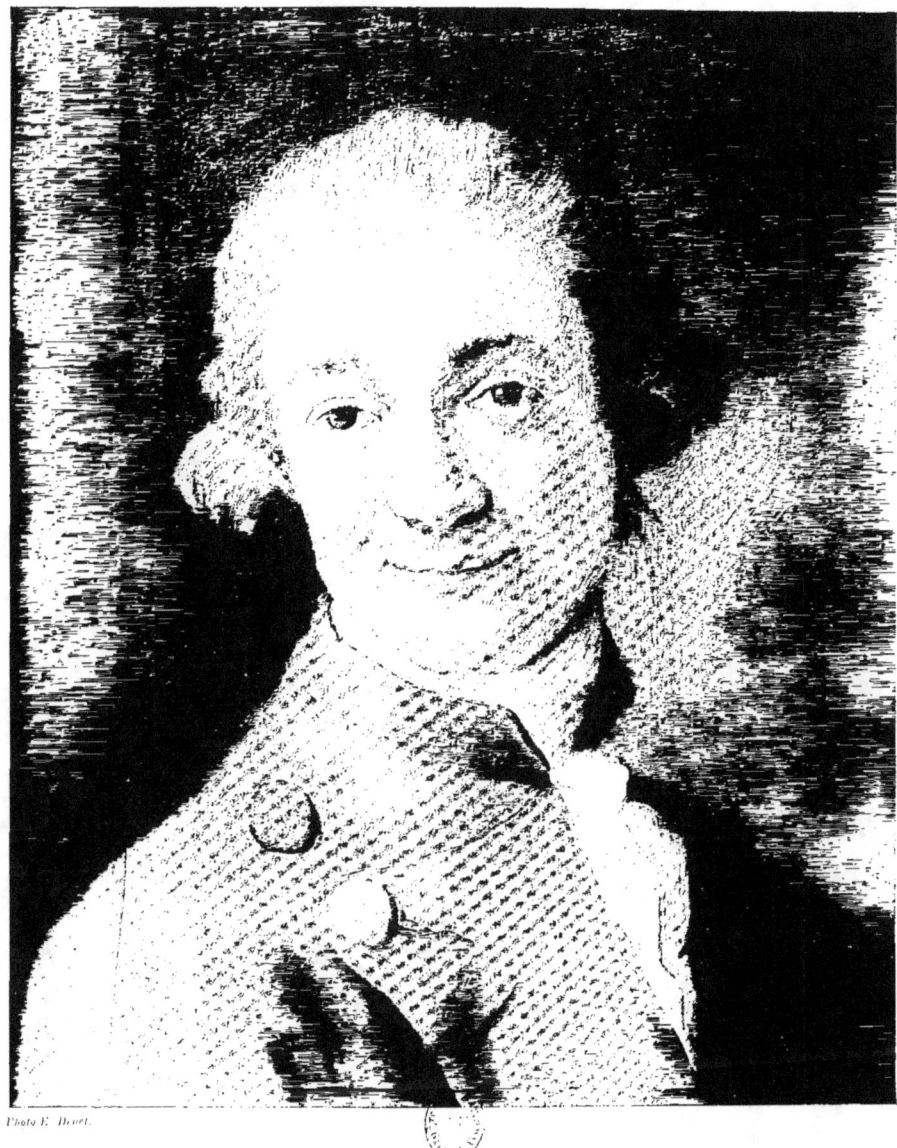

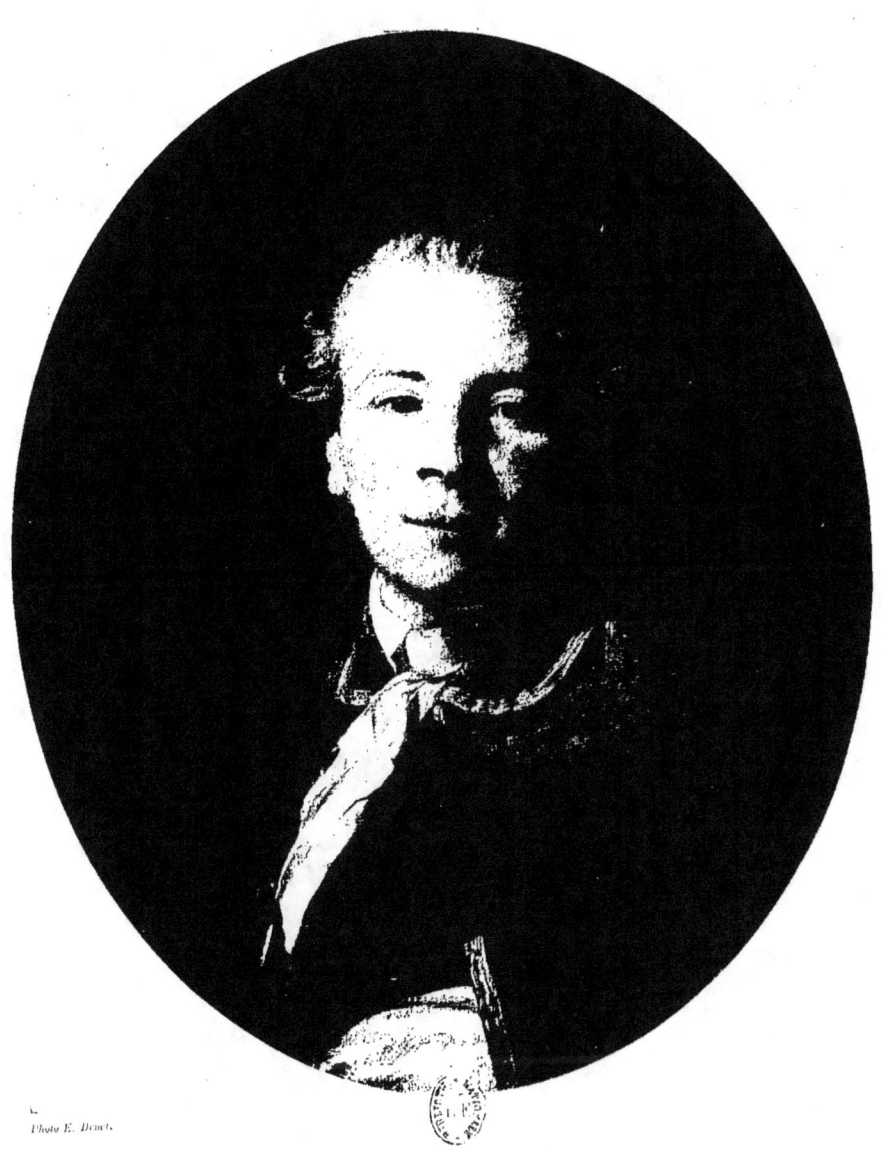

CALS (Adolphe-Félix). — *Intérieur d'une cour.*

Bâtiments à poutres apparentes, le premier étage surplombant. Pêcheurs, femmes et enfants aux fenêtres.

Ouvrant sur la rue, une grande porte par laquelle entre une fillette un panier sous le bras. Premier plan dans l'ombre. Effet de lumière au fond sur la porte et sur la rue.

Signé à gauche et daté, Honfleur 1875.

Toile. — Haut. : 47 cm. ; larg. : 59 cm.

CALS (Adolphe-Félix). — *La Fileuse.*

Elle est assise avec sa quenouille dans un intérieur de paysan près d'une fenêtre et devant un rouet.

Signé à gauche et daté 1860.
Salon de 1860.
Exposition centennale de l'Art français, 1889, n° 117 du catalogue.

Toile. — Haut. : 40 cm. ; larg. : 31 cm.

CALS (Adolphe-Félix). — *La Mère et l'Enfant.*

Une femme est assise sur une chaise et tient son enfant dans ses bras.

Signé à gauche, dans le haut, et daté, Honfleur 1877.

Toile. — Haut. : 35 cm. ; larg. : 27 cm.

CALS (Adolphe-Félix). — *Un cultivateur à Orrouy.*

En manches de chemise et les bras croisés, il se tient sur le seuil de sa porte encadrée de feuillage.

Signé vers le milieu et daté 1859.

Toile. — Haut. : 40 cm. ; larg. : 32 cm.

CASSATT (Mary). — *Le Thé.*

Deux femmes assises sur un canapé devant une table où le thé est servi. L'une, tête nue ; l'autre, en chapeau et gantée, une tasse à la main. Au fond et à droite, cheminée surmontée d'une glace.

Signé à gauche.

Toile. — Haut. : 64 cm. ; larg. : 88 cm.

CÉZANNE (Paul) — (1839-1906). — *Les Baigneuses.*

    Femmes nues dans une prairie, sous les arbres, au bord d'un ruisseau.

                                                      Toile. — Haut. : 40 cm. ; larg. : 42 cm.

CÉZANNE (Paul). — *Femme et Enfant.*

    Tenant dans ses bras un enfant endormi, une jeune femme s'est assoupie.

                                                      Toile. — Haut. : 23 cm. ; larg. : 23 cm.

CÉZANNE (Paul). — *Nature morte.*

    Pêche et grappe de raisins sur une assiette.

                                                      Toile. — Haut. : 16 cm. 1/2 ; larg. : 29 cm.

CÉZANNE (Paul). — *Étude de nu.*

    Femme nue sur un divan bleu, un miroir dans la main droite.

                                                      Toile. — Haut. : 16 cm. ; larg. : 22 cm.

CÉZANNE (Paul). — *Nature morte.*

    Trois pommes.

                                                      Toile. — Haut. : 16 cm. 1/2 ; larg. : 10 cm.

CHAPLIN (Charles) — (1825-1891). — *Portrait de Madame Feydeau, née Blanqui.*

    Assise sur un divan, cheveux noirs en bandeaux, robe bleue.

    Signé à gauche.

                                                      Toile. — Haut. : 26 cm. ; larg. : 21 cm.

CHAPLIN (Charles). — *Portrait de Monsieur Feydeau.*

    Il est assis et feuillette un album placé sur ses genoux.

    Signé à droite.

                                                      Toile. — Haut. : 26 cm. ; larg. : 21 cm.

CHINTREUIL (Antoine) — (1816-1873). — *Paysage.*

Une route passe dans les prés en fleurs ; au fond, des faucheurs.

Signé à gauche.

Toile. — Haut. : 34 cm. ; larg. : 65 cm.

CHINTREUIL (Antoine). — *Effet de matin.*

Au premier plan, une prairie avec bouquet d'arbres jaunissants ; dans le ciel, soleil voilé.

Signé à gauche.

Toile. — Haut. : 31 cm. ; larg. : 39 cm.

COLIN (Gustave) — (1828-1911). — *La Baie de Saint-Jean-de-Luz.*

Au premier plan, une barque avec des rameurs ; à droite, la jetée ; au fond, la ville.

Signé à droite et daté 1878.

Toile. — Haut. : 82 cm. ; larg. : 1 m. 19.

COLIN (Gustave). — *Paysage.*

La baie de Pasajés entourée de collines, à la tombée du soir. Au premier plan, une barque avec rameurs.

Signé à gauche.

Toile. — Haut. : 65 cm. ; larg. : 81 cm.

COLIN (Gustave). — *)Le Chemin montant de Bordagain.*

Au premier plan, monte le chemin blanc bordé d'herbe et de buissons. En haut, une maison basque devant un rideau d'arbres.

Signé à droite et daté 1871.

Toile. — Haut. : 74 cm. ; larg. : 98 cm.

COROT (Jean-Baptiste) — (1796-1875). — *Cavalier en vue d'un village.*

Une route au milieu de la plaine ; au fond, des dunes aux pieds desquelles on aperçoit un village. Au premier plan, une femme parle à un cavalier qui passe sur la route.

Signé à gauche
N° 24 du catalogue de la vente Berthelier, 9 mai 1889.
Reproduit dans *l'Œuvre de Corot,* par MM. Robaut et Moreau-Nélaton, et cité tome III, page 218, n° 2102.

Toile. — Haut. : 33 cm. ; larg. : 40 cm.

COROT (Jean-Baptiste). — *Rome, île et pont San Bartolomeo.*

Au premier plan, le Tibre ; plus loin, l'île couverte de maisons et reliée à la ville par deux ponts de pierre, l'un à droite et l'autre à gauche.

Signé à gauche.
N° 160 du catalogue de l'Exposition centennale de l'Art français, 1889.
Reproduit dans *l'Œuvre de Corot,* par MM. Robaut et Moreau-Nélaton, et cité tome II, page 30, n° 75.

Toile. — Haut. : 27 cm. ; larg. : 43 cm.

COROT (Jean-Baptiste). — *Paysage près d'un moulin à eau.*

Au premier plan, une femme traverse une prairie ; plus loin, au milieu de la verdure et au bord d'un ruisseau, les bâtiments d'un moulin ; au fond, un bouquet d'arbres sur une colline.

Signé à gauche.

Toile. — Haut. : 27 cm. ; larg. : 35 cm.

COROT (Jean-Baptiste). — *Marino, vue générale (le matin).*

A gauche, la ville sur une colline verdoyante ; au fond, la mer.

A droite, cachet de la vente Corot.
N° 290 du catalogue de la vente Corot, 26 mai 1875.
Reproduit dans *l'Œuvre de Corot,* par MM. Robaut et Moreau-Nélaton, et cité tome II, page 56, n° 153.

Toile. — Haut. : 24 cm. ; larg. : 36 cm.

COROT (Jean-Baptiste). — *Bretonne allaitant son enfant.*

Elle est assise, vue de trois quarts à droite, en jupe brune et corsage bleu et regarde téter son enfant.

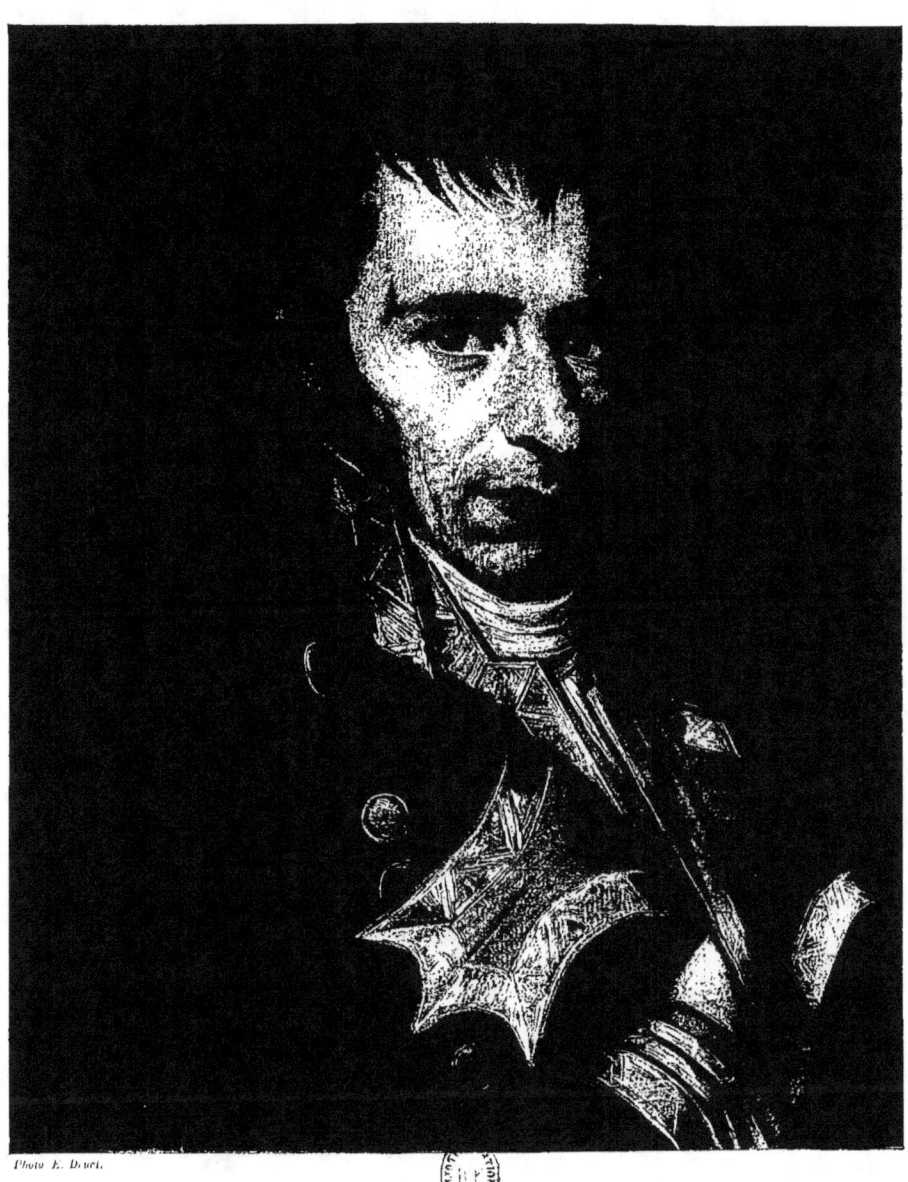
Photo E. Druet.

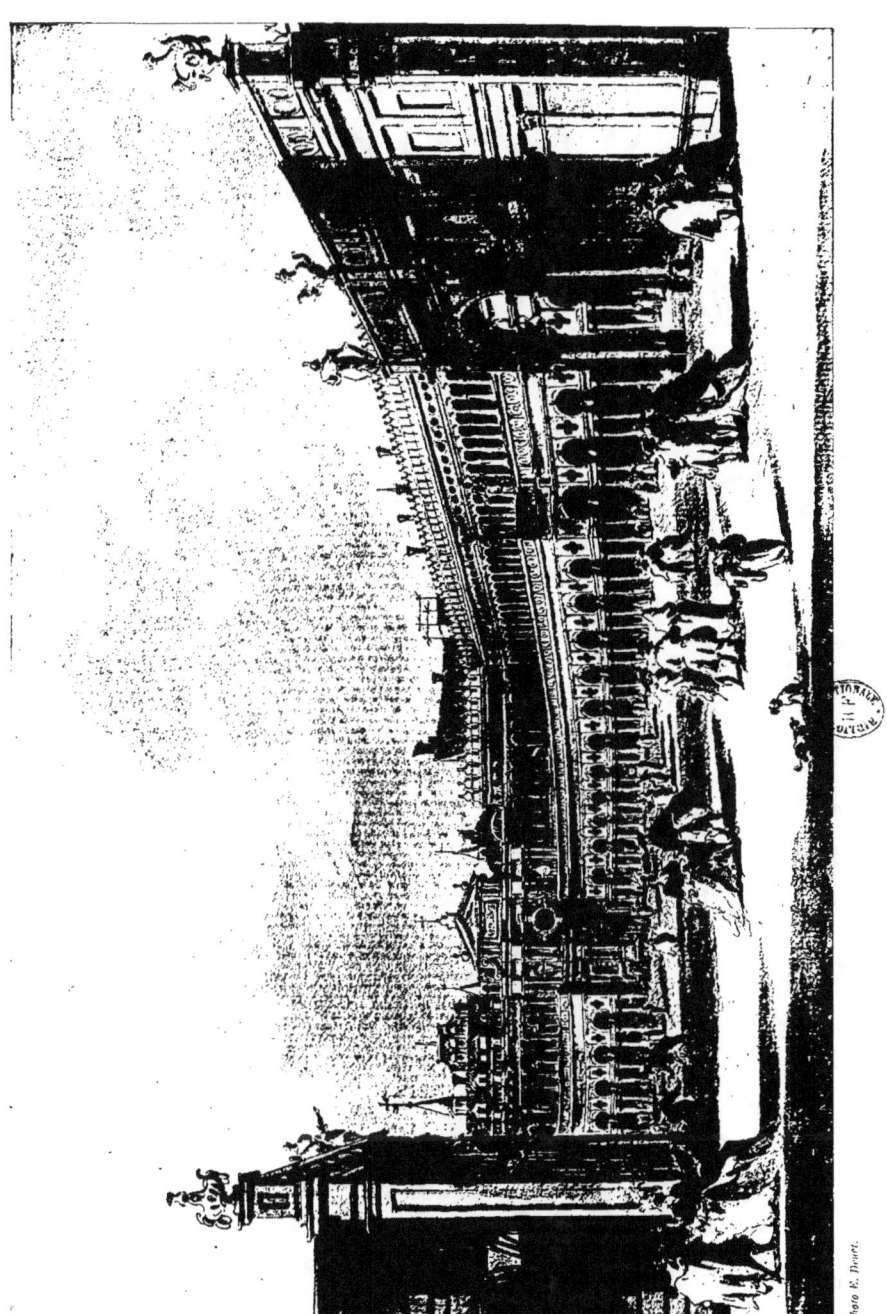

GUARDI

PROJET POUR L'ARCHITECTURE D'UNE PLACE PUBLIQUE

CATALOGUE

Signé à droite.
N° 40 du catalogue de la vente Paton, 24 avril 1883.
Reproduit dans *l'Œuvre de Corot*, par MM. Robaut et Moreau-Nélaton, et cité tome III, page 8, n° 1268.

Peinture sur zinc. — Haut. : 32 cm. ; larg. : 24 cm.

COROT (JEAN-BAPTISTE). — *Aqueducs dans la campagne romaine.*

Au premier plan, un chemin de terre rouge entre deux talus de la même couleur et parsemés d'herbes vertes ; dans le fond, des restes d'aqueducs et des montagnes.

A droite, cachet de la vente Corot.
N° 11 du catalogue de la vente Corot, 26 mai 1875.
Reproduit dans *l'Œuvre de Corot*, par MM. Robaut et Moreau-Nélaton, et cité tome II, page 30, n° 74.

Toile. — Haut. : 24 cm. ; larg. : 44 cm.

COROT (JEAN-BAPTISTE). — *Volterra, route descendant de la ville.*

Un chemin descend de la ville qu'on aperçoit au fond et à gauche. Au premier plan, un paysan avec son âne ; à droite, un ravin avec des arbres et des rochers.

A gauche, cachet de la vente Corot.
N° 70 du catalogue de la vente Corot, 26 mai 1875.
Reproduit dans *l'Œuvre de Corot*, par MM. Robaut et Moreau-Nélaton, et cité tome II, page 108, n° 305.

Toile. — Haut. : 29 cm. ; larg. : 39 cm.

COROT (JEAN-BAPTISTE). — *Rome, le Colisée.*

Vue prise de la basilique de Constantin.

Signé vers le milieu et daté vers la droite, décembre 1825.
N° 25 du catalogue de la vente E. Picard, 4 avril 1884.
N° 69 du catalogue de l'exposition Corot, École des Beaux-Arts, 1875.
Reproduit dans *l'Œuvre de Corot*, par MM. Robaut et Moreau-Nélaton, et cité tome II, page 18, n° 46.

Toile. — Haut. : 18 cm. ; larg. : 28 cm.

COROT (JEAN-BAPTISTE). — *Une chapelle du Limousin.*

A droite, un mur blanc éclairé par le soleil. Devant la chapelle, quelques arbustes ; à gauche, un jet d'eau ; un bouquet d'arbres au fond.

Signé à gauche.

N° 21 du catalogue de la vente Prévost, 24 mai 1887.

Reproduit dans *l'Œuvre de Corot,* par MM. Robaut et Moreau-Nélaton, et cité tome III, page 240, n° 705.

Panneau. — Haut. : 21 cm. ; larg. : 29 cm.

COROT (Jean-Baptiste). — *Suissesse de l'Oberland.*

Debout, de trois quarts à gauche, en jupe grise, corsage blanc et noir, coiffure noire, le bras gauche appuyé sur un fauteuil.

A droite, cachet de la vente Corot.

N° 410 du catalogue de la vente Corot, 26 mai 1875.

Reproduit dans *l'Œuvre de Corot,* par MM. Robaut et Moreau-Nélaton, et cité tome III, page 150, n° 418.

Panneau. — Haut. : 34 cm. ; larg. : 20 cm.

COROT (Jean-Baptiste). — *A Tivoli, Villa d'Este.*

Au premier plan, une balustrade en pierre sur laquelle est assis un petit paysan italien. Au delà et à droite, un grand cyprès dont la cime dépasse les oliviers qui l'entourent. Plus loin, des maisons ; au fond, les montagnes.

A droite, cachet de la vente Corot.

N° 95 du catalogue de la vente Corot, 26 mai 1875.

N° 99 du catalogue de l'Exposition Corot, galerie Durand-Ruel, 1878.

N° 126 du catalogue de l'Exposition centennale de l'Art français, 1900.

Reproduit dans *l'Œuvre de Corot,* par MM. Robaut et Moreau-Nélaton, et cité tome II, page 164, n° 457.

Toile. — Haut. : 43 cm. ; larg. : 60 cm.

COROT (Jean-Baptiste). — *Environs de Montpellier.*

Au premier plan, un homme est couché sur le sol, près d'un petit lac bordé d'arbres.

Dans le fond, sur une colline, on aperçoit des maisons parmi la verdure.

Signé à droite.

Reproduit dans *l'Œuvre de Corot,* par MM. Robaut et Moreau-Nélaton, et cité tome II, page 222, n° 632.

Toile. — Haut. : 17 cm. ; larg. : 30 cm.

COROT (Jean-Baptiste). — *Environs de Scheveningue (Hollande).*
Bouquets de bois et vallonnements dans les dunes.

Signé à gauche.
Collection Prévost.
Reproduit dans *l'Œuvre de Corot*, par MM. Robaut et Moreau-Nélaton, et cité tome II, page 246, n° 736.

Panneau. — Haut. : 12 cm. ; larg. : 32 cm.

COROT (Jean-Baptiste). — *Jeune garçon, coiffé d'un chapeau haut de forme.*

Il est vêtu d'une blouse grise et d'un pantalon bleu, les jambes et les pieds nus, assis à terre et vu de trois quarts à droite, le coude gauche appuyé sur une souche.

Signé à gauche.
Reproduit dans *l'Œuvre de Corot*, par MM. Robaut et Moreau-Nélaton, et cité tome II, page 22, n° 56.

Toile. — Haut. : 20 cm. ; larg. : 20 cm.

COROT (Jean-Baptiste). — *Baigneuses, les îles Borromées.*

Au premier plan, entre un rocher et un îlot de verdure, de grands arbres émergent du lac où se baignent deux femmes. L'une d'elles entoure de ses bras un tronc dépouillé, tandis que l'autre, se retenant à une branche, plonge une main dans l'eau.

Au loin, on aperçoit les îles Borromées où un dôme et les constructions d'un château se détachent sur le ciel.

Signé à gauche.
N° 45 du catalogue de l'exposition des œuvres de Corot, École des Beaux-Arts, 1875.
N° 105 du catalogue de l'exposition Corot, Galeries Durand-Ruel, 1878.
Reproduit dans *l'Œuvre de Corot*, par MM. Robaut et Moreau-Nélaton, et cité tome III, page 154, n° 1653.

Toile. — Haut. : 78 cm. ; larg. : 57 cm.

COROT (Jean-Baptiste). — *La Femme de ménage.*

En robe bleue, tablier et bonnet blancs, les bras croisés, elle est vue de profil à gauche, debout près d'un lit.

N° 336 du catalogue de la vente Corot, 26 mai 1875.
Reproduit dans *l'Œuvre de Corot*, par MM. Robaut et Moreau-Nélaton, et cité tome II, page 142, n° 385.

Panneau. — Haut. : 22 cm. ; larg. : 14 cm.

COROT (Jean-Baptiste). — *La Soubrette à la fleur rouge.*

Elle est vue debout, en robe grise légèrement décolletée, la main gauche appuyée sur le dossier d'une chaise, la droite ramenée sur la poitrine.

Au fond, l'atelier dans la pénombre.

Signé à droite.
N° 54 du catalogue de la vente Paton, avril 1883.
Reproduit dans *l'Œuvre de Corot*, par MM. Robaut et Moreau-Nélaton, et cité tome III, page 8, n° 1266.

Toile. — Haut. : 46 cm. ; larg. : 32 cm.

COROT (Jean-Baptiste). — *Jeune femme en robe rose.*

Elle est vue de trois quarts à gauche, en robe rose décolletée, un ruban jaune dans les cheveux, et, autour du cou, un velours noir avec médaillon, la main droite appuyée sur une table.

Fond gris.

Cachet de la vente Corot.
N° 177 du catalogue de la vente Corot, 26 mai 1875.
Reproduit dans *l'Œuvre de Corot*, par MM. Robaut et Moreau-Nélaton, et cité tome III, page 62, n° 1430.

Panneau. — Haut. : 46 cm. ; larg. : 32 cm.

COROT (Jean-Baptiste). — *Aqueducs dans la campagne de Rome.*

Terrains au premier plan ; aqueducs et montagnes au loin ; nuages dans le ciel.

Signé à droite et daté 1825.
Reproduit dans *l'Œuvre de Corot*, par MM. Robaut et Moreau-Nélaton, et cité tome II, page 38, n° 96.

Toile. — Haut. : 15 cm. ; larg. : 26 cm.

COROT (Jean-Baptiste). — *Collines de Genzano.*

Au premier plan, des massifs de verdure au delà desquels on aperçoit une colline et la ville.

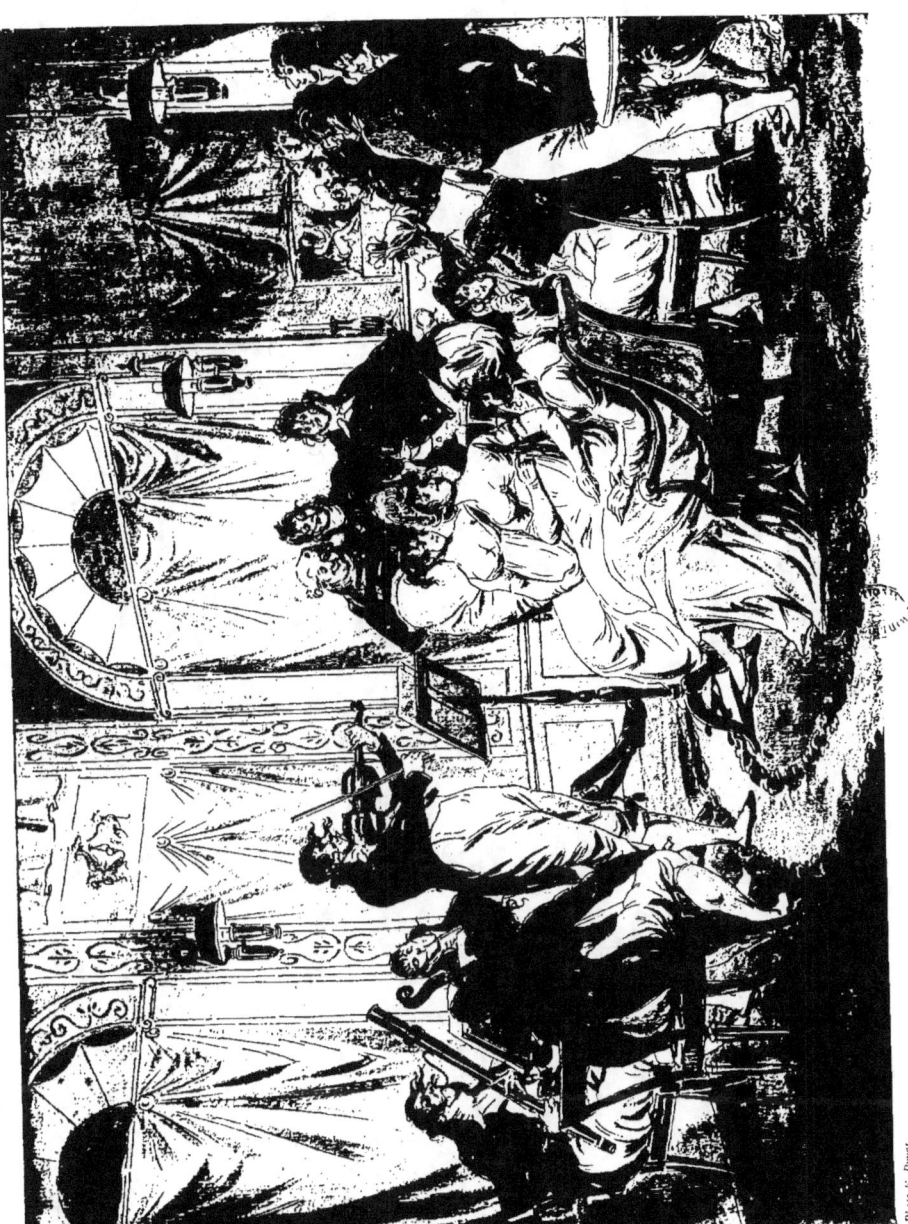

BOSIO
CONCERT (sépia)

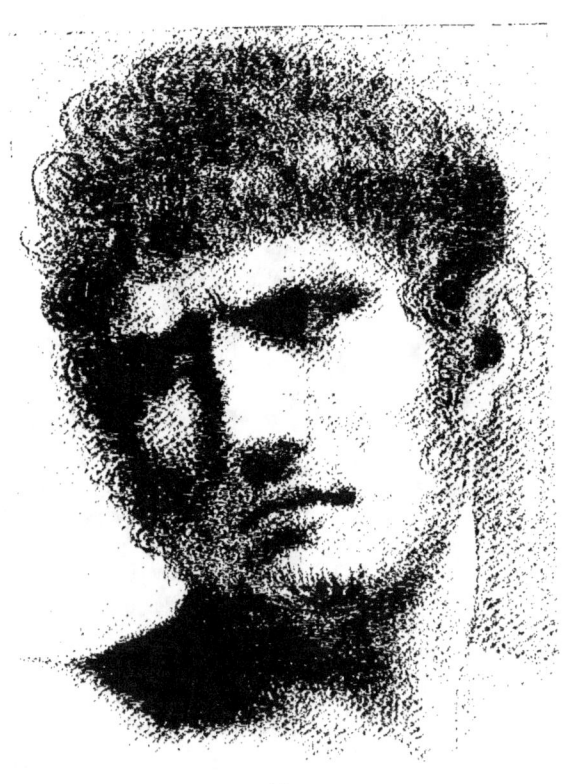

Photo C. Bearn.

A droite, cachet de la vente Corot.

N° 97 du catalogue de la vente Corot, 26 mai 1875.

Reproduit dans *l'Œuvre de Corot*, par MM. Robaut et Moreau-Nélaton, et cité tome II, page 162, n° 454.

Toile. — Haut. : 17 cm. ; larg. : 29 cm.

COROT (Jean-Baptiste). — *Jeune femme jouant de la mandoline.*

En robe jaune décolletée, un ruban rouge dans les cheveux, elle est assise dans un atelier et joue de la mandoline devant un tableau posé sur un chevalet.

Signé à gauche.

Reproduit dans *l'Œuvre de Corot*, par MM. Robaut et Moreau-Nélaton, et cité tome III, page 298, n° 2148 *bis*.

Panneau. — Haut. : 42 cm. ; larg. : 32 cm.

COROT (Jean-Baptiste). — *La Femme en bleu.*

Elle est debout, vue de profil à droite, en robe bleue décolletée, le bras appuyé sur un coussin rouge, un éventail dans la main gauche.

Au fond, des études accrochées au mur.

Signé à droite et daté 1874.

N° 128 du catalogue de l'Exposition centennale de l'Art français, 1900.

Reproduit dans *l'Œuvre de Corot*, par MM. Robaut et Moreau-Nélaton, et cité tome III, page 312, n° 2180.

Toile. — Haut. : 80 cm. ; larg. : 50 cm.

COROT (Jean-Baptiste). — *Bohémienne rêveuse.*

En corsage blanc à manches brodées, un tablier blanc sur sa robe rouge, une parure dans les cheveux, elle est accoudée à une table.

N° 8 du catalogue de la vente O'doard, 25 mars 1878.

Reproduit dans *l'Œuvre de Corot*, par MM. Robaut et Moreau-Nélaton, et cité tome III, page 60, n° 1424.

Toile. — Haut. : 47 cm. ; larg. : 36 cm.

COROT (Jean-Baptiste). — *Italienne à la fontaine.*

Coiffée d'un mouchoir rouge, un tablier blanc sur sa robe brune, elle est vue à mi-corps, de trois quarts à gauche. Le bras droit est appuyé sur une cruche de métal.

A droite, cachet de la vente Corot.
N° 35 du catalogue de la vente Corot, 26 mai 1875.
Reproduit dans *l'Œuvre de Corot*, par MM. Robaut et Moreau-Nélaton, et cité tome II, page 36, n° 88.

Toile. — Haut. : 30 cm. ; larg. : 23 cm.

COROT (Jean-Baptiste). — *Jeune femme blonde à la tunique claire.*

Drapée dans une étoffe rose rayée de vert, un ruban autour du cou, une parure dans les cheveux, elle est vue de trois quarts à gauche, assise près d'un guéridon. Son bras droit s'appuie sur le dossier d'une chaise.

Signé à gauche.
N° 175 du catalogue de l'Exposition centennale de l'Art français, 1889.
Reproduit dans *l'Œuvre de Corot*, par MM. Robaut et Moreau-Nélaton, et cité tome III, page 296, n° 2145.

Panneau. — Haut. : 60 cm. ; larg. : 44 cm.

COROT (Jean-Baptiste). — *Rome. La vasque de l'Académie de France.*

Au premier plan, la vasque de la fontaine qu'encadrent deux chênes verts. Au fond, vue de Rome avec le dôme de Saint-Pierre.

Signé à gauche.
N° 28 du catalogue de la vente Corot, 26 mai 1875.
N° 127 du catalogue de l'Exposition centennale de l'Art français, 1900.
Reproduit dans *l'Œuvre de Corot*, par MM. Robaut et Moreau-Nélaton, et cité tome II, page 32, n° 79.

Toile. — Haut. : 18 cm. ; larg. : 29 cm.

COROT (Jean-Baptiste). — *Tête d'homme à grande barbe (Étude pour le baptême du Christ).*

Saint Jean-Baptiste est vu de face jusqu'à la ceinture, les cheveux longs et la barbe touffue, en vêtement bleu, le regard légèrement tourné vers la gauche. Il semble désigner quelqu'un de la main droite.

A gauche, cachet de la vente Corot.
N° 369 du catalogue de la vente Corot, 26 mai 1875.
Reproduit dans *l'Œuvre de Corot*, par MM. Robaut et Moreau-Nélaton, et cité tome II, page 174, n° 472.

Toile. — Haut. : 24 cm. ; larg. : 16 cm.

CATALOGUE

COROT (Jean-Baptiste). — *La Source.*

Elle est représentée sous les traits d'une jeune femme nue, à demi couchée, dans une prairie, la tête de face, une couronne de feuillage dans les cheveux, le bras droit appuyé sur une cruche d'où l'eau s'écoule.

A gauche, cachet de la vente Corot.
N° 136 du catalogue de la vente Corot, 26 mai 1875.
Reproduit dans *l'Œuvre de Corot*, par MM. Robaut et Moreau-Nélaton, et cité tome II, page 228, n° 660.

Toile. — Haut. : 34 cm. ; larg. : 39 cm.

COROT (Jean-Baptiste). — *Gouvieux, près Chantilly.*

Au premier plan, un homme et une femme sur un chemin qui monte vers le village. A droite, un bouquet d'arbres ; à gauche, un talus.

N° 46 du catalogue de l'exposition Corot, École des Beaux-Arts, 1875.
Reproduit dans *l'Œuvre de Corot*, par MM. Robaut et Moreau-Nélaton, et cité tome II, page 282, n° 885.

Toile. — Haut. : 25 cm. ; larg. : 35 cm.

COROT (Jean-Baptiste). — *Le Velino. A la sortie du lac de Papigno.*

Rochers à fleur d'eau entourés d'écume ; au fond, le feuillage des arbres de la berge.

Reproduit dans *l'Œuvre de Corot*, par MM. Robaut et Moreau-Nélaton, et cité tome II, page 46, n° 128.

Toile. — Haut. : 24 cm. ; larg. : 39 cm.

COROT (Jean-Baptiste). — *Un lac de l'Oberland.*

Au premier plan, le lac où se reflètent les arbres de la rive. Dans le fond, des montagnes.

A gauche, cachet de la vente Corot.
N° 328 du catalogue de la vente Corot, mai 1875.
N° 96 du catalogue de la vente Doria, 1899, sous le titre : *Le lac noir près du lac de Brientz.*
Reproduit dans *l'Œuvre de Corot*, par MM. Robaut et Moreau-Nélaton, et cité tome II, page 148, n° 408.

Toile. — Haut. : 22 cm. ; larg. : 35 cm.

COROT (Jean-Baptiste). — *Vue de la tour de Rabat, à Grenoble.*

Sur le versant d'une colline, au milieu d'arbustes, à droite et au premier plan, une maison ; plus loin et à gauche, la tour ; au fond, les montagnes.

Signé à gauche.

Toile. — Haut. : 31 cm. ; larg. : 39 cm.

COROT (Jean-Baptiste). — *Saulaie, le matin.*

A droite, la lisière d'un bois ; à gauche, la plaine où l'on voit un laboureur et ses bœufs.

Reproduit dans *l'Œuvre de Corot*, par MM. Robaut et Moreau-Nélaton, et cité tome III, page 152, n° 1646.

Toile. — Haut. : 34 cm. ; larg. : 1 m. 10.

COROT (Jean-Baptiste). — *Bouquets d'arbres le soir.*

Soleil couchant dans une plaine semée de bouquets d'arbres.

Reproduit dans *l'Œuvre de Corot*, par MM. Robaut et Moreau-Nélaton, et cité tome III, page 152, n° 1647.

Toile. — Haut. : 30 cm. ; larg. : 1 m. 13.

COROT (Jean-Baptiste). — *Dame assise, de face, les cheveux sur les épaules.*

Elle est vue à mi-corps, en robe blanche décolletée, un diadème dans les cheveux.

A droite, cachet de la vente Corot, apposé également sur le châssis.
N° 459 du catalogue de la vente Corot, 26 mai 1875.
Reproduit dans *l'Œuvre de Corot*, par MM. Robaut et Moreau-Nélaton, et cité tome III, page 50, n° 1384.

Toile ovale. — Haut. : 38 cm. ; larg. : 27 cm.

COROT (Jean-Baptiste). — *Paysanne à la chemise blanche et au bonnet jaune.*

Assise et vue de face, elle s'appuie sur le coude droit, la main gauche sur les genoux, en robe violette ouverte, les bras mi-nus, une étoffe jaune dans les cheveux.

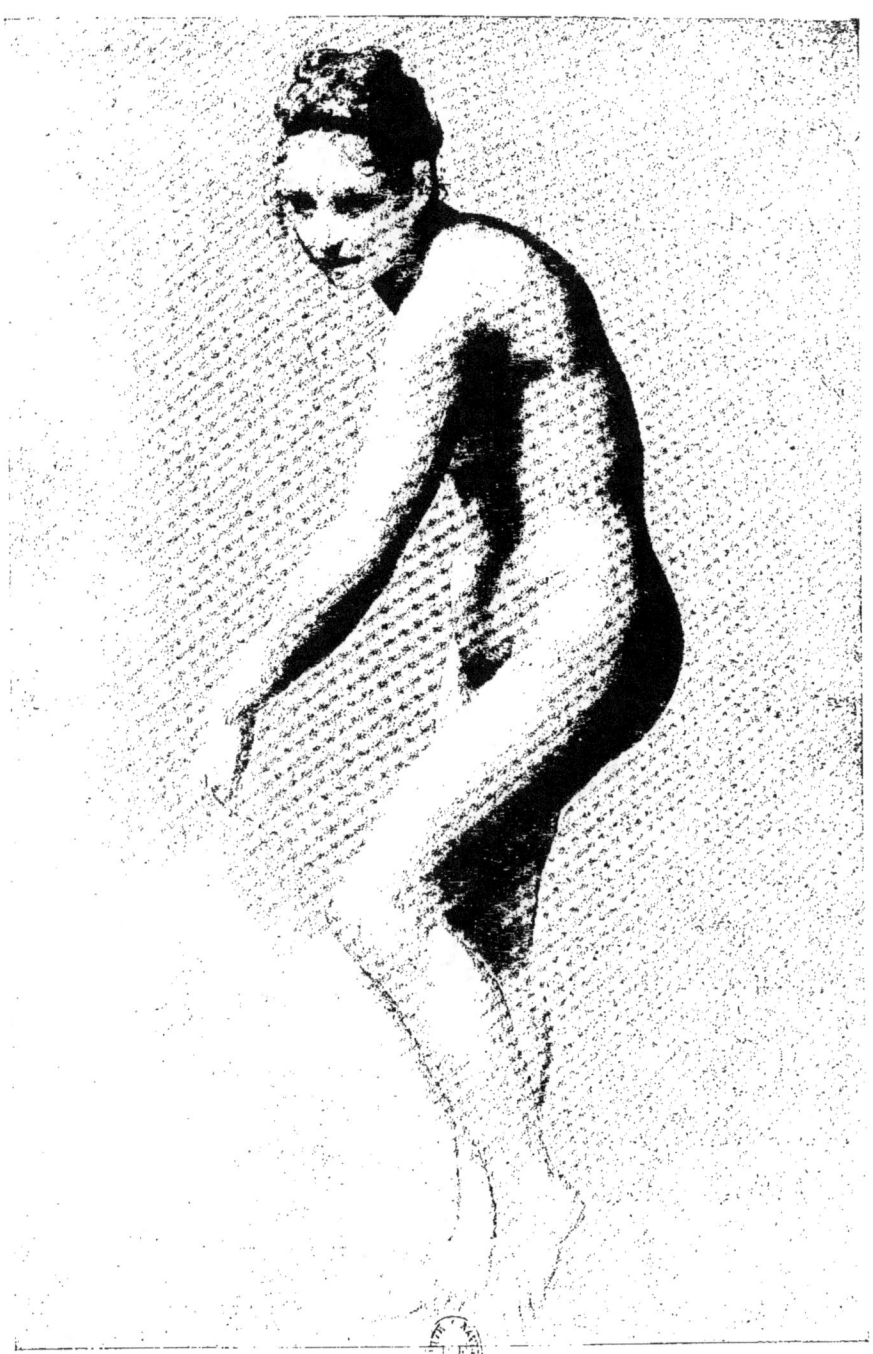

Photo E. Druet.

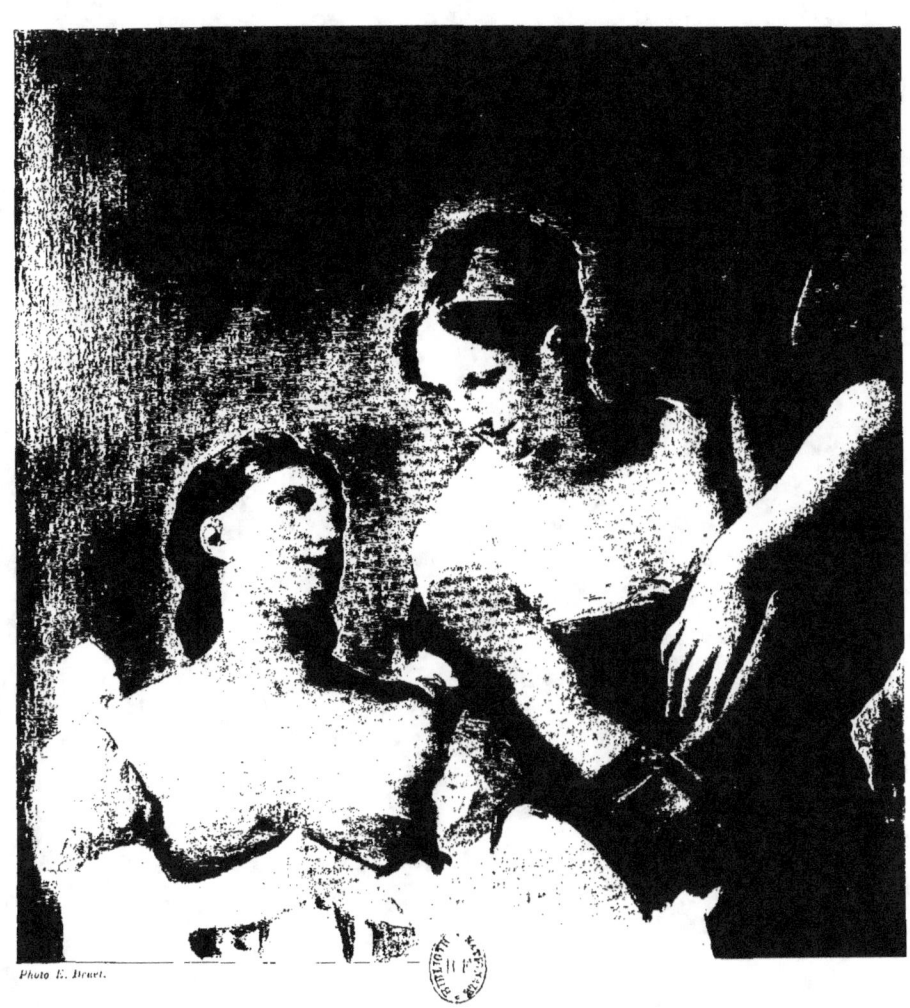
Photo E. Druet.

CATALOGUE

Signé à droite.
Sur le châssis, cachet de la vente Corot.
N° 93 du catalogue de la vente Corot, 26 mai 1875.
Reproduit dans *l'Œuvre de Corot*, par MM. Robaut et Moreau-Nélaton, et cité tome II, page 150, n° 414.

Toile. — Haut. : 34 cm. ; larg. : 27 cm.

COROT (JEAN-BAPTISTE). — *Collines boisées (Campagne de Rome)*.

Au premier plan, terrains vallonnés ; au fond, ruines de monuments antiques et montagnes.

Cité dans *l'Œuvre de Corot*, par MM. Robaut et Moreau-Nélaton, tome II, page 62, n° 180.

Peinture sur carton. — Haut. : 16 cm. ; larg. : 34 cm.

COROT (JEAN-BAPTISTE). — *La Tragédie*.

Elle est représentée sous les traits d'une femme drapée de blanc, la gorge légèrement découverte et les bras nus. Celui de droite est ramené sur la poitrine, tandis que l'autre retombe le long du corps. La main gauche tient un rouleau de papier, la tête penchée est couronnée de feuillages.

Signé à gauche, dans le haut.
Cité dans *l'Œuvre de Corot*, par MM. Robaut et Moreau-Nélaton, tome III, page 52, n° 1386.

Toile. — Haut. : 36 cm. ; larg. : 22 cm.

COROT (JEAN-BAPTISTE). — *Sous-bois*.

Une femme est assise à droite, dans un fourré. Au premier plan, de grands troncs d'arbres.

Signé à gauche.
Reproduit dans *l'Œuvre de Corot*, par MM. Robaut et Moreau-Nélaton, et cité tome II, page 282, n° 883 *bis*, sous le titre *Fourré d'arbres*.

Toile. — Haut. : 34 cm. ; larg. : 26 cm.

COROT (JEAN-BAPTISTE). — *Vue de Papigno*.

Sur une colline, des maisons dominées par une montagne au delà d'un ravin rempli d'arbres ; quelques oliviers au premier plan et à droite.

Signé à droite.

Panneau. — Haut. : 33 cm. ; larg. : 46 cm.

COROT (Jean-Baptiste). — *La Poésie*.

Elle est représentée sous les traits d'une jeune femme vue de profil, en corsage décolleté, le coude droit appuyé sur les genoux, et tenant un rouleau de papier dans la main gauche.

A droite, cachet de la vente Corot.
N° 192 du catalogue de la vente Corot, 26 mai 1875.
Reproduit dans *l'Œuvre de Corot*, par MM. Robaut et Moreau-Nélaton, et cité tome III, page 52, n° 1391.

Toile. — Haut. : 55 cm. ; larg. : 48 cm.

COROT (Jean-Baptiste). — *Naples et le château de l'Œuf*.

Au premier plan, les vagues déferlent sur le sable ; à gauche, la ville. A droite et dans le fond, le château de l'Œuf et une chaîne de montagnes.

A gauche, cachet de la vente Corot.
N° 42 du catalogue de la vente Corot, 26 mai 1875.
N° 189 du catalogue de l'Exposition centennale de l'Art français, 1889.
Reproduit dans *l'Œuvre de Corot*, par MM. Robaut et Moreau-Nélaton, et cité tome II, page 64, n° 185.

Toile. — Haut. : 22 cm. ; larg. : 40 cm.

COROT (Jean-Baptiste). — *Intérieur du baptistère de Saint-Marc (Venise)*.

La chapelle est ornée de fresques et de mosaïques. Au milieu, les fonts baptismaux en marbre surmontés d'une statue de bronze ; à droite, le tombeau du doge André Dandolo ; à gauche, deux personnages.

A gauche, cachet de la vente Corot.
N° 76 du catalogue de la vente Corot, 26 mai 1875.
Reproduit dans *l'Œuvre de Corot*, par MM. Robaut et Moreau-Nélaton, et cité tome II, page 112, n° 313.

Panneau. — Haut. : 40 cm. ; larg. : 29 cm.

COROT (Jean-Baptiste). — *L'Étoile du berger*.

Au premier plan, adossée contre un arbre, au bord d'un étang, une figure drapée lève les bras vers le ciel.

A droite, un berger rentre ses moutons.

Effet de crépuscule.

Signé à gauche.

Première pensée de *l'Étoile du berger* du musée de Toulouse.

Toile. — Haut. : 38 cm. ; larg. : 46 cm.

COROT (Jean-Baptiste). — *Tête de jeune Italienne.*

Elle est vue de face ; un mouchoir sur la tête, en chemisette blanche ; un ruban noir autour du cou.

Signé à gauche.

Reproduit dans *l'Œuvre de Corot*, par MM. Robaut et Moreau-Nélaton, et cité tome III, page 298, n° 2148.

Panneau. — Haut. : 32 cm. ; larg. : 24 cm.

COROT (Jean-Baptiste). — *Albano, versant rocheux.*

Un talus escarpé surmonté d'arbres.

A gauche, cachet de la vente Corot, 26 mai 1875.

Toile. — Haut. : 27 cm. ; larg. : 40 cm.

COROT (Jean-Baptiste). — *Fontainebleau — Près la Chaise à Marie.*

Rochers gris et quelques arbres au-dessus d'un talus jaune clair.

A droite, cachet de la vente Corot.

N° 60 du catalogue de la vente Corot, 26 mai 1875.

N° 50 du catalogue de la vente Arago, 4 mai 1892, sous le titre, *Carrière de Fontainebleau*.

Reproduit dans *l'Œuvre de Corot*, par MM. Robaut et Moreau-Nélaton, et cité tome II, page 94, n° 263.

Toile. — Haut. : 37 cm. ; larg. : 46 cm.

COURBET (Gustave) — (1819-1877). — *Portrait du philosophe Trapadoux.*

Il est assis, vu de face, les cheveux et la barbe noirs, en vareuse grise et pantalon gris rayé de bleu, un livre à gravures ouvert sur les genoux, le coude gauche appuyé sur une table, une pipe à la main. A gauche, un poêle, une bouillotte et une terrine contenant du charbon.

Signé à droite.
Collection du comte d'Ideville.
Cité dans *Gustave Courbet*, par le comte d'Ideville, page 38, et reproduit par Martial, en une gravure, hors texte, pour le même ouvrage.

Toile. — Haut. : 80 cm. ; larg. : 65 cm.

COURBET (Gustave). — *La Ferme des Poncets. Près du fort de Joux, à Pontarlier.*

Une prairie au premier plan. Plus loin et à gauche, des sapins le long d'une pente. A droite, des maisons et des rochers à la lisière de la forêt.

Signé à gauche et daté 1864.

N° 85 de l'Exposition rétrospective des œuvres de Courbet à l'École des Beaux-Arts, mai 1882.

N° 145 du catalogue de l'Exposition centennale de l'Art français 1900, sous le titre, *La forêt dans le Jura*.

Toile. — Haut. : 54 cm. ; larg. : 65 cm.

COURBET (Gustave). — *Le Puits noir.*

Un ruisseau coule au fond d'un ravin parmi la verdure, entre des rochers à pic.

Signé à gauche.

N° 75 de l'Exposition rétrospective des œuvres de Courbet à l'École des Beaux-Arts, mai 1882.

Toile. — Haut. : 72 cm. ; larg. : 92 cm.

COURBET (Gustave). — *Femme nue.*

Assise sur un rocher au bord d'un ruisseau, elle s'appuie sur ses mains ramenées en arrière et allonge sa jambe gauche dans l'eau.

Signé à droite.

Toile. — Haut. : 27 cm. ; larg. : 34 cm.

COURBET (Gustave). — *Portrait de l'artiste.*

Il s'est représenté assis et vu de face, le coude sur un gros livre, la main droite près de la tête, la gauche sur le dossier de sa chaise.

Signé à gauche.

Peinture sur carton. — Haut. : 44 cm. ; larg. : 36 cm.

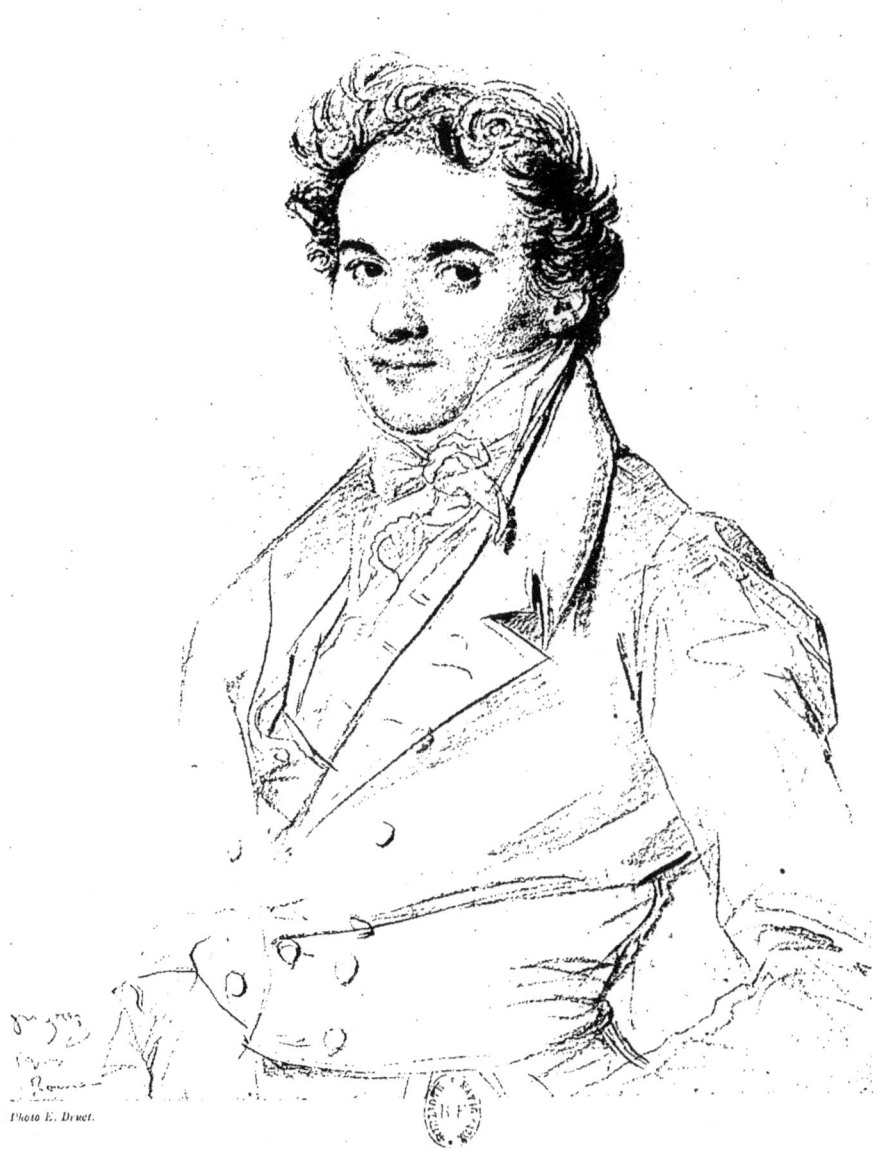
Photo E. Druet.

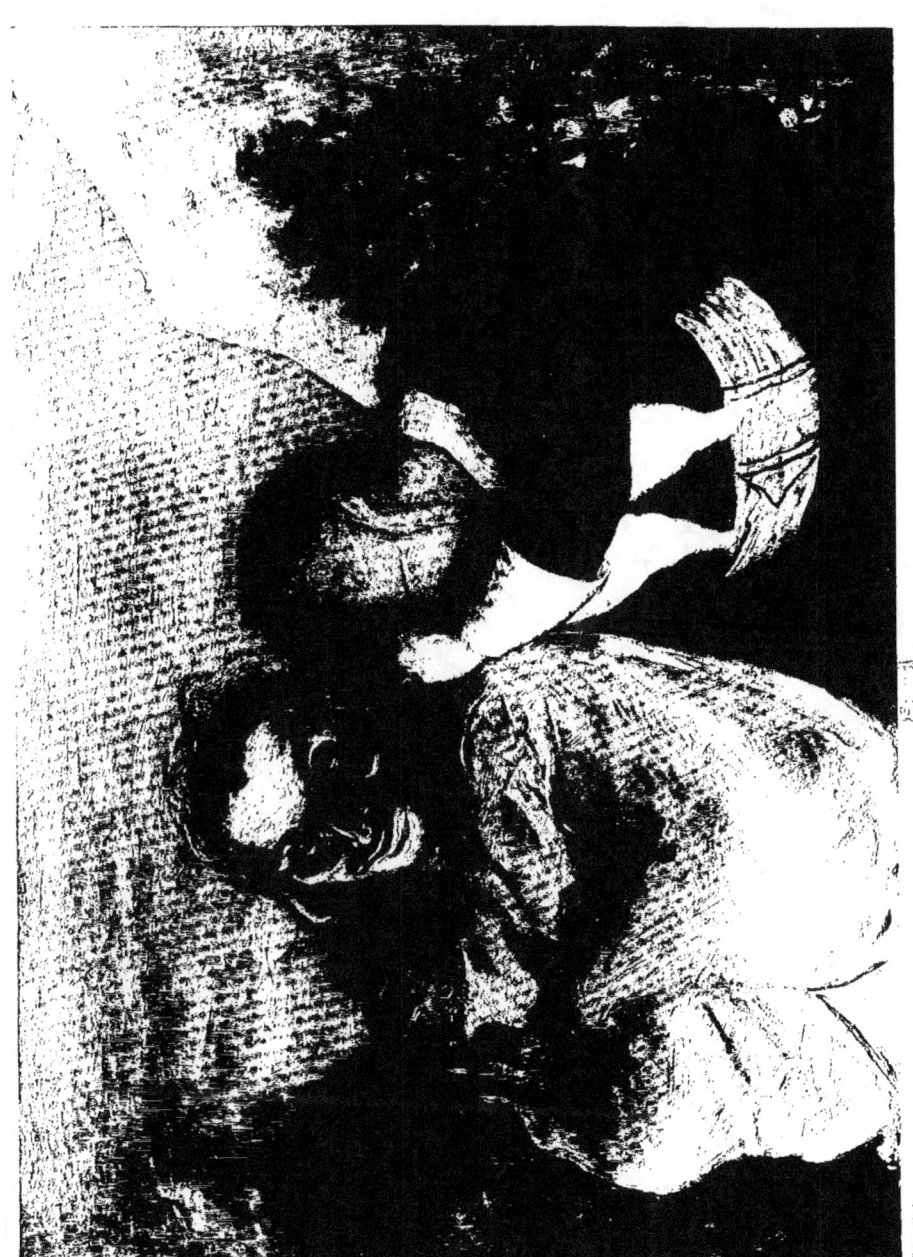

H. DAUMIER
CRISPIN ET SCAPIN

COURBET (Gustave). — *Nature morte.*

Des pommes, des poires et des feuillages sont posés sur une étoffe verte.

Signé à droite.
Peint après la Commune, à Sainte-Pélagie.

Toile. — Haut. : 23 cm. ; larg. : 32 cm.

COURBET (Gustave). — *Nature morte.*

Des pommes, des poires et des feuillages sont posés sur une table.

Signé à gauche.

Toile. — Haut. : 23 cm. ; larg. : 32 cm.

COURBET (Gustave). — *Nature morte.*

Sur une nappe blanche, des petites pommes dans une coquille Saint-Jacques.

Signé à droite, et daté, Sainte-Pélagie, 1871.

Peinture sur carton. — Haut. : 21 cm. ; larg. : 30 cm.

COUTURE (Thomas) — (1815-1879). — *Jeune fille au bord de la mer.*

Elle est vue en buste de trois quarts à droite, une fleur et des rubans dans ses cheveux noirs.

Initiales T. C., à gauche, au-dessus de l'épaule.

Toile ovale. — Haut. : 50 cm. 1/2 ; larg. : 43 cm.

COUTURE (Thomas). — *Portrait de Madame Poulain-Dumesnil.*

Elle est vue de trois quarts à droite, coiffée en bandeaux, un ruban dans les cheveux et vêtue d'une robe noire.

Signé à gauche.

Toile. — Haut. : 59 cm. ; larg. : 49 cm.

DAUMIER (Honoré) — (1808-1879). — *Porteur d'eau.*

Il est vu de dos, le bras gauche écarté, et soulève avec effort un seau qu'il tient de la main droite.

Initiales H. D., à droite.
Cité dans *Honoré Daumier*, par Arsène Alexandre, page 375.

Panneau. — Haut. : 25 cm. ; larg. : 15 cm.

DAUMIER (Honoré). — *Crispin et Scapin.*

Dans un décor de théâtre, Scapin, enveloppé dans un manteau gris, écoute en riant Crispin qui, vêtu de noir, lui parle à l'oreille.

Collection Ch. Daubigny.
Cité dans *Honoré Daumier*, par Arsène Alexandre, page 373, et reproduit page 185.

Toile. — Haut. : 59 cm. ; larg. : 82 cm.

DAUMIER (Honoré). — *Les Avocats.*

Dans un couloir du Palais, un avocat, la tête haute et un dossier sous le bras, parle à deux de ses confrères qui l'écoutent en riant ; au fond, une femme en pleurs et un gendarme.

Signé à gauche.
N° 233 du catalogue de l'Exposition centennale de l'Art français, 1889.

Toile. — Haut. : 41 cm. ; larg. : 33 cm.

DAUMIER (Honoré). — *Scène de la Révolution.*

Un personnage, en chemise ouverte sur la poitrine, aux cheveux flottants, entraîne du geste de son bras levé, la foule où l'on aperçoit un homme en chapeau haut de forme et redingote noire, une femme en corsage jaune et un jeune ouvrier.

N° 176 du catalogue de l'Exposition centennale de l'Art français, 1900, sous le titre : *Mouvement populaire dans la rue.*
Cité dans *Honoré Daumier*, par Arsène Alexandre page 373.

Toile. — Haut. : 91 cm. ; larg. : 70 cm.

DAUMIER (Honoré). — *Un coin de théâtre.*

Au premier plan, un homme assis entre deux femmes regarde la scène ; derrière eux, d'autres spectateurs.

Signé vers la droite.

Panneau. — Haut. : 26 cm. ; larg. : 35 cm.

CATALOGUE

DAUMIER (Honoré). — *Le Liseur*.

Un jeune homme fait la lecture à un vieillard assis à ses côtés sur un canapé et appuyé des deux mains sur une canne. Des tableaux sont accrochés au mur.

Signé à gauche.
N° 231 du catalogue de l'Exposition centennale de l'Art français, 1889.
Cité dans *Honoré Daumier*, par Arsène Alexandre, page 374.

Toile. — Haut. : 31 cm. ; larg. : 40 cm.

DAUMIER (Honoré). — *Peintre dans son atelier feuilletant un carton de dessins*.

Debout, tenant d'une main sa palette et de l'autre un dessin, il maintient avec son corps le carton ouvert sur une chaise. Dans le fond, une toile sur un chevalet et des études accrochées au mur.

Signé à gauche.
N° 663 du catalogue de la vente Corot, 26 mai 1875.
N° 189 du catalogue de l'Exposition centennale de l'Art français, 1900.
Cité dans *Honoré Daumier*, par Arsène Alexandre, page 374.

Toile. — Haut. : 40 cm. ; larg. : 31 cm.

DAUMIER (Honoré). — *Silène et faunes*.

Au premier plan, Silène, la tête couronnée de feuillages ; derrière lui et à droite, un faune riant ; à gauche, un autre personnage.

Initiales H. D., à gauche.
Cité dans *Honoré Daumier*, par Arsène Alexandre, page 374.

Panneau. — Haut. : 15 cm. 1/2 ; larg. : 20 cm.

DAUMIER (Honoré). — *Noctambules*.

Deux personnages, se promenant sur les quais, regardent la lune. A gauche, au loin, on aperçoit des silhouettes de maisons.

Initiales H. D., à gauche.
Cité dans *Honoré Daumier*, par Arsène Alexandre, page 375.

Panneau. — Haut. : 28 cm. ; larg. : 19 cm.

DAUMIER (Honoré). — *Les Amateurs d'estampes.*

Un amateur, assis et vu de profil à gauche, regarde une estampe qu'il tient entre ses mains ; pour mieux voir, d'autres amateurs se penchent au-dessus de lui.

Panneau. — Haut. : 29 cm. ; larg. : 26 cm.

DAUMIER (Honoré). — *Un coin du palais.*

Deux avocats en robe se croisent ; l'un est vu de face, des dossiers sous le bras, l'autre de profil et tournant la tête. Dans le fond, plusieurs personnages.

Signé à gauche.

Panneau. — Haut. : 13 cm. ; larg. : 25 cm.

DAUMIER (Honoré). — *Les Buveurs.*

Deux buveurs sont assis sous des arbres à une terrasse de cabaret. L'un se verse à boire, tandis que l'autre commence à s'assoupir. Un chien dort à leurs pieds.

Signé à gauche.

Toile. — Haut. : 37 cm. ; larg. : 28 cm.

DAUMIER (Honoré). — *Dans la rue.*

Un ouvrier, vu de profil à gauche, passe dans la rue, la pipe à la bouche et une pioche sur l'épaule. Dans le fond, des personnages et des maisons.

Cité dans *Honoré Daumier*, par Arsène Alexandre, page 375.

Panneau. — Haut. : 12 cm. ; larg. : 16 cm.

DAUMIER (Honoré). — *Amateurs de tableaux.*

Trois amateurs regardent des tableaux dans une galerie. L'un d'eux est tête nue, les deux autres ont gardé leur chapeau sur la tête.

Peinture sur carton. — Haut. : 31 cm. ; larg. : 23 cm.

DAUZATS (Adrien) — (1804-1868). — *Intérieur d'une église de village.*

Dans le chœur de l'église, une femme est agenouillée près de l'autel.

Toile. — Haut. : 34 cm. ; larg. : 27 cm.

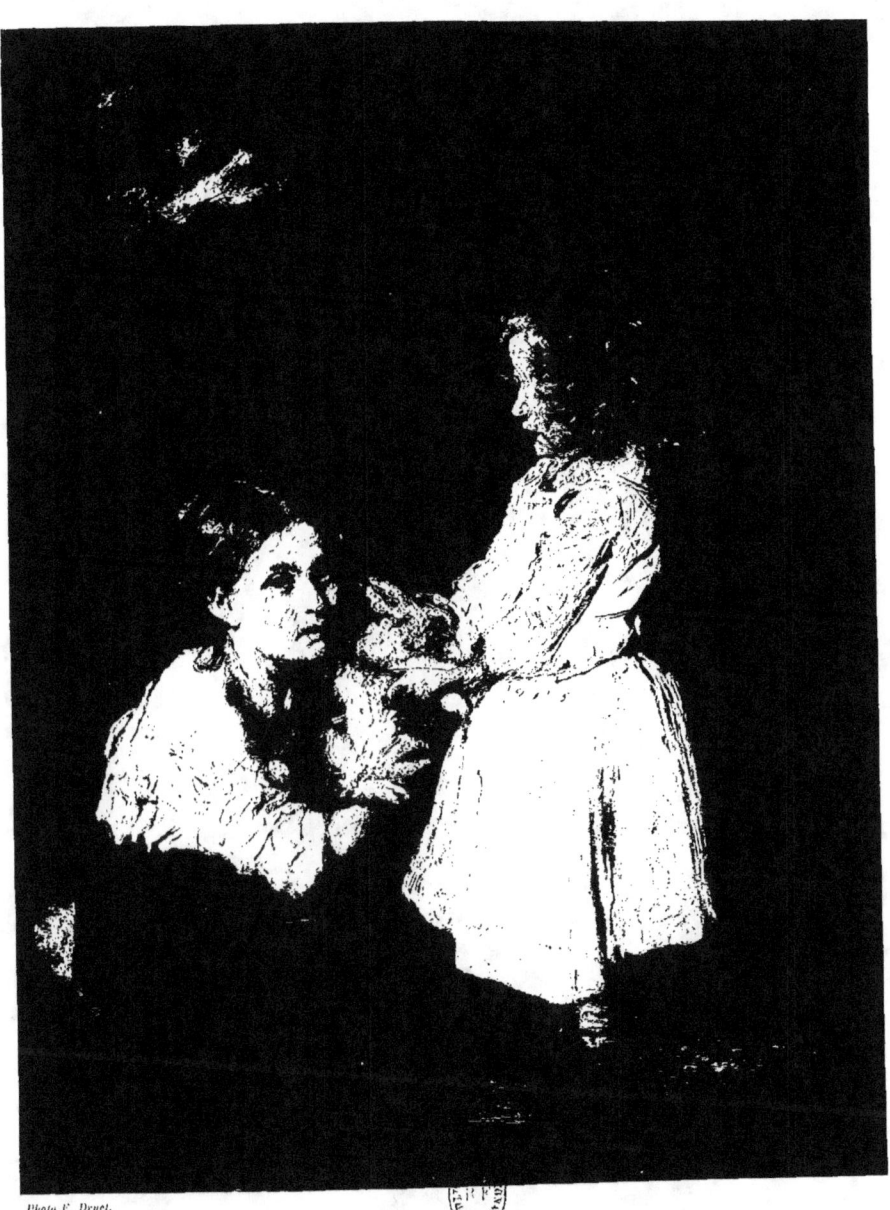
Photo E. Druet.

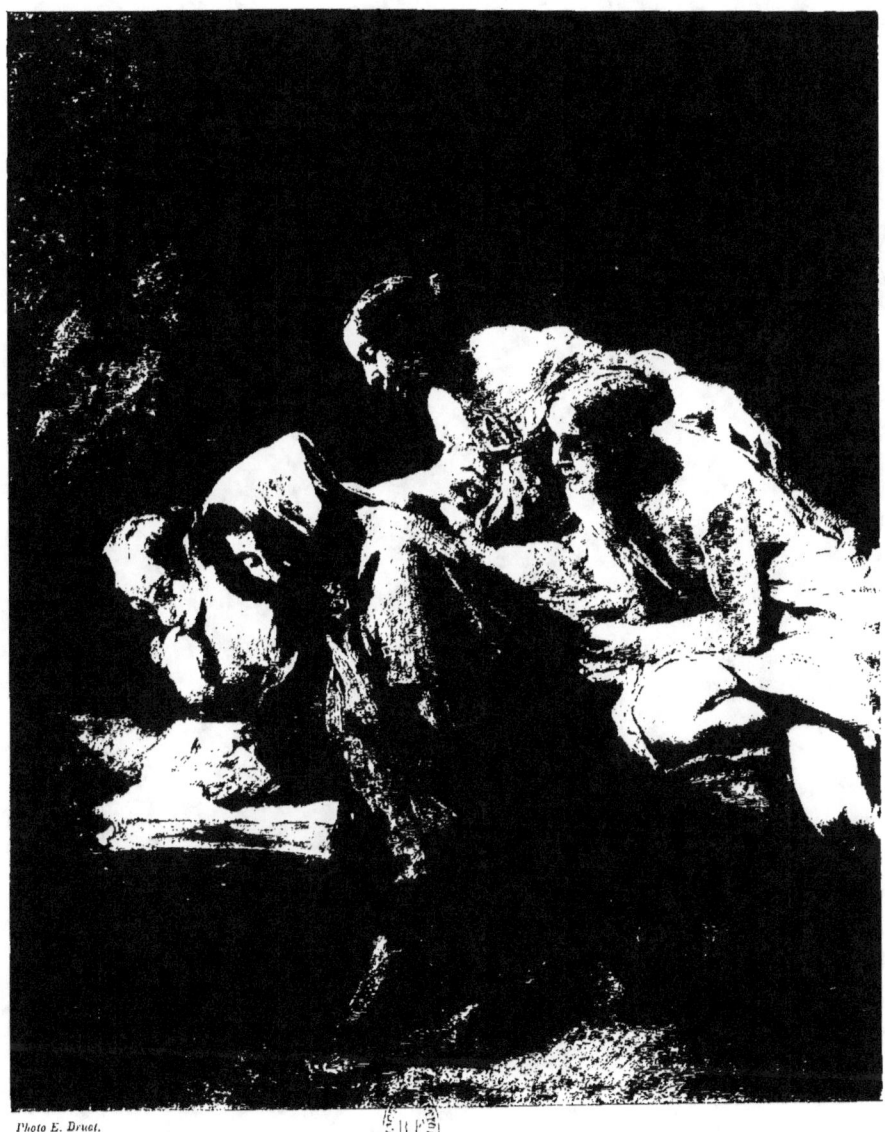

Photo E. Druet.

CATALOGUE

DECAMPS (Alexandre-Gabriel) — (1803-1860). — *Paysage.*

Au premier plan, des terrains défrichés. Plus loin, des bûcherons abattent des arbres.

Ciel chargé de nuages blancs.

Initiales D. C., à droite.

Toile. — Haut. : 36 cm. ; larg. : 45 cm.

DEGAS (Edgar). — *La Répétition de danse.*

Un violoniste assis vers la gauche d'une grande salle éclairée par de larges fenêtres accompagne les exercices de trois danseuses.

Signé à droite.

Toile. — Haut. : 46 cm. ; larg. : 60 cm.

DEGAS (Edgar). — *Les Danseuses à la barre.*

Deux danseuses s'exercent dans une salle. L'une, vue de profil, le buste légèrement incliné, tend la jambe droite en arrière sur la barre ; l'autre, vue de dos, maintient sur la barre la jambe droite levée. A gauche, dans un coin, un arrosoir.

Signé à gauche.

Cité et reproduit dans *les Arts*, juin 1902.

Toile. — Haut. : 74 cm. ; larg. : 76 cm.

DEGAS (Edgar). — *Sur la plage.*

Au premier plan, une bonne, en tablier blanc, est assise sur le sable et peigne les cheveux d'une fillette, qu'abrite une ombrelle ; à droite sèche un costume de bain. Au loin, des baigneurs et des promeneurs.

Signé à droite.

Peinture à l'essence. — Haut. : 48 cm. ; larg. : 82 cm.

DEGAS (Edgar). — *Danseuses dans une salle d'exercice.*

Celle de gauche fait des pointes ; une autre attache son soulier ; la troisième, vue de dos, arrange les plis de sa jupe.

Au fond, on aperçoit, à travers les vitres d'une fenêtre, les toits des maisons environnantes.

Signé vers le milieu.

Toile. — Haut. : 27 cm. ; larg. : 22 cm.

DEGAS (Edgar). — *L'Enlèvement des Sabines. D'après Le Poussin (Musée du Louvre).*

A gauche, accompagné de deux sénateurs et debout sur le péristyle d'un palais, Romulus lève sa toge rouge pour donner le signal convenu.

De toutes parts, les Romains poursuivent et saisissent les Sabines qui cherchent vainement à s'enfuir.

Dans le fond, autour de la place, des temples et des palais.

Toile. — Haut. : 1 m. 52 ; larg. : 2 m. 10.

DELACROIX (Eugène) — (1798-1863). — *Mort de Sénèque.*

Une étoffe bleue autour des reins, il est maintenu par ses esclaves au-dessus d'une cuve de porphyre.

Sur le châssis, cachet de la vente Delacroix.
N° 18 du catalogue de la vente Delacroix, 17 février 1864.
N° 40 du catalogue de la vente Arosa, 25 février 1878.
Cité et reproduit dans *l'Œuvre de Delacroix*, par A. Robaut, page 227, n° 882.

Toile. — Haut. : 27 cm. ; larg. : 20 cm.

DELACROIX (Eugène). — *Portrait de l'artiste, à l'âge de vingt-cinq ans.*

Il s'est représenté de trois quarts à droite et jusqu'aux épaules. Cheveux noirs, légère moustache et barbiche.

N° 1 du catalogue de la vente Dutilleux, mars 1874.
N° 157 du catalogue de la vente Beurnonville, 21 mai 1883.
Cité et reproduit dans *l'Œuvre de Delacroix*, par A. Robaut, page 25, n° 69.

Toile. — Haut. : 35 cm. ; larg. : 27 cm.

DELACROIX (Eugène). — *Aspasie la Mauresque.*

Sur un fond de draperie rouge, la jeune femme est vue en buste et de face, les seins découverts.

Collections Riesener et Villot.
N° 192 du catalogue de l'Exposition Delacroix à l'École des Beaux-Arts, 1885.
Cité et reproduit dans *l'Œuvre de Delacroix*, par A. Robaut, page 48, n° 162.

Toile. — Haut. : 27 cm. ; larg. : 22 cm.

DELACROIX (Eugène). — *Héliodore chassé du temple.*

Première pensée de la peinture décorative de l'église Saint-Sulpice.

Toile. — Haut. : 55 cm. ; larg. : 40 cm.

DELACROIX (Eugène). — *Composition pour le plafond d'Apollon, au Louvre.*

Debout sur son char lumineux, le dieu, entouré des divinités de l'Olympe, lance ses flèches sur les monstres de la terre.

Toile. — Haut. : 50 cm. ; larg. : 45 cm.

DELACROIX (Eugène). — *Assassinat de Jean sans Peur.*

Devant le dais installé sur le pont de Montereau pour l'entrevue avec le dauphin Charles, Jean sans Peur est renversé par ses assassins.
Au premier plan, un groupe de soldats.

Toile. — Haut. : 24 cm. ; larg. : 40 cm.

DELACROIX (Eugène). — *Saint Sébastien.*

Une femme, vêtue de bleu, est agenouillée à côté du Saint, assis et adossé à un arbre, et se penche sur lui pour panser ses blessures. Derrière elle, une autre femme, vêtue de rouge, porte un vase.

N° 30 du catalogue de la vente Arosa, 25 février 1878.
Réduction du tableau de l'église de Nantua.
Cité et reproduit dans *l'Œuvre de Delacroix*, par A. Robaut, page 167, n° 628.

Toile. — Haut. : 23 cm. ; larg. : 30 cm.

DELACROIX (Eugène). — *Adam et Ève chassés du paradis terrestre.*

Ève, agenouillée et les bras ouverts, lève les yeux au ciel. Debout derrière elle, Adam pleure. Au-dessus de leurs têtes, baigné de lumière, un ange brandit un glaive.

Première pensée pour la décoration de la deuxième coupole de la bibliothèque du Palais-Bourbon.

Toile hexagonale. — Haut. : 23 cm. ; larg. : 26 cm.

DELACROIX (Eugène). — *Coin d'atelier : le poêle.*

A gauche, chauffé au rouge, un poêle sur lequel est posé un récipient. A droite, un écran et la porte de l'atelier entr'ouverte.

Signé à gauche.
N° 222 du catalogue de l'Exposition centennale de l'Art français, 1900.

Toile. — Haut. : 50 cm. ; larg. : 43 cm.

DELACROIX (Eugène). — *Les deux Indiens.*

A droite, en tunique blanche et ceint d'une écharpe bleue, un Indien est assis.

A gauche, un autre Indien, debout, s'appuie de la main droite sur une canne.

Sur le châssis, cachet de la vente Delacroix
N° 186 du catalogue de la vente Delacroix, 17 février 1864.
N° 223 du catalogue de l'Exposition centennale de l'Art français, 1900.
Cité et reproduit dans *l'Œuvre de Delacroix*, par A. Robaut, page 395, n° 1483.

Toile. — Haut. : 37 cm. ; larg. : 46 cm.

DELACROIX (Eugène). — *Tête pour une Pietà.*

Elle est enveloppée d'une draperie blanche et bleue qui laisse à découvert le visage aux yeux fermés et à la bouche entr'ouverte.

Au premier plan, les clous de la Croix.

Signé vers le milieu et daté 1840.

Panneau. — Haut. : 37 cm. ; larg. : 45 cm.

DELACROIX (Eugène). — *Fleurs.*

Des dahlias multicolores se détachent sur un fond vert.

Toile. — Haut. : 47 cm. ; larg. : 71 cm.

DEVÉRIA (Eugène) — (1805-1865). — *Le Prince Gaston d'Orléans se blessant dans un bal.*

Le prince est tombé à terre, plusieurs assistants s'empressent autour de lui.

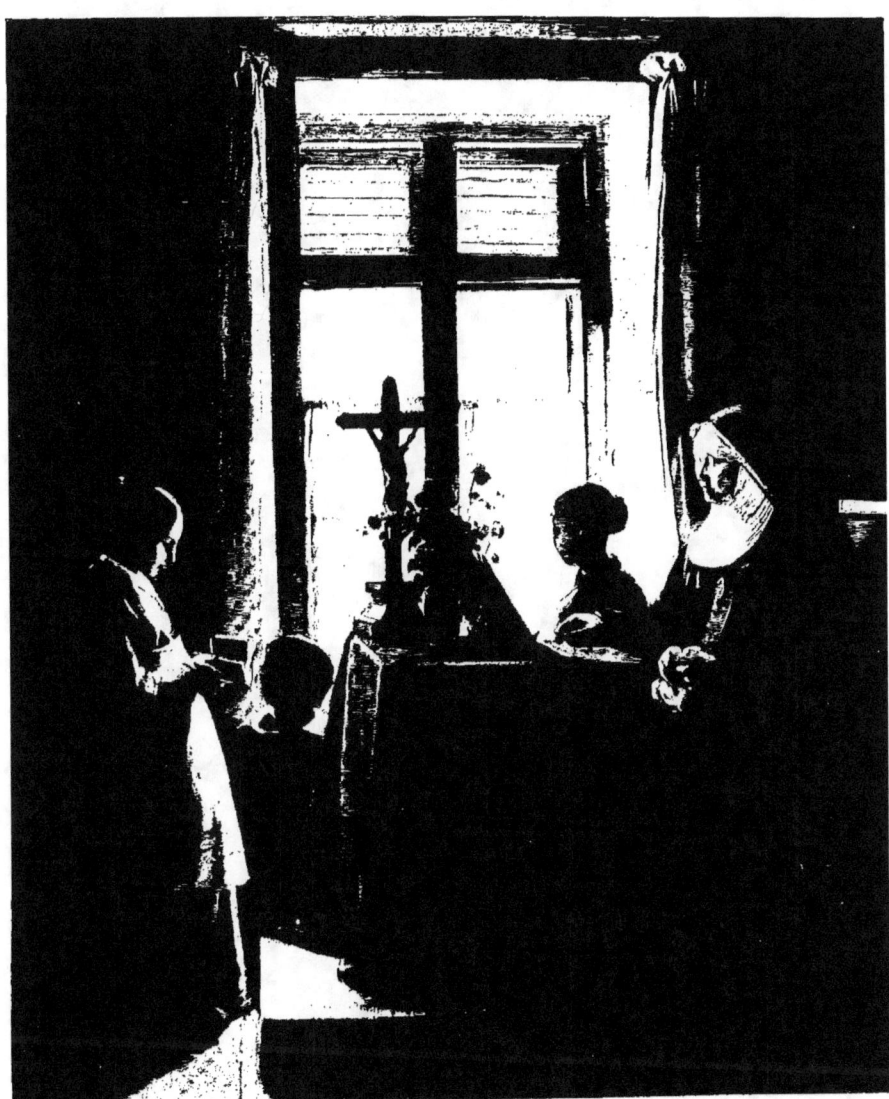

Photo E. Druet.

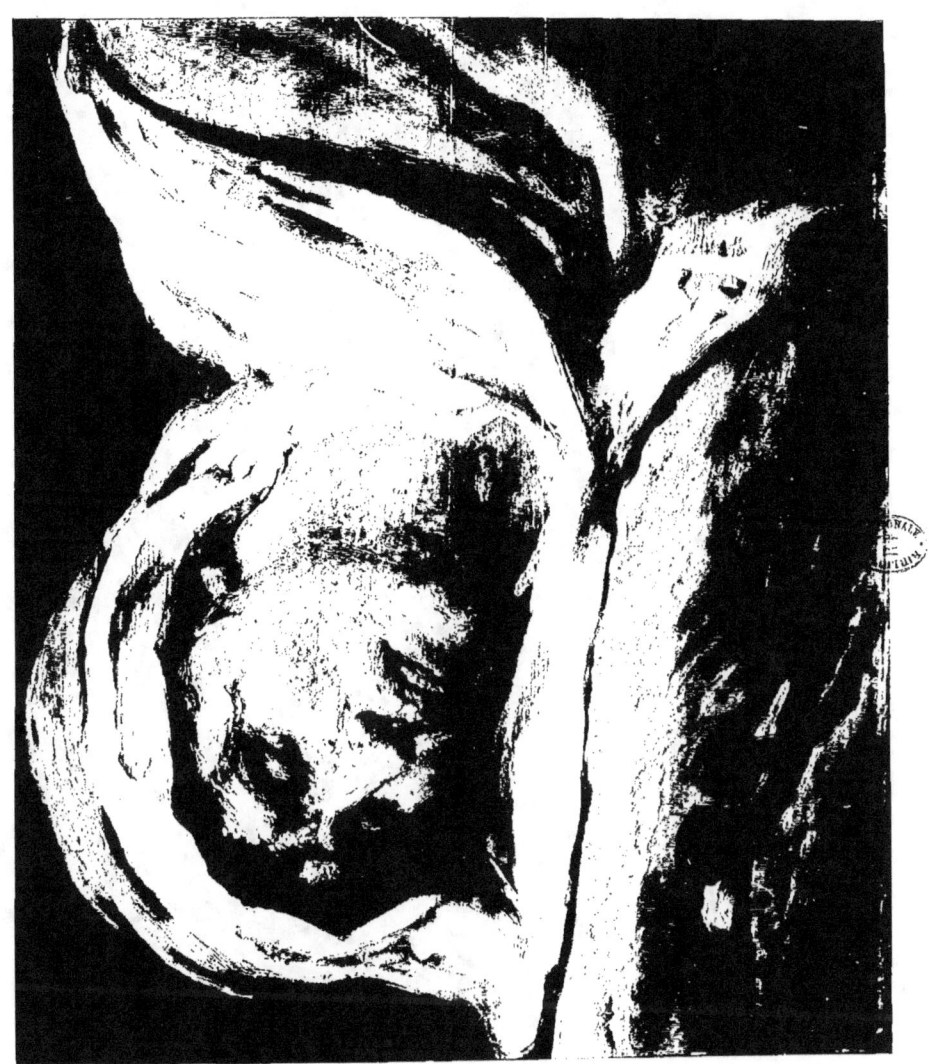

EUG. DELACROIX

CATALOGUE 93

Esquisse d'un grand tableau qui faisait partie de la galerie du Palais-Royal et qui fut détruit en 1848.
N° 292 du catalogue de l'Exposition centennale de 1889.

Toile. — Haut. : 47 cm. ; larg. : 35 cm.

DIAZ DE LA PEÑA (Narcisse) — (1807-1876). — *Paysage*.

Bouleaux et rochers dans la vallée de la Solle (forêt de Fontainebleau).
Signé à gauche.

Peinture sur carton. — Haut. : 24 cm. ; larg. : 18 cm.

DIAZ DE LA PEÑA (Narcisse). — *Fleurs*.

Des bleuets, des œillets et des roses réunis en un bouquet.
Signé à gauche.

Panneau. — Haut. : 24 cm. 1/2 ; larg. : 18 cm. 1/2.

DUPRÉ (Jules) — (1812-1889). — *Paysage*.

Au premier plan, une vache vient s'abreuver à un ruisseau ; au fond, un pont de bois et des arbres.
Signé à gauche.

Toile. — Haut. : 45 cm. ; larg. : 38 cm.

DUPRÉ (Jules). — *Paysage*.

Une route à la sortie d'un village ; des deux côtés, arbres et maisons couvertes de chaume.
Peinture en grisaille.
Signé à gauche.

Toile. — Haut. : 45 cm. ; larg. : 54 cm.

FANTIN-LATOUR (Henri) — (1836-1904). — *La Nuit*.

Elle est représentée sous les traits d'une nymphe couchée sur des nuages éclairés par la lune.
Signé à gauche.

Toile. — Haut. : 49 cm. ; larg. : 59 cm.

FANTIN-LATOUR (Henri). — *Nature morte.*

Six pêches sont posées sur des feuilles dans un panier.

Signé à gauche.

Toile. — Haut. : 25 cm.; larg. : 32 cm.

FANTIN-LATOUR (Henri). — *Baigneuse.*

Après le bain, une jeune femme nue, assise sur ses vêtements, se repose sous un arbre dans une prairie.

Signé à droite.

Panneau. — Haut. : 21 cm. ; larg. : 24 cm.

FANTIN-LATOUR (Henri). — *Figure de femme.*

Elle est vue en buste, les cheveux châtains, en corsage à raies mauves et noires.

Signé à droite.

Toile. — Haut. : 46 cm.; larg. : 38 cm.

FORAIN (Jean-Louis). — *L'Assistance judiciaire.*

Un pauvre, accompagné par une fillette et portant un enfant dans ses bras, présente un papier à son avocat.

Signé à droite.

Toile. — Haut. : 58 cm.; larg. : 71 cm.

FORAIN (Jean-Louis). — *Au Jardin de Paris.*

Au premier plan, une femme, vêtue de noir, tient à la main un éventail fermé. A droite, un groupe de promeneurs ; dans les feuillages du fond, des lumières.

Signé à gauche.

Peinture sur carton. — Haut. : 40 cm. ; larg. : 58 cm.

GAUGUIN (Paul) — (1848-1903). — *Papaete.*

Des Tahitiens, hommes, femmes et enfants, cueillent des fruits dans un verger au sol rouge.

Signé au milieu et daté 1890, avec l'inscription : Nave, nave, mahana.

Toile. — Haut. : 94 cm.; larg. : 1 m. 30.

CATALOGUE

HARPIGNIES (Henri). — *Paysage.*

Au premier plan, une mare bordée de grands arbres. Plus loin, passent des cavaliers en costume rouge.

Signé à gauche, et daté 1866.

Toile. — Haut. : 1 m. 29 ; larg. : 71 cm.

HARPIGNIES (Henri). — *Paysage.*

Accompagné de son chien, un chasseur traverse les halliers. Au fond, une trouée dans la verdure.

Signé à gauche, et daté 1866.

Toile. — Haut. : 1 m. 29 ; larg. : 71 cm.

HEIM (François-Joseph) — (1787-1865). — *Le Roi Charles X distribuant les récompenses au Salon de 1824.*

Debout entouré de sa cour, le roi préside à la cérémonie.

Première pensée du grand tableau exposé au Salon de 1826 et aujourd'hui au musée du Louvre.

Toile. — Haut. : 23 cm. ; larg. : 39 cm.

INGRES (Jean-Dominique) — (1780-1867). — *Portrait de Pallières.*

En habit brun, en gilet blanc et cravaté de rouge, le peintre est vu de trois quarts à droite.

Toile. — Haut. : 38 cm. ; larg. : 31 cm.

ISABEY (Eugène) — (1804-1886). — *Une rue en Orient.*

Des deux côtés, murs dans la pénombre. Dans le fond, des maisons blanches et un minaret éclairés par le soleil.

A gauche, cachet de la vente Isabey.
N° 165 du catalogue de la vente Isabey, mars 1887.

Toile. — Haut. : 40 cm. ; larg. : 29 cm.

ISABEY (Eugène). — *Au bal.*

Une jeune femme debout, en robe rouge décolletée et les bras nus.

Ce tableau a appartenu à Jongkind, élève d'Isabey.

Toile. — Haut. : 46 cm.; larg. : 31 cm.

ISABEY (Eugène). — *Combat naval près de Dunkerque.*

Sur le rivage, les troupes sont rassemblées. A droite, derrière une palissade, deux officiers à cheval.

Au fond, sur la mer, plusieurs bateaux en feu.

Signé à droite, sur la courroie d'un tambour.

Toile. — Haut. : 44 cm. ; larg. : 59 cm.

ISABEY (Eugène). — *L'Alchimiste.*

Il fume sa pipe, debout dans son laboratoire encombré d'alambics et de vases de toutes formes.

A gauche, cachet de la vente Isabey.

Toile. — Haut. : 39 cm. ; larg. : 51 cm.

ISABEY (Eugène). — *Marine.*

Des bateaux sont à l'ancre dans la petite anse d'un golfe dominé par des montagnes.

A droite, cachet de la vente Isabey.

Panneau. — Haut. : 28 cm. ; larg. : 41 cm.

ISABEY (Eugène). — *Bateau de pêche.*

Ses voiles blanches tombant le long de la coque, il est échoué à l'entrée du port.

Toile. — Haut. : 28 cm. ; larg. : 38 cm.

JONGKIND (Johan-Barthold). — *Vue du pont Louis-Philippe, à Paris.*

Au premier plan, un remorqueur s'apprête à partir ; au fond, les tours de Notre-Dame.

Signé à gauche.

Toile. — Haut. : 27 cm. ; larg. : 40 cm.

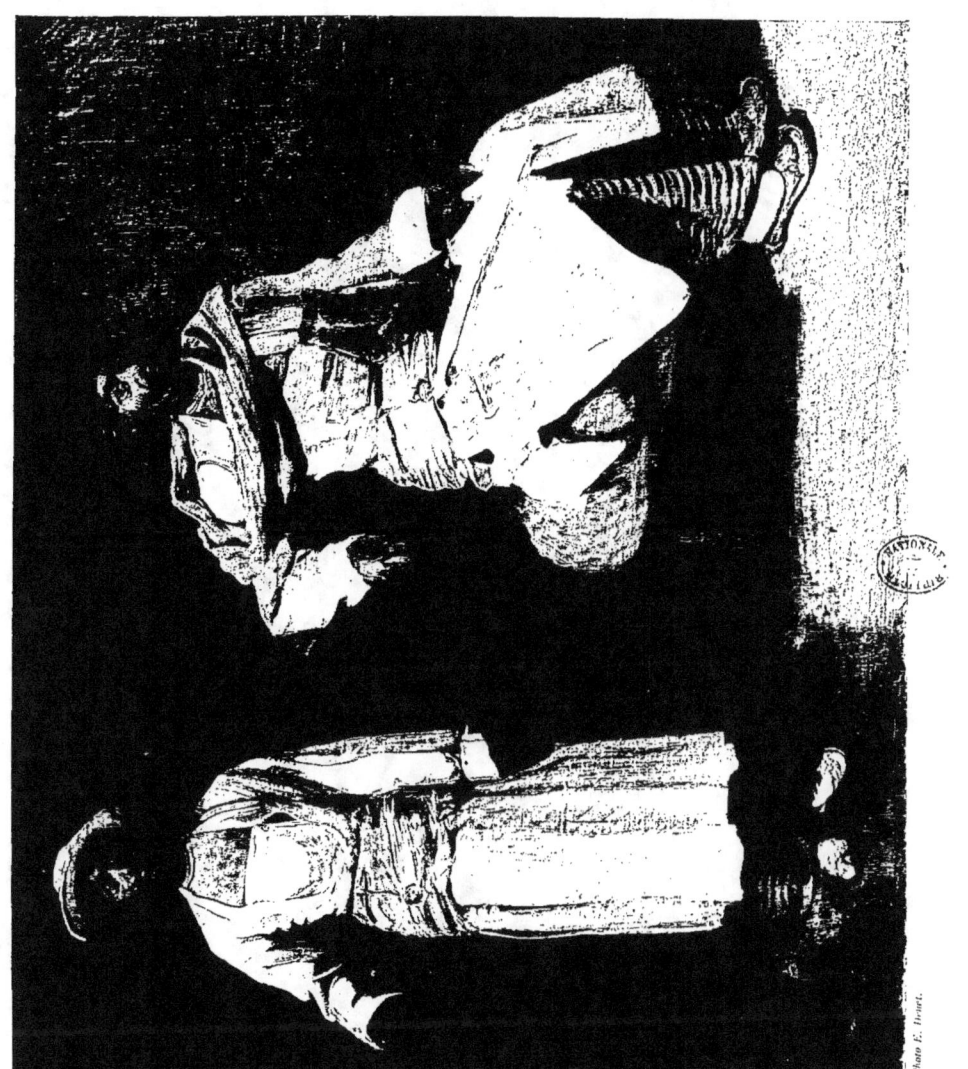

EUG. DELACROIX
ÉTUDE D'INDIENS

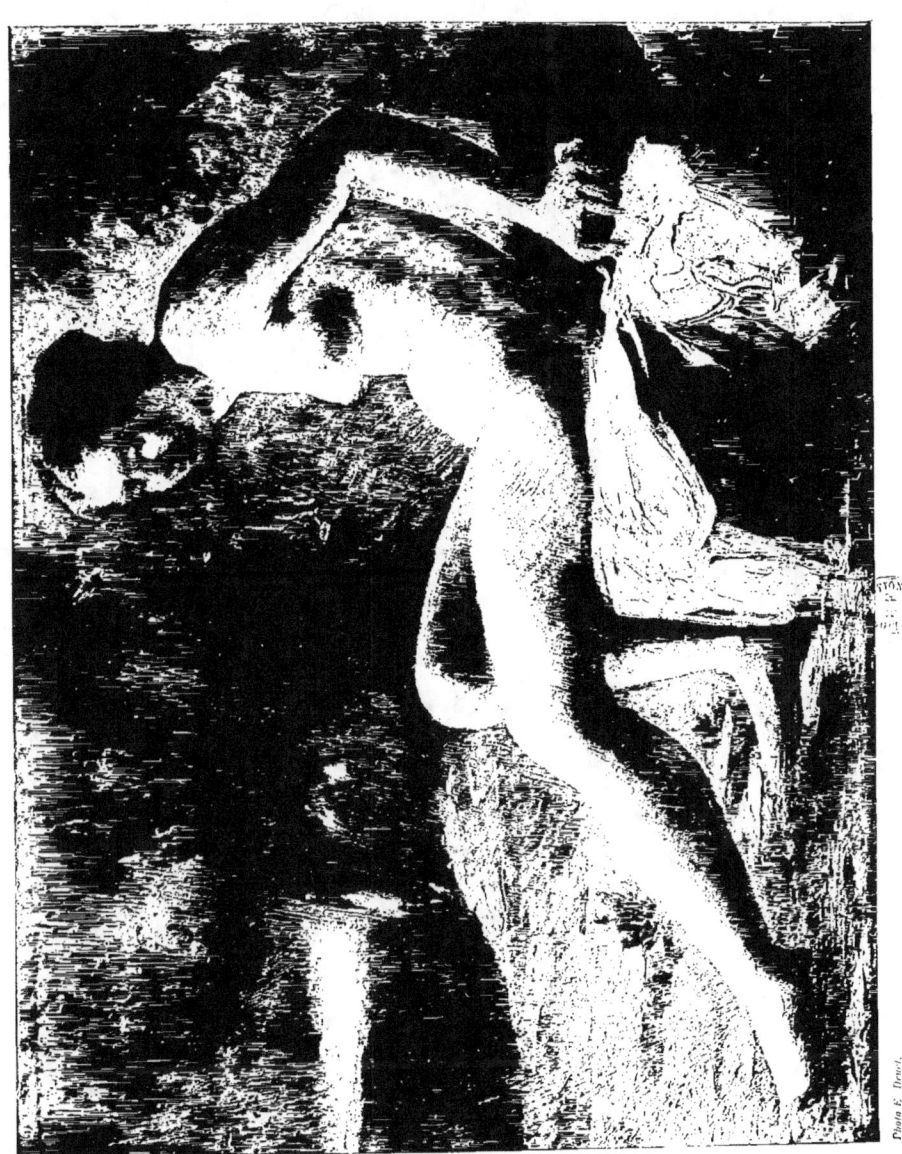

G. COURBET

CATALOGUE 97

JONGKIND (Johan-Barthold). — *Vue de Hollande.*

Un canal où se reflète la lune est bordé par des arbres. Au loin, des silhouettes de moulins se détachent sur le ciel nuageux. Vers la droite, un bateau est amarré près d'une maison.

Cité et reproduit dans *les Arts*, juillet 1902.
Signé à gauche, et daté 1867.

Toile. — Haut. : 32 cm. ; larg. : 46 cm.

JONGKIND (Johan-Barthold). — *Un port en Hollande.*

Au premier plan, à gauche, près de trois pilotis, des pêcheurs ramènent une barque sur le rivage.

Plus loin, un voilier passe près d'un grand navire à l'ancre.

Effet de lumière argentée.

Signé à gauche, et daté 1870.

Toile. — Haut. : 33 cm. ; larg. : 46 cm.

JONGKIND (Johan-Barthold). — *Un canal près de Rotterdam.*

Au premier plan, un bateau, la voile repliée le long du mât, avance à la perche. Au bord du canal, à droite, des arbres et des maisons. A gauche, un pêcheur s'avance, sa ligne sur l'épaule.

Signé à droite.

Toile. — Haut. : 41 cm. ; larg. : 56 cm.

JONGKIND (Johan-Barthold). — *Moulin au bord d'un canal (Hollande).*

Au clair de lune, un grand moulin se détache sur le ciel. Plus loin, des arbres bordent le quai aux fenêtres éclairées.

Signé à gauche, et daté 1869.

Toile. — Haut. : 32 cm. ; larg. : 41 cm.

JONGKIND (Johan-Barthold). — *Le Pont-Neuf.*

A droite, la berge, où quelques ouvriers soulèvent un grand bloc de pierre blanche, se prolonge jusqu'aux arches du pont.

Un bateau-lavoir est amarré vers la gauche.

Signé à droite.

Toile. — Haut. : 21 cm. ; larg. : 32 cm.

7

JONGKIND (Johan-Barthold). — *Environs de Nevers.*

Une paysanne, coiffée d'un chapeau de paille à larges bords, la quenouille à la main, est debout vers la gauche d'une route qui occupe toute la largeur du premier plan.

Plus loin, une maison dont les toits sont en partie cachés par un bouquet d'arbres.

Dans le fond, la plaine s'étend jusqu'à l'horizon, sous le ciel bleu, où courent quelques nuages blancs.

Signé à droite et daté 1882.

Toile. — Haut. : 24 cm. ; larg. : 33 cm.

LAMI (Eugène) — (1800-1890). — *Un Cavalier.*

Vêtu d'un habit rouge et monté sur un cheval gris pommelé, un cavalier se promène dans un bois.

Signé à droite.

Toile. — Haut. : 24 cm. ; larg. : 32 cm.

LÉPINE (Stanislas) — (1836-1892). — *Effet de lune.*

Au bord d'un canal où la lune vient se refléter, plusieurs chalands sont amarrés le long de la berge que bordent des maisons, un massif de verdure et la tour d'une église.

Signé à gauche.

Toile. — Haut. : 45 cm. ; larg. : 60 cm.

LÉPINE (Stanislas). — *Paris, la place de la Concorde.*

La place, vue de la terrasse des Tuileries, est sillonnée de voitures et de passants. Au delà des arbres du fond, la silhouette du Trocadéro se détache sur le ciel.

Signé à gauche.

Toile. — Haut. : 22 cm. ; larg. : 37 cm.

LÉPINE (Stanislas). — *Herbage aux environs de Caen.*

Au premier plan, une prairie entourée d'une barrière. Dans le fond, les maisons de la ville.

Signé à droite.
N° 325 du catalogue de la vente Cals, 16 février 1881.

Toile. — Haut. : 19 cm. ; larg. : 35 cm.

LÉPINE (STANISLAS). — *La Seine à Bercy.*

A gauche, sur la pente de la berge, un homme portant un seau s'approche de deux chevaux dételés. Plus haut, une rangée de maisons se prolonge jusqu'à un pont. A droite, une grande usine.

Signé à gauche.
Toile. — Haut. : 29 cm. ; larg. : 59 cm.

LÉPINE (STANISLAS). — *La Seine à Rouen.*

Au premier plan, des radeaux sont amarrés à une estacade près de laquelle des débardeurs déchargent un navire.

Plus loin, les maisons du port. Sur l'autre rive, un massif de verdure.

Signé à droite.
Toile. — Haut. : 32 cm. ; larg. : 46 cm.

LÉPINE (STANISLAS). — *Vue du Trocadéro.*

Des chalands passent sur la Seine, se dirigeant vers le Trocadéro que l'on aperçoit dans le fond, à droite.

Signé à gauche.
Panneau. — Haut. : 15 cm. ; larg. : 23 cm.

LÉPINE (STANISLAS). — *La Seine près du Pont-Neuf.*

Près d'un bateau-lavoir des promeneurs circulent sur la berge où se dresse un grand arbre. On aperçoit au loin le Pont-Neuf et le Palais de Justice.

Signé à gauche.
Panneau. — Haut. : 15 cm. ; larg. : 23 cm.

LÉPINE (STANISLAS). — *Les Bords de la Seine.*

A gauche, une femme longe les talus gazonnés de la berge. A droite, s'étend le fleuve.

Signé à gauche.
Toile. — Haut. : 18 cm. ; larg. : 33 cm.

LÉPINE (Stanislas). — *La Seine près du Pont des Arts.*

Au premier plan et à gauche, sur la rivière, des remorqueurs et une barque avec rameurs. A droite, l'Institut; au fond, le Pont des Arts avec vue sur la Cité.

Signé à gauche.

Panneau. — Haut. : 16 cm. ; larg. : 23 cm.

LÉPINE (Stanislas). — *Le Bassin du port de Caen.*

A droite, un pêcheur s'apprête à monter dans une barque. A gauche, près d'un sémaphore, un voilier est amarré. Dans le fond, un grand navire gagne la mer.

Signé à droite.

Toile. — Haut. : 20 cm. ; larg. : 32 cm.

LÉPINE (Stanislas). — *L'Esplanade des Invalides.*

Au premier plan, à droite, un invalide se promène avec son chien. Dans le fond, quelques passants et un groupe de cavaliers.

Signé à droite.

Toile. — Haut. : 40 cm.; larg. : 32 cm.

LÉPINE (Stanislas). — *La Seine à Bercy.*

Au premier plan, des chalands sont amarrés près de la berge couverte de neige sur laquelle sont alignés des tonneaux. Dans le fond, un pont et, au loin, la silhouette de Notre-Dame.

Signé à droite.

Toile. — Haut. : 28 cm. ; larg. : 46 cm.

MANET (Édouard) — (1832-1883). — *La Leçon de musique.*

Vu de face, en veston noir et pantalon gris, un homme est assis sur un canapé vert et joue de la guitare, à côté d'une femme en robe noire décolletée, les bras nus, une fleur dans les cheveux et un cahier de musique sur les genoux.

Signé à gauche.

N° 1851 du catalogue du Salon de 1870.

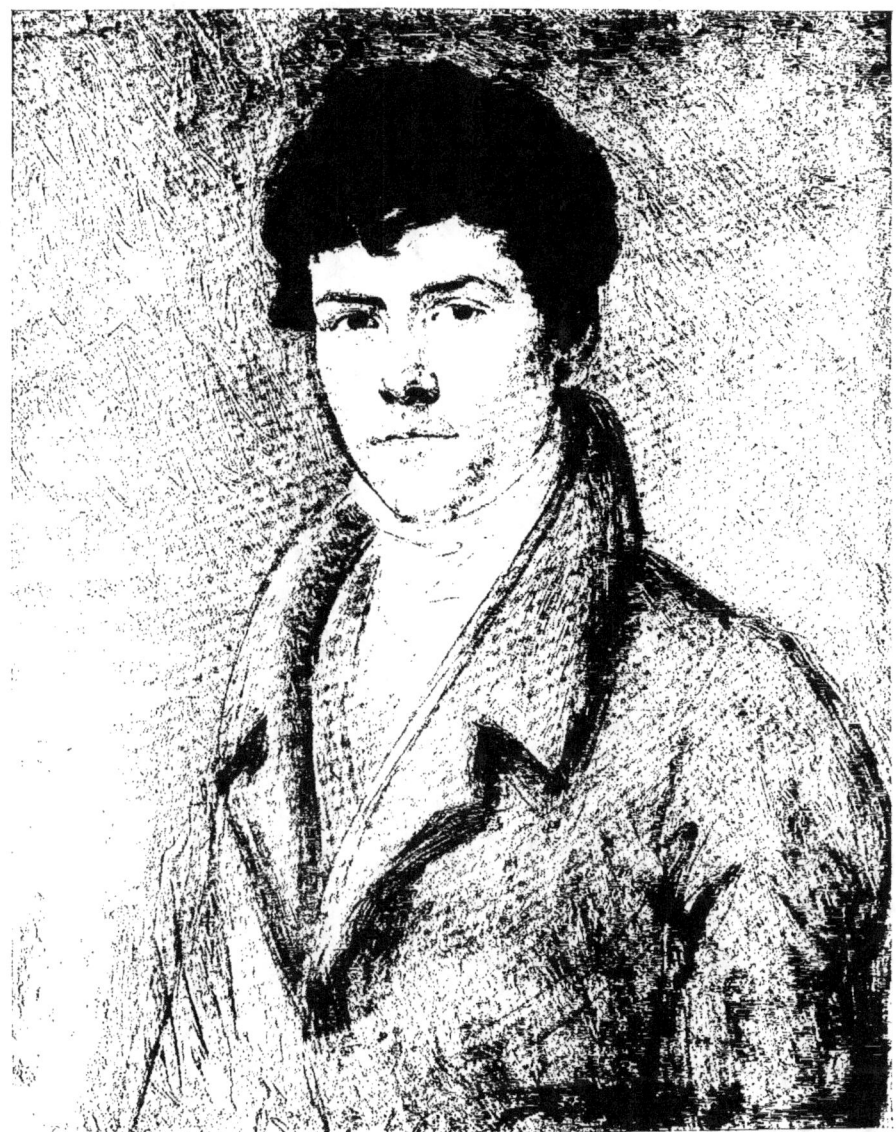

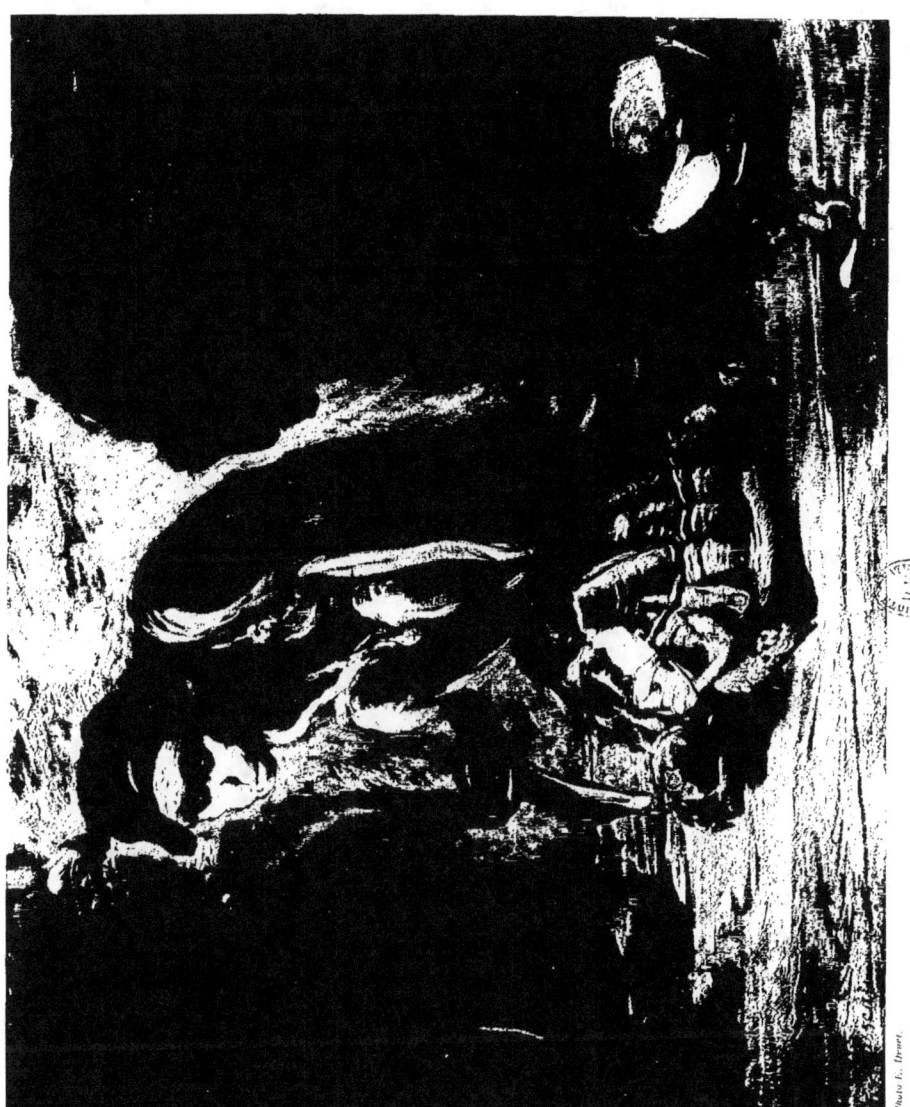

PH. ROUSSEAU

N° 3 du catalogue de la vente Manet, 4 février 1884.
Cité dans *Édouard Manet*, par Th. Duret, page 224, n° 127.
Reproduit dans Meier Graefe, *Die Entwicklungsgeschichte der modernen Kunst*, tome III, page 54.

Toile. — Haut. : 1 m. 40 ; larg. : 1 m. 73.

MANET (Édouard). — *Buste de femme nue.*

Une jeune femme brune, vue de trois quarts à droite, le buste découvert, quelques boucles de cheveux sur le front, un ruban de velours autour du cou, retient avec ses mains, à la hauteur de la ceinture, une écharpe noire.

Signé à gauche.
Cité dans *Édouard Manet*, par Th. Duret, page 230, n° 149.

Toile. — Haut. : 60 cm. ; larg. : 49 cm.

MANET (Édouard). — *Sur la plage.*

A gauche, une femme, en manteau gris et en chapeau de paille à rubans noirs dont le grand voile blanc couvre les épaules, est assise et lit un livre. A côté d'elle, à droite, un homme, vêtu de noir et coiffé d'un béret, est étendu, appuyé sur le coude.
Dans le fond, sur la mer, passent des bateaux à voiles.

Signé à droite.
Les personnages représentés dans ce tableau sont Madame Édouard Manet et M. Eugène Manet.
Reproduit dans Meier Graefe, *Entwicklungsgeschichte der Modernen Kunst*, tome III, page 54.
Cité dans *Édouard Manet*, par Th. Duret, page 232, n° 161.
N° 71 du catalogue de l'exposition Manet à l'École des Beaux-Arts, 1884.

Toile. — Haut. : 57 cm. ; larg. : 72 cm.

MILLET (Jean-François) — (1814-1875). — *Le Coup de vent.*

Au plus fort de la tempête qui balaye de ses rafales le paysage, un grand chêne, déraciné par la violence du vent, tombe et menace dans sa chute un berger et son troupeau qui s'enfuient. Dans le ciel couvert de nuages, on aperçoit à l'horizon une éclaircie au-dessus d'un village.

Signé à gauche.
N° 45 du catalogue de la vente Millet, 10 mai 1875.

Toile. — Haut. : 90 cm. ; larg. : 1 m. 18.

MILLET (Jean-François). — *La Fin de la journée (L'homme à la veste)*.

Au crépuscule, la journée finie, un paysan, debout dans un champ, a posé sa pioche à côté de lui et remet sa veste.

A gauche, l'étoile du soir brille dans le ciel.

A droite, cachet de la vente J.-F. Millet.
N° 31 du catalogue de la vente Millet, 10 mai 1875.
N° 58 du catalogue de l'Exposition Millet à l'École des Beaux-Arts, 1887.
N° 473 du catalogue de l'Exposition centennale de l'Art français, 1900 (sous le titre : l'Homme à la houe »).

Toile. — Haut. : 58 cm.; larg. : 73 cm.

MILLET (Jean-François). — *Paysanne*.

Les mains croisées sur les genoux, vêtue d'un tricot rouge à manches bleues et en tablier blanc, elle est assise, adossée à un tronc d'arbre, dans une prairie.

Dans le fond, quelques moutons.

Initiales J. F. M., à droite.
N° 57 du catalogue de l'Exposition Millet à l'École des Beaux-Arts, 1887.

Panneau. — Haut. : 18 cm. ; larg. : 24 cm.

MILLET (Jean-François). — *Effet de soir*.

Dans l'ombre que projettent deux grandes meules qui se dressent vers la droite d'une prairie où paissent des moutons, un paysan, couché sur le sol, parle à une femme assise près de lui.

Dans le fond, la lisière d'un bois se détache sur le ciel, au crépuscule.

A droite, cachet de la vente Troyon.
Collection Troyon.
N° 63 du catalogue de l'Exposition Millet à l'École des Beaux-Arts, 1887.
Voir au n° 247 du catalogue de la collection des dessins de la vente H. Rouart, le dessin du même tableau.

Panneau. — Haut. : 24 cm. ; larg. : 39 cm.

MILLET (Jean-François). — *Bûcheronnes*.

Trois femmes reviennent de la forêt, courbées sous le poids des grands fagots qu'elles portent sur leur dos.

A droite, cachet de la vente J.-F. Millet.
N° 46 du catalogue de l'Exposition Millet à l'École des Beaux-Arts, 1887.

Toile. — Haut. : 82 cm.; larg. : 1 m.

MILLET (Jean-François). — *Les Étoiles filantes.*

Deux couples enlacés traversent l'espace où des étoiles brillent dans le ciel légèrement voilé.

(Épisode de *l'Enfer* du Dante, chant V, Paolo et Francesca.)
N° 61 du catalogue de la vente Alexandre Dumas fils, 16 février 1882.
N° 472 du catalogue de l'Exposition centennale de l'Art français, 1900.

Panneau. — Haut. : 18 cm.; larg. : 33 cm.

MILLET (Jean-François). — *La Tentation de Saint Hilarion.*

Le Saint, la tête renversée en arrière, repousse une femme qui l'entoure de ses bras.

N° 71 du catalogue de la vente Sensier, 8 décembre 1877.
N° 10 du catalogue de l'Exposition Millet à l'École des Beaux-Arts, 1887.

Toile. — Haut. : 16 cm. ; larg. : 22 cm.

MILLET (Jean-François). — *L'Amour endormi.*

Il est couché sur l'herbe, son carquois rouge et son arc auprès de lui.

Signé à droite.
N° 67 du catalogue de la vente Sensier, 8 décembre 1877.
N° 12 du catalogue de l'Exposition Millet à l'École des Beaux-Arts, 1887.

Panneau. — Haut. : 16 cm. ; larg. : 22 cm.

MILLET (Jean-François). — *Mère et Enfant.*

Une jeune femme, vue de face, et vêtue de rouge regarde une fleur que lui présente un jeune enfant nu, couché devant elle.

Panneau. — Diamètre : 16 cm.

MILLET (Jean-François). — *Le Barde et Ophélie.*

Un vieillard, nu jusqu'à la ceinture, une draperie brune sur les jambes, est assis sur un rocher qu'entourent des broussailles. A côté de lui, une femme se tient debout, le torse nu, le bas du corps drapé de blanc.

Traces de signature à droite.

Panneau. — Haut. : 28 cm. ; larg. : 22 cm.

MILLET (Jean-François). — *Entrée de la forêt à Barbizon.*

A la tombée du soir, les grands arbres de la forêt au-dessus desquels brillent, dans le ciel, les dernières lueurs du couchant.

Au premier plan, une gardeuse de dindons.

Signé à droite.

N° 49 du catalogue de l'Exposition Millet à l'École des Beaux-Arts, 1887.

Panneau. — Haut. : 26 cm. ; larg. : 14 cm.

MILLET (Jean-François). — *Baigneuse.*

Une femme, assise au bord de l'eau, au pied d'un arbre, un linge sur les genoux, arrange sa coiffure.

Initiales J. F. M., à droite.

Panneau. — Haut. · 21 cm. ; larg. : 15 cm 1/2.

MILLET (Jean-François). — *Le Vieux Mendiant.*

Vêtu d'un pantalon d'étoffe verte, un grand chapeau dans la main droite, un vieux mendiant à barbe blanche, son bâton à la main, est assis sur un banc.

Panneau. — Haut. : 24 cm. ; larg. : 18 cm.

MILLET (Jean-François). — *La Sainte Famille.*

Saint Joseph contemple la Vierge, qui est assise en face de lui, l'Enfant Jésus sur ses genoux.

Au fond, à droite, les dernières lueurs du couchant.

Toile — Haut. : 27 cm. ; larg. : 26 cm. 1/2.

MONET (Claude). — *Matinée dans le port du Havre.*

Les premières lueurs de l'aube se reflètent dans l'eau et dissipent les brumes du matin qui cachent encore une partie de la rade, où des navires sont à l'ancre.

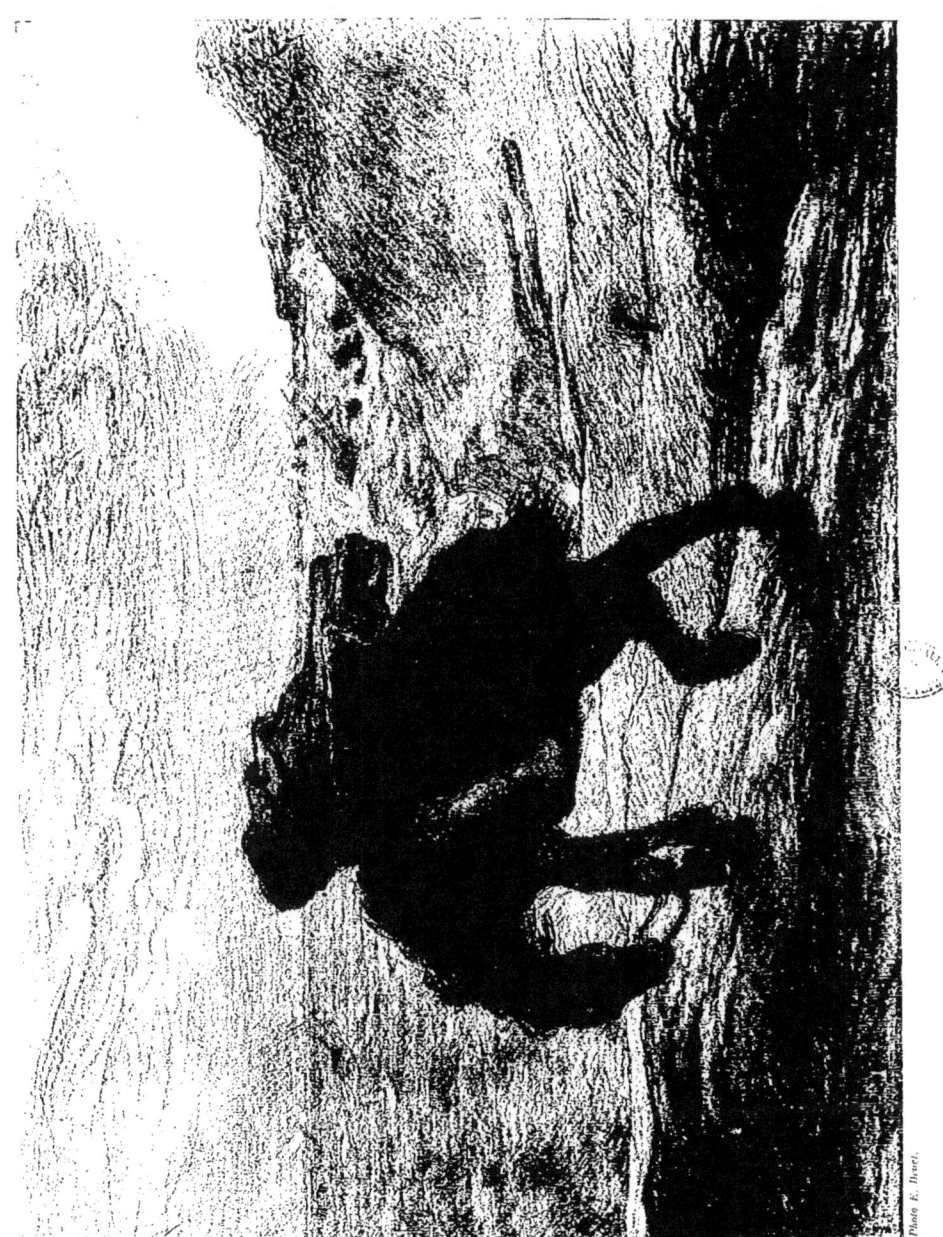

J.-F. MILLET
PHŒBUS ET BORÉE (dessin)

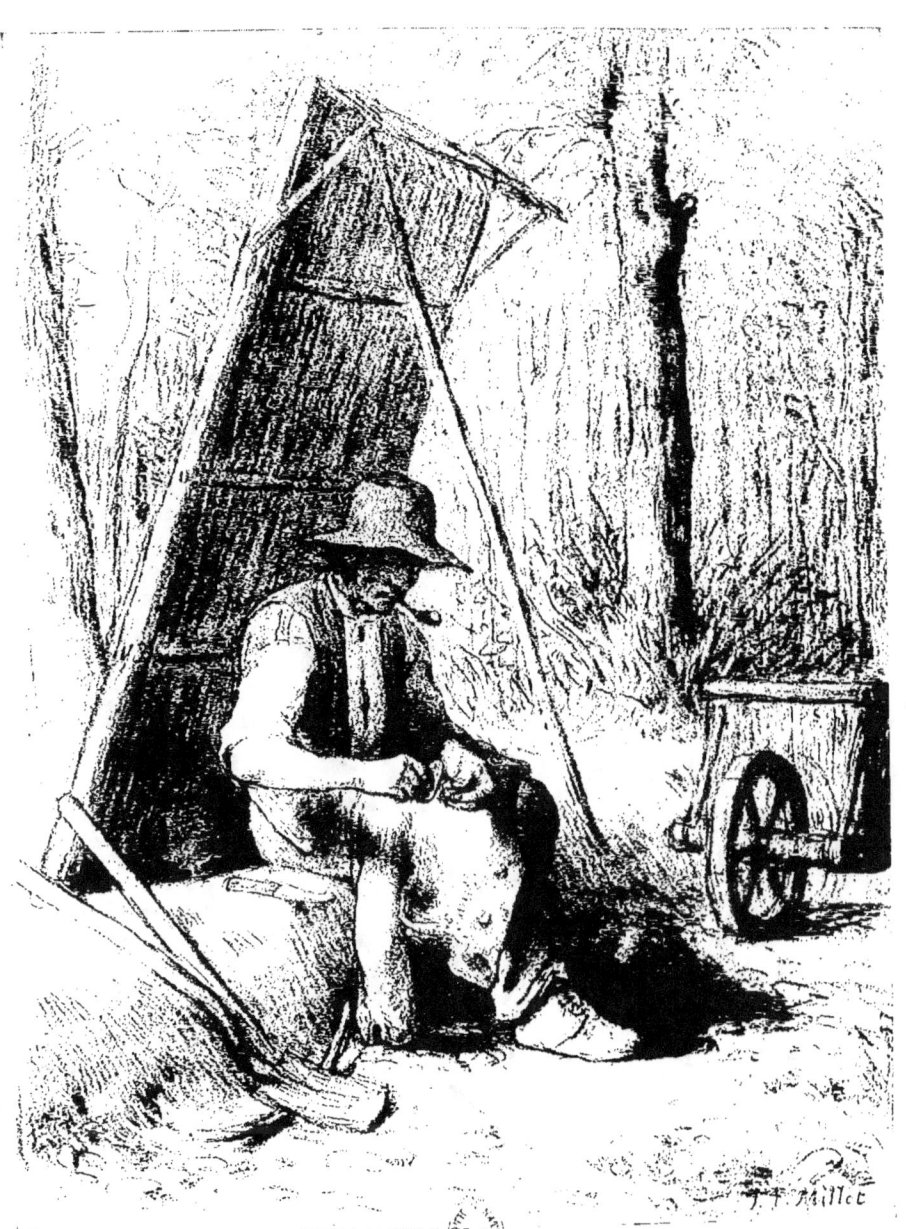

Dans le ciel chargé de nuages, une éclaircie où apparaît le soleil.

Au premier plan, un canot à l'arrière d'un bateau, à droite une barque montée par plusieurs hommes.

Signé à gauche.

Toile. — Haut. : 49 cm. ; larg. : 60 cm.

MONET (Claude). — *Les Bords de la Seine à Argenteuil.*

Sous le ciel parsemé de nuages blancs, le fleuve s'élargit vers le premier plan où trois femmes passent sur une route, près des grands arbres qui bordent la berge. Dans le fond, à droite, on aperçoit des promeneurs et une grande maison à tourelle.

A gauche, au delà de deux bateaux à voiles, un rideau d'arbres longe l'autre rive.

Signé à gauche.

Toile. — Haut. : 53 cm.; larg. : 71 cm.

MONET (Claude). — *Effet d'hiver à Argenteuil.*

Au premier plan, de grands blocs de pierre dans un chantier couvert de neige.

Dans le fond, à gauche, des arbres et des maisons, et, à droite, des toits dominés par un clocher.

Signé à droite et daté 1875.

Toile. — Haut. : 59 cm.; larg. : 80 cm.

MONET (Claude). — *Le Pavé de Chailly dans la forêt de Fontainebleau.*

A gauche, la grand'route, bordée des deux côtés par de hautes futaies, se dirige vers le fond du paysage. Au premier plan, un grand hêtre isolé se dresse dans l'herbe d'une clairière.

Ciel chargé de nuages.

Signé à gauche.

Toile. — Haut. : 95 cm.; larg. : 1 m. 29.

MONET (Claude). — *Le Champ de foire.*

Vers le milieu d'une prairie qui occupe le premier plan, une rangée d'arbres traverse le champ de foire.

De toutes parts, la foule se presse devant les baraques, dont l'une, à droite, est pavoisée de drapeaux.

Signé à droite.

Toile. — Haut. : 60 cm. ; larg. : 80 cm.

MONTICELLI (Adolphe) — (1824-1886). — *Portrait d'homme.*

Vu de face, en buste, cheveux bruns, fortes moustaches, vêtement noir, gilet très ouvert laissant voir le blanc de la chemise et du col et la cravate noire.

Panneau. — Haut. : 65 cm. ; larg. : 51 cm.

MORISOT (Berthe) — (1841-1895). — *Sur la terrasse.*

Une femme, en robe mauve et chapeau de paille, est assise dans un fauteuil, sur une terrasse, devant une chaise sur laquelle est posé son ouvrage. A gauche, au delà de la balustrade, on aperçoit une falaise avec des personnages. Au fond, des bateaux à voiles sur la mer.

Toile. — Haut. : 45 cm. ; larg. : 54 cm.

PISSARRO (Camille) — (1830-1903). — *Paysage.*

A gauche, une allée ombragée où passent deux femmes et un cavalier.

A droite, se détachant sur un rideau d'arbres, au fond d'une prairie, une maisonnette.

Nuages blancs dans le ciel.

Signé à droite et daté 1872.

Toile. — Haut. : 49 cm. ; larg. : 64 cm.

PISSARRO (Camille). — *La Grand'route.*

Au premier plan, à la sortie du village et bordée d'arbres, la grand'route où passent une charrette couverte d'une bâche et des piétons. A droite, en bordure, plusieurs tas de pierres.

Signé à gauche et daté 1870.

Toile. — Haut. : 38 cm ; larg. : 45 cm.

PISSARRO (Camille). — *Lisière d'un bois aux environs de Paris en hiver.*

Au premier plan, un garçonnet est assis sur un tertre où une femme ramasse du bois mort.

Plus loin, à travers les arbres dépouillés, on aperçoit les maisons du village.

Signé à gauche.

Toile. — Haut. : 37 cm. ; larg. : 46 cm.

PISSARRO (Camille). — *Paysage aux environs de Paris.*

Au premier plan, dans une prairie, une femme et une fillette sont assises sous un pommier.

A droite, les terres labourées et un chemin conduisant au village que l'on aperçoit au loin.

Signé à gauche et daté 1870.

Toile. — Haut. : 45 cm. ; larg. : 55 cm.

PISSARRO (Camille). — *Paysage.*

A droite d'un chemin, des terres labourées et un tas de bois ; à gauche, sur le talus bordé de petits arbres, une chèvre gardée par une fillette.

Dans le fond, les maisons du village se détachent sur le ciel clair, parsemé de nuages.

Signé à droite.

Toile. — Haut. : 49 cm. ; larg. : 79 cm.

PUVIS DE CHAVANNES (Pierre) — (1824-1898). — *L'Espérance.*

Elle est représentée sous les traits d'une jeune fille nue, assise sur un tertre recouvert d'une draperie blanche et tenant à la main un rameau vert.

Derrière elle, on aperçoit, dans la plaine, des tombes et des ruines.

Au bas du ciel, les premières lueurs de l'aube.

Signé à gauche.
N° 19 du catalogue de l'Exposition Puvis de Chavannes, galeries Durand-Ruel, 1899.
Cité dans *Puvis de Chavannes*, par Marius Vachon (Paris, 1895), page 70.
Reproduit dans *Puvis de Chavannes*, par A. Alexandre (Londres, chez Newnes), page 60.

Toile. — Haut. : 70 cm. ; larg. : 79 cm.

PUVIS DE CHAVANNES (Pierre). — *Marseille, colonie grecque.*

Au bord de la mer bleue, près d'arbustes et d'orangers, deux femmes, l'une drapée de rouge, l'autre vue de profil et tressant un panier, sont assises. Auprès d'elles, un jeune garçon nu, les jambes relevées, est couché sur le sable.

A gauche, près du rivage, un îlot.

Signé à gauche.

Première pensée pour la décoration : Marseille, colonie grecque, au Palais de Longchamp, à Marseille, citée dans Marius Vachon, *Puvis de Chavannes*, page 98.

Toile. — Haut. : 59 cm. ; larg. : 72 cm.

PUVIS DE CHAVANNES (Pierre). — *Femme nue.*

Elle est assise dans un verger, sur des rochers couverts de mousse, au bord d'un ruisseau et lève le bras pour cueillir des fruits dont elle remplit un panier posé à côté d'elle.

Signé à droite.

Toile. — Haut. : 40 cm.; larg. : 24 cm.

PUVIS DE CHAVANNES (Pierre). — *Portrait de M. Villiers.*

Il est vu de face, jusqu'à la naissance des épaules, en col blanc et cravate noire. Cheveux, favoris et moustaches noirs.

Signé à droite et daté 1851.

Panneau. — Haut. : 30 cm. ; larg. : 26 cm.

RENOIR (Pierre-Auguste). — *La Parisienne.*

Une jeune femme, vue de trois quarts vers la gauche, les yeux noirs et la figure souriante, est debout, la tête de face. Sa robe bleue à corsage garni d'une double rangée de boutons se détache sur un fond clair. De larges manchettes blanches retombent sur ses mains gantées et croisées à hauteur de la ceinture ; le bout de son pied dépasse le bas de sa jupe à volant et à pouf.

Du petit chapeau, orné d'une rose, quelques mèches de cheveux s'échappent sur le front.

Signé à gauche et daté 1874.

N° 143 du catalogue de la première Exposition des Impressionnistes, Paris, 1874.

Toile. — Haut. : 1 m. 60 ; larg. : 1 m. 06.

J.-F. MILLET

PAYSAGE D'AUVERGNE

(Le Puy-de-Dôme)

Photo E. Druet.

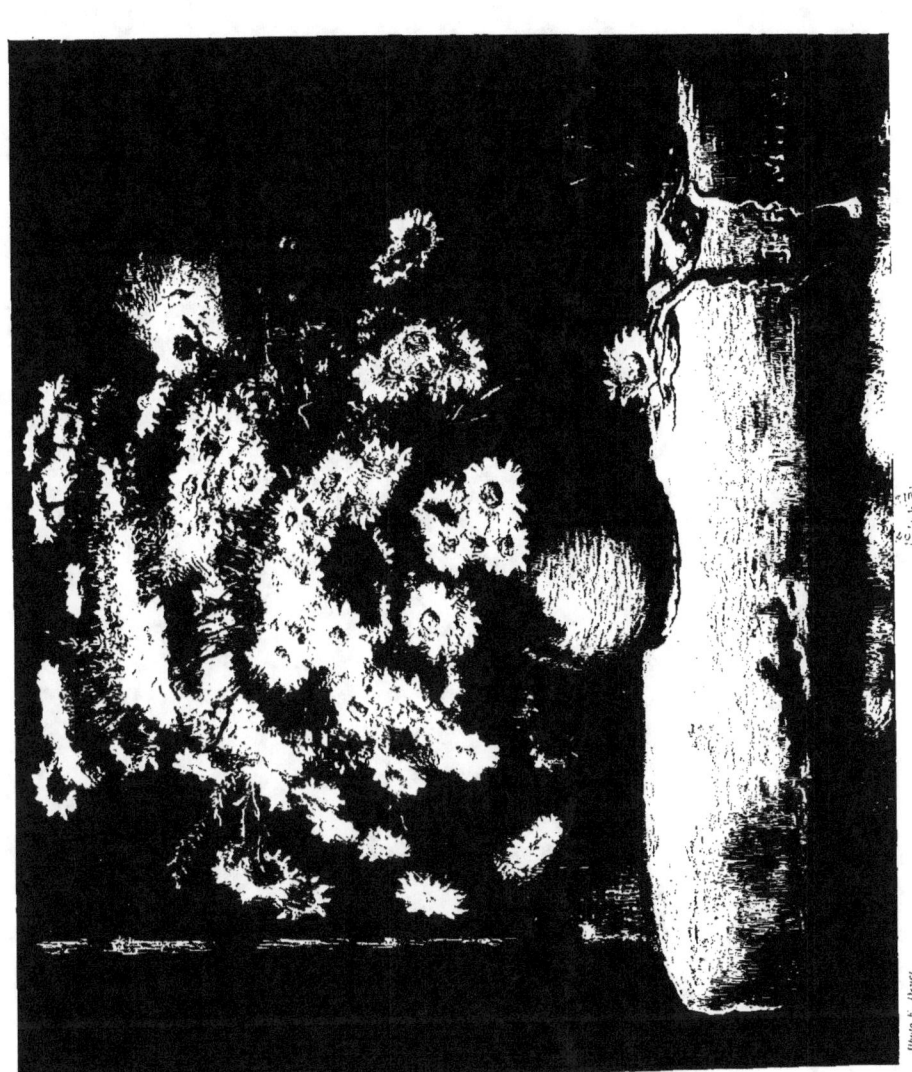

J.-F. MILLET

LE BOUQUET DE MARGUERITES

CATALOGUE

RENOIR (Pierre-Auguste). — *Allée cavalière au Bois de Boulogne.*

Dans une allée au Bois, un jeune garçon, sur un poney, galope à côté d'une amazone vêtue de noir et qui monte un cheval gris au trot.

A droite, un rideau d'arbres et à gauche, au fond du paysage, les eaux du lac.

Signé à gauche et daté 1873.
Refusé au Salon de 1873.
Cité dans Th. Duret, *Histoire des peintres impressionnistes*, page 132.
Reproduit dans Meier-Graefe, *Entwicklungsgeschichte der modernen Kunst*, tome III, page 85.

Toile. — Haut. : 2 m. 61 ; larg. : 2 m. 26.

RENOIR (Pierre-Auguste). — *Femme dans un jardin.*

Assise dans un jardin devant un treillage orné de plantes grimpantes, elle est vue de profil à droite, en costume bleu foncé à parements de velours gris, coiffée d'un petit chapeau garni de plumes, la main droite gantée, la main gauche posée sur une table, près d'un bouquet de violettes.

Signé à gauche.

Toile. — Haut.: 1 m. 05 ; larg. : 71 cm.

RICARD (L.-Gustave) — (1824-1873). — *Portrait de M. Moreau.*

Il est vu en buste, de trois quarts à gauche, les cheveux, la barbe et les moustaches noirs, en vêtement sombre sur lequel se détache le col blanc.

N° 6 du catalogue de la vente Ricard, 20 juin 1873.
N° 574 du catalogue de l'Exposition centennale de l'Art français, 1900.

Toile. — Haut. : 55 cm. 1/2 ; larg. : 42 cm. 1/2.

RICARD (L.-Gustave). — *Nature morte.*

Sur une table d'atelier, devant un flacon d'essence, sont posés deux pinceaux, deux vessies à couleur et un godet.

N° 578 du catalogue de l'Exposition centennale de l'Art français, 1889.

Panneau. — Haut. : 31 cm. ; larg. : 24 cm.

ROUSSEAU (Théodore) — (1812-1867). — *Paysage.*

Au milieu d'une plaine, dans la forêt de Fontainebleau, des chênes près de blocs de rocher.

A droite, cachet de la vente Th. Rousseau.

Panneau. — Haut. : 44 cm.; larg. : 52 cm.

ROUSSEAU (Théodore). — *Vue de la ville de Bressuire (Deux-Sèvres).*

Au crépuscule, les terrains du premier plan, déjà à demi dans l'ombre.
Dans le lointain, la ville et le clocher de l'église détachent leur silhouette sur le ciel.

Signé à gauche.
Cité dans *Souvenirs sur Théodore Rousseau*, par A. Sensier.

Toile. — Haut. : 21 cm.; larg. : 32 cm.

ROUSSEAU (Théodore). — *Paysage à Thiers (Puy-de-Dôme).*

Dans le haut du paysage, des maisons sont adossées à un rideau de verdure. Entre deux rochers à pic, se déverse la nappe écumeuse d'une chute d'eau.

A droite, cachet de la vente Th. Rousseau.

Toile. — Haut. : 44 cm.; larg. : 31 cm.

ROUSSEAU (Théodore). — *Portrait de l'artiste.*

Il s'est représenté en buste, les cheveux noirs ébouriffés, un foulard rouge au cou, en chemise blanche.
A droite, sur le mur, des tableaux encadrés.

A droite, cachet de la vente Th. Rousseau.

Toile. — Haut. : 23 cm.; larg. : 18 cm.

STEUBEN (Charles, Baron de) — (1788-1856). — *Portrait d'Eugène Delacroix.*

Il est vu de face et en buste, en redingote, col blanc et cravate blanche, la figure rasée, les cheveux noirs légèrement bouclés.

Cité et reproduit dans *Eugène Delacroix*, par Alfred Robaut, page XLVI, n° 10.

Toile. — Haut. : 62 cm.; larg. : 48 cm. 1/2.

CATALOGUE

TASSAERT (Octave) — (1800-1874). — *Femme et Fillette dans la neige.*

Assises sur le seuil d'une porte fermée, elles dorment, près d'un tas de fagots.

La petite fille appuie sa tête sur les genoux de la femme qui est adossée au mur.

Signé des initiales O. T., à droite.
Cité dans *Octave Tassaert*, par Bernard Prost, page 41, n° 208.

Toile. — Haut. : 41 cm.; larg. : 32 cm. 1/2.

TASSAERT (Octave). — *Le Retour du bal.*

Une jeune femme en costume de soirée est assise dans un fauteuil, la tête appuyée sur un oreiller. Debout près d'elle, sa mère, en robe grise, lui prend la main. A terre, un loup de velours noir.

A droite, sur une chaise, une sortie de bal. Dans le fond, une table de toilette.

Signé à gauche et daté 1855.
N° 624 du catalogue de l'Exposition centennale de l'Art français, 1889.
N° 42 du catalogue de la vente Gachardy, 8 décembre 1862.
Cité et reproduit dans *Octave Tassaert*, par Bernard Prost, page 28, n° 118.

Toile. — Haut. : 54 cm.; larg. : 45 cm.

TASSAERT (Octave). — *La Tentation de Saint Antoine.*

Saint Antoine, le capuchon ramené sur la tête, les deux mains jointes sur la Bible, prie avec ferveur sans détourner la tête vers trois femmes demi-nues qui sont derrière lui.

Signé des initiales O. T., à droite.
Cité dans *Octave Tassaert*, par Bernard Prost, page 39, n° 186.

Toile. — Haut. : 60 cm.; larg. : 50 cm.

TASSAERT (Octave). — *Liseuse dans un bois.*

Vêtue d'une robe grise et couchée sur une draperie rouge, elle s'appuie sur le coude droit et tient de la main gauche le papier qu'elle lit.

Signé des initiales O. T., à droite.
Cité dans *Octave Tassaert*, par Bernard Prost, page 50, n° 286.

Toile. — Haut. : 32 cm.; larg. : 24 cm.

TASSAERT (Octave). — *Suicide d'une ouvrière.*

Vêtue d'une robe bleue, la tête penchée en avant, la main gauche appuyée sur le marbre, elle est assise sur une chaise devant la cheminée.

A ses pieds, un réchaud allumé et une lettre décachetée.

Signé des initiales O. T., à droite.

Toile. — Haut. : 32 cm.; larg. : 24 cm.

TASSAERT (Octave). — *Les Enfants au lapin.*

Une fillette présente un lapin à un enfant vêtu de blanc, aux cheveux blonds bouclés, debout devant elle.

Signé à droite.
Cité dans *Octave Tassaert*, par Bernard Prost, page 27, n° 104.

Toile. — Haut. : 32 cm.; larg. : 24 cm.

TOULOUSE-LAUTREC (Henri de) — (1864-1901). — *Femme dans un jardin.*

Vue de trois quarts à gauche en robe grise, elle est assise, les mains croisées sur les genoux. Quelques mèches de ses cheveux coiffés en casque retombent sur son front.

Dans le fond, les arbres du jardin.

Signé à gauche.

Peinture sur carton. — Haut. : 89 cm.; larg. : 62 cm.

TROYON (Constant) — (1810-1865). — *Le Poudreux, près Honfleur.*

Au premier plan, quelques oiseaux de mer. Plus loin, un pêcheur, dans l'eau jusqu'à mi-jambes, son filet sur l'épaule, regagne le rivage. A gauche, sur la mer, des bateaux ; à droite, les maisons du village et des massifs d'arbres.

Effet de matin, ciel gris.

A droite, cachet de la vente Troyon.

Panneau. — Haut. : 36 cm.; larg. : 46 cm.

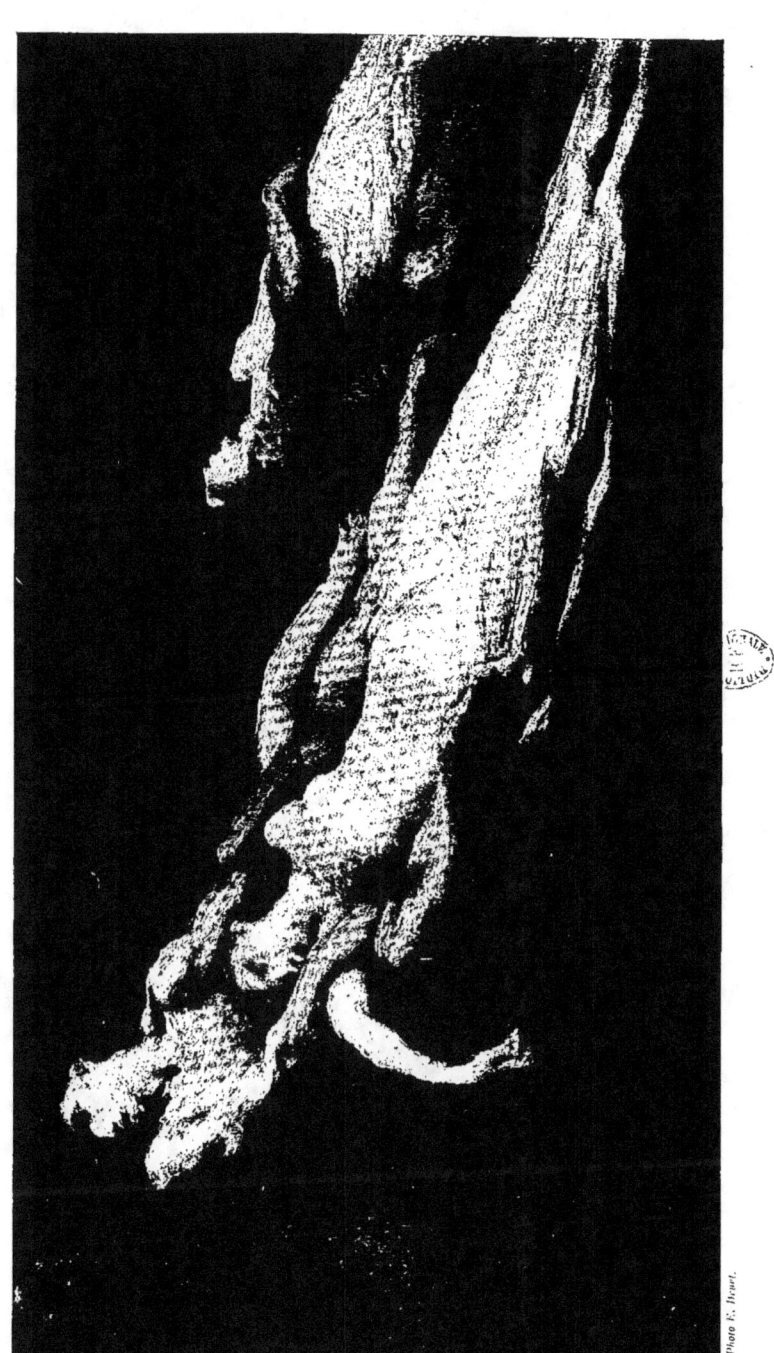

J.-F. MILLET
LES ÉTOILES FILANTES

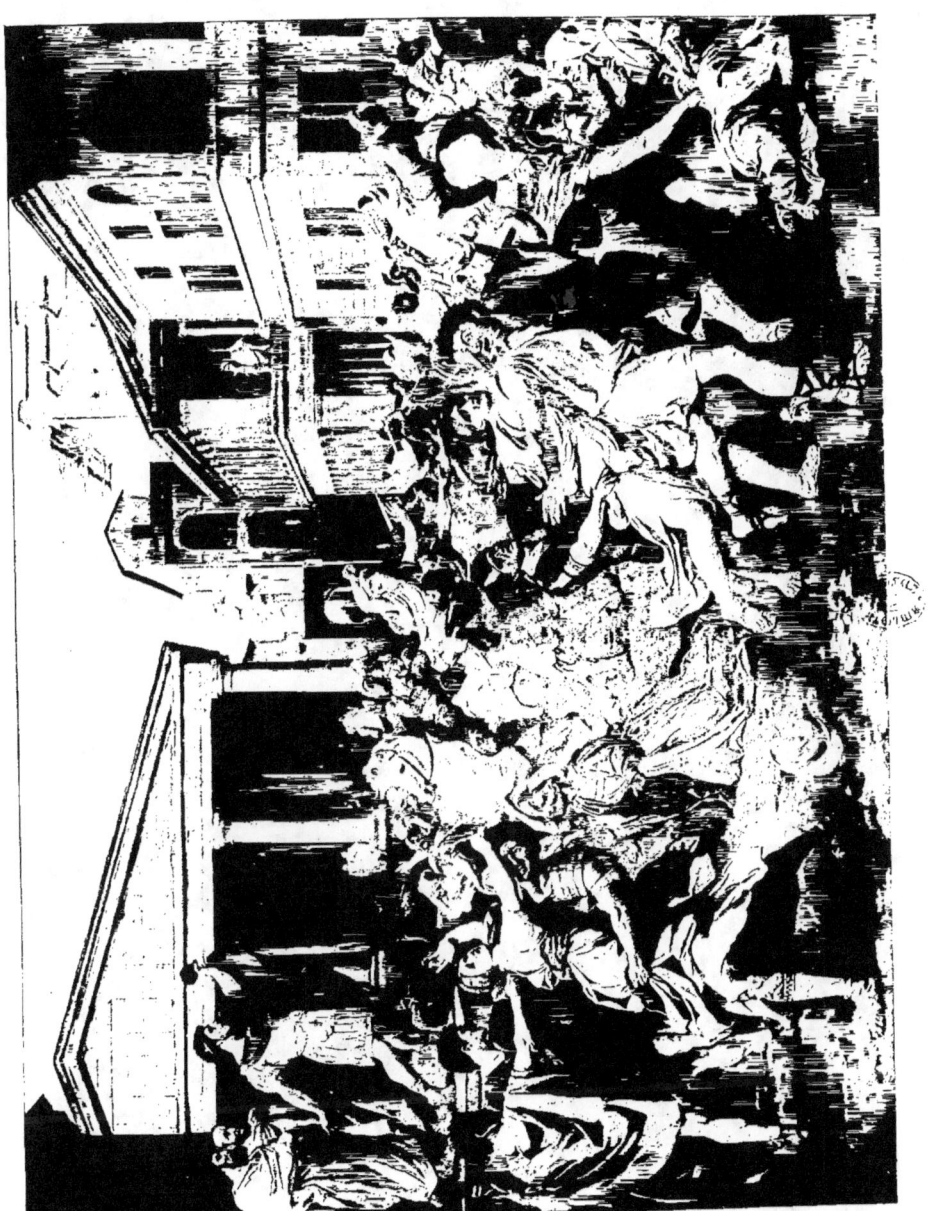

E. DEGAS, d'après POUSSIN
L'ENLÈVEMENT DES SABINES

DESSINS ET PASTELS

BARYE (A.-L.) — (1795-1875). — *Panthère noire*.

Une panthère noire marche dans un paysage montagneux.

Signé à gauche.
N° 119 du catalogue de la vente Barye, 7 février 1876.
N° 5 du catalogue de l'Exposition centennale de l'Art français, 1889, sous le titre, *Lion traversant un passage de montagne*.

Aquarelle. — Haut. : 23 cm. ; larg. : 30 cm.

BARYE (A.-L.). — *Tigre*.

Il est couché sur l'herbe, étendu sur le dos, les pattes ramenées vers le corps.

Fond de rochers.

Signé vers le haut, à droite.
N° 699 du catalogue de l'Exposition centennale de 1900, sous le titre : *Tigre renversé*.
Au verso, cachet de la vente Barye.

Aquarelle. — Haut. : 21 cm. ; larg. : 27 cm.

BELLANGER (Georges). — *Au Café*.

Deux femmes sont attablées dans un café. Au fond, se reflétant dans une glace, la silhouette des consommateurs.

Dessin au crayon noir. — Haut. : 31 cm. ; larg. : 36 cm. 1/2.

BONVIN (François) — (1817-1887). — *La Cuisinière.*

En grande coiffe blanche, elle rentre du marché et pose sur une table les légumes qu'elle sort de son panier.

Signé à droite et daté 1861.

Dessin au crayon noir. — Haut. : 41 cm. ; larg. : 31 cm.

BOSIO (Jean-François) — (1764-1827). — *Les Joueurs de loto.*

Dans un salon éclairé par deux lampes suspendues au plafond, des hommes et des femmes en costume Directoire sont réunis autour d'une table et jouent au loto. Un jeune homme, debout, appelle les numéros. Adossé à la cheminée, un homme âgé regarde les joueurs.

N° 740 du catalogue de l'Exposition centennale de l'Art français, 1900.

Dessin à la plume et au lavis. — Haut. : 27 cm. 1/2 ; larg. : 42 cm. 1/2.

BOSIO (Jean-François). — *Le Concert.*

A gauche, dans un salon Directoire, un quatuor de musiciens : flûte, violon, violoncelle et serpent, le violon debout, les trois autres assis. A droite, un groupe d'hommes et de jeunes femmes décolletées.

Dessin à la plume et au lavis. — Haut. : 31 cm. ; larg. : 42 cm. 1/2.

BOUDIN (Eugène) — (1824-1898). — *Vue de la ville de Dordrecht.*

Au premier plan, un quai où sont amarrés des bateaux ; au fond, une église.

Signé à droite et daté, Dordrecht, 1875.

Aquarelle. — Haut. : 24 cm. ; larg. : 31 cm.

BOUDIN (Eugène). — *Vue de Rotterdam.*

A gauche, des bateaux sont amarrés ; à droite, le bassin d'un port. Au fond, des maisons et des bateaux.

Signé à droite et daté, Rotterdam, 1875.

Aquarelle. — Haut. : 25 cm. ; larg. : 31 cm. 1/2.

CATALOGUE

BOUDIN (Eugène). — *Vue d'un canal.*

Au premier plan, le cours du canal va en s'élargissant. Plus loin, quelques péniches le long des rives. Dans le fond, une écluse, des arbres et des maisons sur un quai.

Signé à droite.

Aquarelle. — Haut. : 19 cm. 1/2 ; larg. : 26 cm. 1/2.

BOURDON (Sébastien) — (1616-1671). — *L'Adoration des Rois Mages.*

A gauche, saint Joseph, debout, et la Sainte Vierge, assise, tenant dans ses bras l'Enfant Jésus, que viennent adorer les Rois Mages. A droite, un cheval se cabrant et des serviteurs agenouillés.

Dessin à la sépia. — Haut. : 22 cm. 1/2 ; larg. : 36 cm. 1/2.

CALS (1810-1880). — *Femme se reposant.*

Couchée sur le dos, une femme, nue, la tête appuyée sur un oreiller se repose.

A gauche, cachet de la vente Cals, et daté 24 avril 1876.

Dessin au crayon noir, rehaussé de blanc. — Haut. : 23 cm. ; larg. : 34 cm.

CALS. — *Femme assise.*

Elle est vue de face, la tête penchée vers la gauche, les mains croisées sur la ceinture.

A gauche, cachet de la vente.

Dessin au crayon noir. — Haut. : 19 cm. ; larg. : 15 cm.

CARESME (Jacques-Philippe) — (1754-1796). — *Bacchanale.*

Dans une clairière, des faunes et des faunesses sont réunis et dansent autour d'une statue de Priape devant laquelle fume un brûle-parfum soutenu par un trépied.

Signé à gauche, sur le trépied.

Dessin à la plume, rehaussé d'aquarelle. — Haut. : 37 cm. ; larg. : 54 cm.

CASSATT (Mary). — *Jeune femme tenant un enfant dans ses bras.*

Une jeune femme est vue de face, en robe blanche à fleurs rouges, tenant dans son bras gauche un enfant en chemise.

Signé à droite.

Pastel. — Haut. : 64 cm. ; larg. : 49 cm.

CHARLET (Nicolas-Toussaint) — (1792-1845). — *Un officier de la garde.*

Il est vu de dos, en habit bleu, la tête tournée vers la gauche. Au fond, un cheval mort et des cuirassiers chargeant.

Signé à gauche et daté, mai 1819.

Aquarelle. — Haut. : 9 cm. ; larg. : 7 cm.

COROT (Camille) — (1796-1875). — *La Cathédrale de Chartres.*

Au premier plan, une rivière avec des arbres dépouillés ; dans le fond, à droite, la cathédrale dominant les maisons de la ville.

Signé à gauche.

Aquarelle. — Haut. : 23 cm. ; larg. : 33 cm. 1/2.

COROT (Camille). — *A Castel-Saint-Élie.*

Au premier plan, un grand ravin boisé ; dans le fond, la ville et des montagnes.

Signé à droite et daté Castel-Saint-Élie, octobre 1829.
A gauche, cachet de la vente Corot.
Vente Corot, mai-juin 1875. (Partie du n° 522.)
Cité et reproduit dans *l'Œuvre de Corot*, par MM. Robaut et Moreau-Nélaton, tome IV, page 26, n° 2581.

Dessin à la plume. — Haut. : 26 cm. 1/2 ; larg. : 40 cm.

COROT (Camille). — *Femme nue.*

Elle est debout, la tête légèrement penchée vers la droite, les deux bras croisés au-dessus des seins.

A gauche, cachet de la vente Corot.
Vente Corot, mai-juin 1875, partie du n° 554 du catalogue.

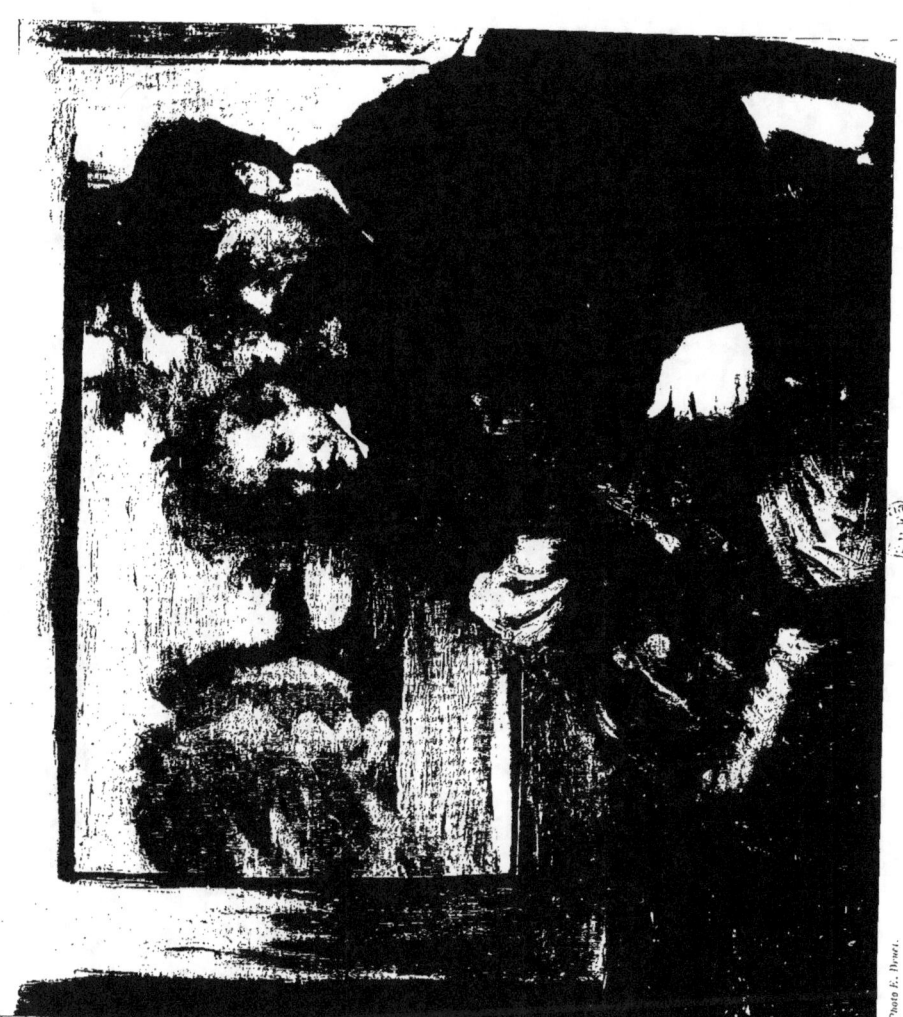

E. DEGAS

PORTRAIT DE M. HENRI ROUART ET DE SA FILLE

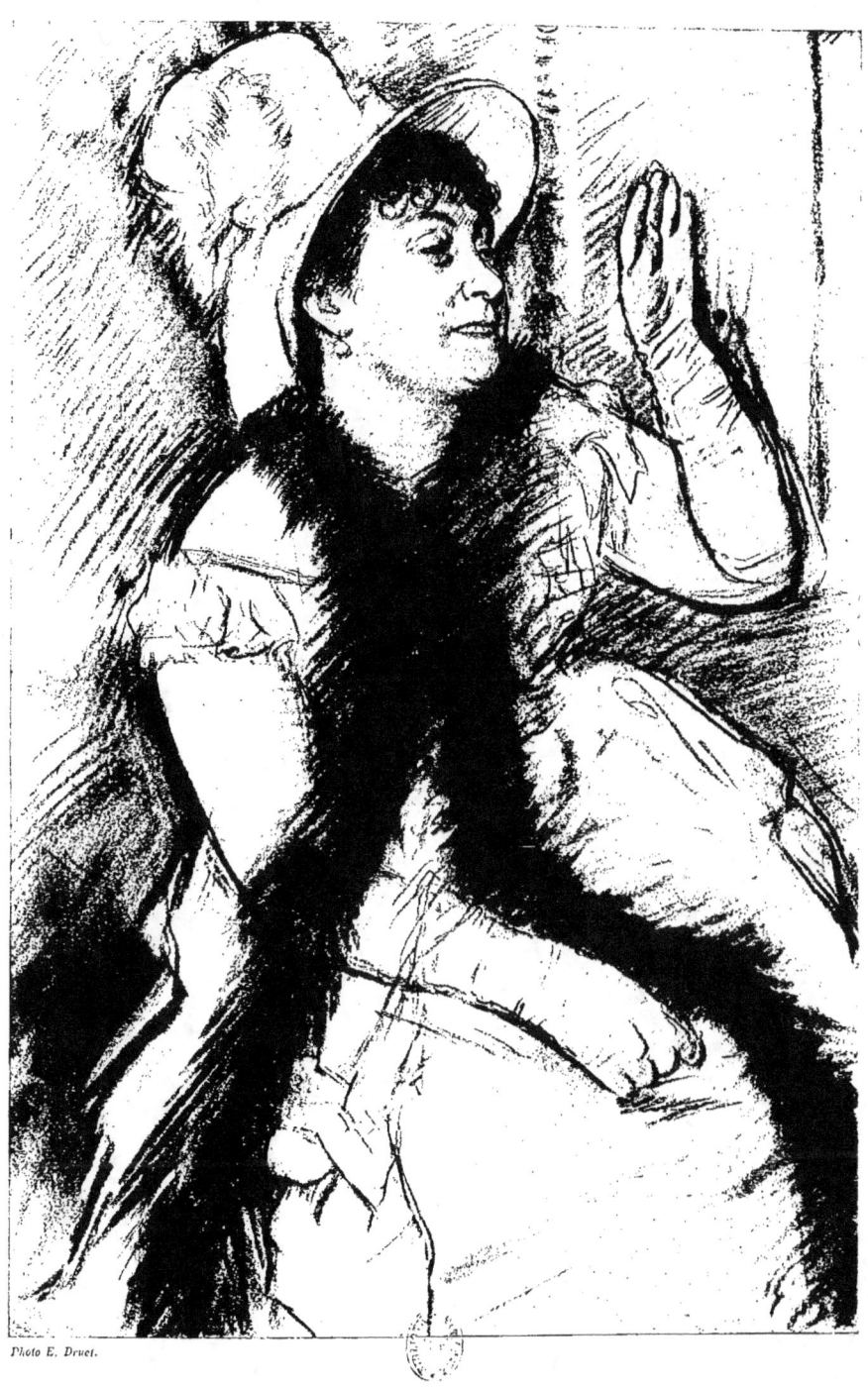
Photo E. Druet.

CATALOGUE

Exposition centennale de l'Art français, 1889, n° 122 du catalogue.
Cité dans *l'Œuvre de Corot*, par MM. Robaut et Moreau-Nélaton, tome IV, page 63, n° 2869, et reproduit tome I, page 114.

Dessin à la mine de plomb. — Haut. : 47 cm. ; larg. : 24 cm.

COROT (CAMILLE). — *Jeune femme couchée, la main sur la poitrine*.

Vêtue d'une jupe courte, le haut de la poitrine découvert, les paupières fermées, elle dort, une main appuyée sur le sol.

A gauche, cachet de la vente Corot.
Vente Corot, mai-juin 1875, partie du n° 554 du catalogue.
Cité dans *l'Œuvre de Corot*, par MM Robaut et Moreau-Nélaton, tome IV, page 52, et reproduit tome I, page 74, n° 2780.

Dessin à la mine de plomb. — Haut. : 28 cm. 1/2 ; larg. : 38 cm. 1/2.

COROT (CAMILLE). — *Marino*.

Une route descend dans un ravin à travers des rochers et des arbres. Au premier plan, des Italiennes et des cavaliers ; en haut, à droite, sur une colline, des maisons.

Daté, Marino, mai 1827.
A gauche, cachet de la vente Corot.
Vente Corot, mai-juin 1875, partie du n° 519.
Cité et reproduit dans *l'Œuvre de Corot*, par MM. Robaut et Moreau-Nélaton, tome IV, page 26, n° 2582.

Dessin à la mine de plomb. — Haut. : 28 cm. 1/2 ; larg. : 41 cm.

COROT (CAMILLE). — *Castel-Saint-Élie*.

Dans un site montagneux, une église est adossée à des rochers.

A gauche, cachet de la vente Corot.
Vente Corot, mai-juin 1875, partie du n° 534 du catalogue.
N° 832 du catalogue de l'Exposition centennale de l'Art français, 1900.
Cité dans *l'Œuvre de Corot*, par MM. Robaut et Moreau-Nélaton, tome IV, page 32, n° 2631, et reproduit tome I, page 37.

Dessin à la plume. — Haut. : 26 cm. 1/2 ; larg. : 44 cm. 1/2.

COROT (Camille). — *Étude d'atelier.*

Une femme est vue presque de face, s'appuyant sur le bras droit.

> Vente Corot, mai-juin 1875, partie du n° 554 du catalogue.
> Cité dans *l'Œuvre de Corot*, par MM. Robaut et Moreau-Nélaton, tome IV, page 55, n° 2801, sous le titre ; *Académie de femme assise*, et reproduit tome I, page 83.
>
> Dessin à la mine de plomb. — Haut. : 27 cm. 1/2 ; larg. : 30 cm.

COROT (Camille). — *Rome, le long de la villa Médicis.*

La rue est bordée à gauche par des maisons, à droite par un mur de jardin, au haut duquel on voit une statue dressée au milieu des feuillages, à côté d'un grand pin parasol. Dans le fond, une église.

> Daté à droite, Rome, octobre 1827.
> A gauche, cachet de la vente Corot.
> N° 359 du catalogue de la vente Doria, 5 mai 1899.
> Exposition centennale de l'Art français, 1900, n° 830 du catalogue.
> Cité et reproduit dans *l'Œuvre de Corot*, par MM. Robaut et Moreau-Nélaton, tome IV, page 26, n° 2583.
>
> Dessin à la plume, rehaussé de sépia. — Haut. : 36 cm. ; larg. : 27 cm.

COROT (Camille). — *Fillette pleurant.*

Assise à terre, les pieds nus, elle est vue de face, la tresse de ses cheveux dénouée, sa main gauche cachant sa figure.

> Reproduit dans *l'Œuvre de Corot*, par MM. Robaut et Moreau-Nélaton, tome I, page 73, et cité tome IV, page 47, n° 2746, sous le titre : *Une femme affligée*.
>
> Dessin à la mine de plomb. — Haut. : 26 cm. ; larg. : 20 cm.

COROT (Camille). — *Environs d'Albano.*

A gauche, arbres au milieu des rochers ; à droite, une route avec des cavaliers.

> A gauche, cachet de la vente Corot.
> Vente Corot, mai-juin 1875, partie du n° 520 du catalogue.
> Cité et reproduit dans *l'Œuvre de Corot*, par MM. Robaut et Moreau-Nélaton, page 26, n° 2584.
>
> Dessin à la plume. — Haut. : 31 cm. ; larg. : 29 cm. 1/2.

COROT (Camille). — *Paysage.*

Un chemin bordé d'arbres et de rochers.

A gauche, cachet de la vente Corot, mai-juin 1875.
Cité dans *l'Œuvre de Corot*, par MM. Robaut et Moreau-Nélaton, tome IV, page 18, n° 2533.

Dessin à la mine de plomb. — Haut. : 33 cm. 1/2 ; larg. : 41 cm.

COROT (Camille). — *Environs de Royat.*

Amas de rochers sous des arbres touffus.

Signé à droite et daté, Royat, 2 août 1839.
A gauche, cachet de la vente Corot.
Vente Corot, mai-juin 1875, partie du n° 520 du catalogue.
Cité dans *l'Œuvre de Corot*, par MM. Robaut et Moreau-Nélaton, tome IV, page 44, n° 2713, et reproduit tome I, page 77.

Dessin à la plume et à la mine de plomb. — Haut. : 28 cm. ; larg. : 42 cm. 1/2.

COROT (Camille). — *Un vieillard.*

Un vieillard, nu, à grande barbe et à longs cheveux, est vu de profil à droite, couché, et s'appuyant sur le coude gauche.

A gauche, cachet de la vente Corot.
Vente Corot, mai-juin 1875 ; partie du n° 554 du catalogue.
Cité dans *l'Œuvre de Corot*, par MM. Robaut et Moreau-Nélaton, tome IV, page 52, n° 2773, et reproduit tome I, page 85.

Dessin à la mine de plomb. — Haut. : 22 cm. 1/2 ; larg. : 32 cm. 1/2.

COROT (Camille). — *Arbres dans les rochers.*

Parmi les rochers, plusieurs arbres. Une Italienne et deux enfants passent vers la gauche du paysage.

A gauche, cachet de la vente Corot.
Vente Corot, mai-juin 1875, partie du n° 534 du catalogue.
Cité et reproduit dans *l'Œuvre de Corot*, par MM. Robaut et Moreau-Nélaton, tome IV, page 16, n° 2526.

Dessin à la mine de plomb. — Haut. : 28 cm. 1/2 ; larg. : 37 cm.

COROT (Camille). — *Étude pour l'incendie de Sodome.*

Un homme nu s'enfuit, les mains levées au-dessus de la tête.

A gauche, cachet de la vente Corot.
Cité dans *l'Œuvre de Corot*, par MM. Robaut et Moreau-Nélaton, tome IV, page 47, sous le n° 2735, et reproduit tome I, page 102.

Dessin à la mine de plomb. — Haut. : 31 cm. ; larg. : 23 cm.

DAUBIGNY (Charles) — (1817-1878). — *Paysage.*

A droite, des arbres sur la pente d'un ravin ; à gauche, des rochers à pic, dominés par des fortifications.

Signé à droite.
N° 131 du catalogue de l'Exposition centennale de l'Art français, 1889.

Dessin au crayon noir. — Haut. : 38 cm. ; larg. : 46 cm.

DAUMIER (Honoré) (1808-1879). — *La Parade foraine.*

Sur les tréteaux d'un théâtre de foire, le personnel cherche à attirer le public. Le directeur commente à pleine voix l'enseigne où est peint un crocodile ; une grosse femme montre l'entrée de la baraque, faisant signe, des doigts levés, que l'entrée ne coûte que deux sous. Le paillasse, au justaucorps rouge, grimace et se contorsionne, tandis que deux musiciens, en uniforme de fantaisie, s'apprêtent à jouer.

N° 20 du catalogue de la vente Alexandre Dumas fils, 16 février 1882.
N° 137 du catalogue de l'Exposition centennale de l'Art français, 1889.
Cité dans *Honoré Daumier*, par Arsène Alexandre, page 377, et reproduit page 169.

Aquarelle. — Haut. : 26 cm. 1/2 ; larg. : 36 cm. 1/2.

DAUMIER (Honoré). — *La Gare Saint-Lazare.*

Des hommes, des femmes et des enfants, se pressent pour prendre le train que l'on aperçoit dans le fond, à gauche.

Signé à droite.
N° 138 du catalogue de l'Exposition centennale de l'Art français, 1889.
Cité dans *Honoré Daumier*, par Arsène Alexandre, page 377, sous le titre : *Départ du train.*

Aquarelle. — Haut. : 14 cm. 1/2 ; larg. : 25 cm.

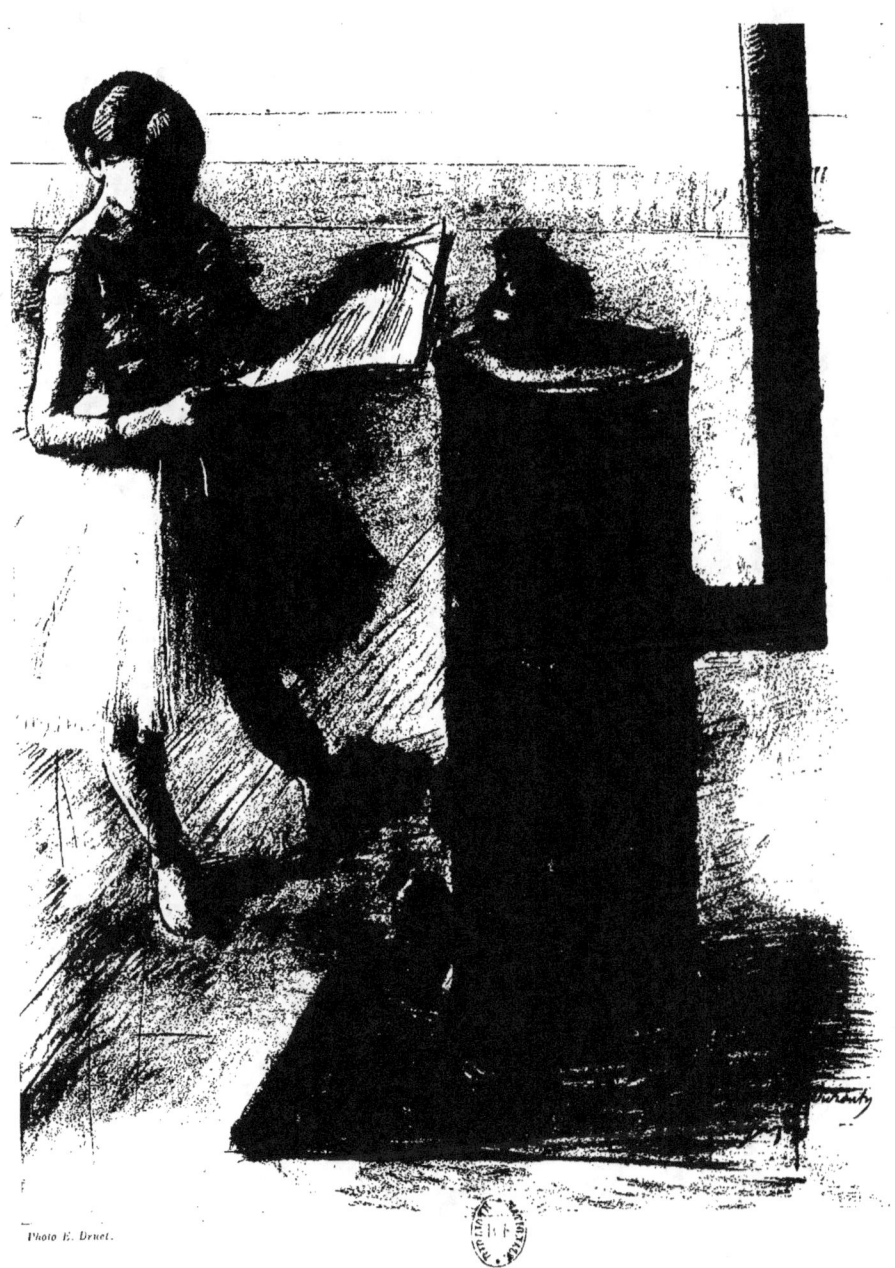

Photo E. Druet.

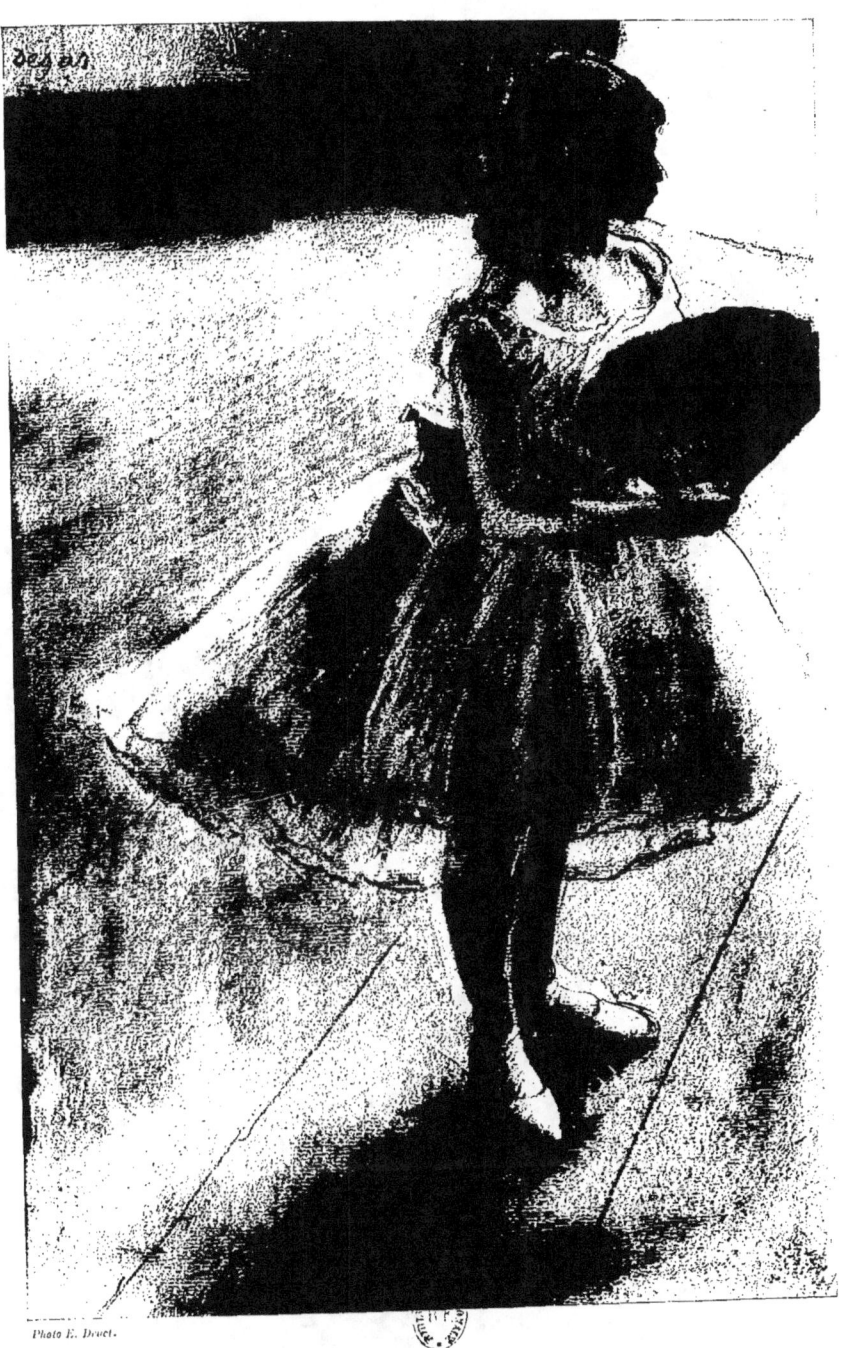

CATALOGUE

DAUMIER (Honoré). — *Au théâtre.*

Au premier plan, assises en pleine lumière, trois femmes décolletées assistent au spectacle. Derrière elles, dans la pénombre, un vieillard, vu de profil, et un homme à favoris noirs.

<small>Signé des initiales H. D., à droite.</small>

<small>Aquarelle. — Haut. : 19 cm. ; larg. : 26 cm.</small>

DAUMIER (Honoré). — *Le Concert.*

Un homme, assis dans un fauteuil, écoute les musiciens qui jouent derrière lui.

<small>Signé des initiales H. D., à gauche.</small>

<small>Dessin au crayon noir et à la plume, rehaussé de lavis. — Haut. : 29 cm. ; larg. : 23 cm. 1/2.</small>

DAUMIER (Honoré). — *Vieille femme.*

Vue en buste et de trois quarts à gauche, elle est coiffée d'un bonnet d'où s'échappent ses cheveux en désordre.

<small>Signé des initiales H. D., à gauche.</small>

<small>Dessin au crayon noir, rehaussé d'aquarelle. — Haut. : 10 cm. ; larg. : 8 cm.</small>

DAUMIER (Honoré). — *Les Buveurs.*

Leur verre à la main, deux hommes, l'un vis-à-vis de l'autre, se versent à boire.

<small>Signé à droite.</small>

<small>Dessin au crayon noir, rehaussé de lavis. — Haut. : 26 cm. ; larg. : 20 cm.</small>

DAUMIER (Honoré). — *Robert Macaire.*

Quatre personnages dans un même cadre : Robert Macaire en buste, cheveux et favoris roux, le chapeau sur la tête ; l'acteur Bocage dans un drame, tenant de la main gauche un poignard ensanglanté ; Robert Macaire en buste, mais sans chapeau ; Bertrand en buste.

<small>Initiales H. D., sur chaque aquarelle signée.</small>

<small>Cité dans *Honoré Daumier*, par Arsène Alexandre, page 378. L'un des dessins est reproduit à la page 137 du même ouvrage, sous le titre : *Robert Macaire.*</small>

<small>Dimensions de chaque aquarelle. — Haut. : 13 cm. ; larg. : 10 cm.</small>

DAUMIER (Honoré). — *Un « ex-lion »*.

En habit noir ouvert, la main gauche passée dans l'entournure du gilet blanc, il se tient debout, le coude appuyé sur un meuble.

Signé des initiales H. D., à gauche.
A droite, la légende : « Un ex-lion. »
Cité dans *Honoré Daumier*, par Arsène Alexandre, page 377, sous le titre : *Un Ex-beau*.

Plume et lavis. — Haut. : 20 cm. ; larg. : 13 cm.

DAUMIER (Honoré). — *Au bureau d'un théâtre*.

Des spectateurs viennent prendre leurs places. Un homme, en chapeau haut de forme, se penche vers le guichet.

Signé des initiales H. D., à droite.

Dessin à la plume et au lavis. — Haut. : 23 cm. ; larg. : 16 cm.

DAUMIER (Honoré). — *Au bal masqué*.

En habit noir, le chapeau sur la tête, deux hommes, dont l'un est affublé d'un énorme faux nez et de grosses lunettes, sont assis sur une banquette ; devant eux, un pierrot, debout, les mains sur ses genoux ployés, les regarde en riant.

Cité dans *Honoré Daumier*, par Arsène Alexandre, page 377.

Préparation, au lavis, pour une gravure sur bois. — Haut. : 15 cm. ; larg. : 21 cm. 1/2.

DAUMIER (Honoré). — *La Tasse de café*.

Un homme, coiffé d'un chapeau défoncé, un foulard noir autour du cou, en redingote couleur marron, est assis, vu à mi-corps, devant une table. D'une main, il tient une tasse, de l'autre une soucoupe dans laquelle il a versé du café.

Signé des initiales H. D., à droite.

Aquarelle. — Haut. : 29 cm. ; larg. : 24 cm.

DAUMIER (Honoré). — *Études d'avocats*.

Un homme du peuple, sa casquette à la main, est debout devant deux avocats dont l'un tient un papier.

Signé des initiales H. D, à droite.

Dessin à la plume, rehaussé de lavis. — Haut. : 22 cm. ; larg. : 31 cm.

DAUMIER (Honoré). — *A l'audience.*

Trois magistrats siègent à l'audience. Le président, la toque sur la tête, se penche vers son collègue de gauche. Le troisième juge somnole.

Cité dans *Honoré Daumier*, par Arsène Alexandre, page 378.

Dessin à la plume et au lavis. — Haut. : 13 cm. ; larg. : 24 cm. 1/2.

DAUMIER (Honoré). — *Déménagement du* Constitutionnel.

Un vieillard joufflu, coiffé d'un bonnet de coton, un chapeau dans la main gauche, une béquille sur l'épaule droite, est assis au milieu d'accessoires de toute sorte, transportés sur une charrette à bras. Dans les brancards, un homme tire péniblement, tandis que deux autres poussent avec force.

Cité dans *Honoré Daumier*, par Arsène Alexandre, page 378, sous le titre : *Déménagement*.

Dessin à la mine de plomb et au crayon noir. — Haut. : 29 cm. 1/2 ; larg. : 43 cm.

DAUMIER (Honoré). — *Un Buveur.*

Il est attablé, un verre à la main.

Signé du monogramme, à droite.
Cité dans *Honoré Daumier*, par Arsène Alexandre, page 377.

Dessin au crayon noir, rehaussé de lavis. — Haut. : 17 cm. 1/2 ; larg. : 14 cm. 1/2.

DAUMIER (Honoré). — *Les Saltimbanques.*

Un saltimbanque, debout, bat le tambour. A droite, un enfant est accroupi sur un tapis ; à gauche, près d'une vieille femme assise, un jeune garçon est debout. Au fond, les baraques de la foire et la foule des badauds.

Dessin à la plume, rehaussé de lavis. — Haut. : 31 cm. 1/2 ; larg. : 38 cm. 1/2.

DAUMIER (Honoré). — *Malade alité.*

Il est couché, la tête inclinée sur l'épaule droite.

Dessin à la plume et au lavis. — Haut. : 12 cm. ; larg. : 22 cm.

DAUMIER (Honoré). — *Deux croquis.*

    I. — Tête de femme encapuchonnée et vue de trois quarts à gauche.

Signé des initiales H. D., à droite.

Dessin à la plume et au lavis. — Haut. : 12 cm. ; larg. : 10 cm.

    II. — Tête d'homme vu de face et riant.

Signé des initiales H. D., à gauche.

Dessin à la plume. — Haut. : 17 cm. ; larg. : 13 cm. 1/2.

DAUMIER (Honoré). — *Têtes d'hommes et de femmes.*

    I. — Deux femmes, dont l'une a le haut de la figure recouvert d'un voile, se regardent.

Signé des initiales H. D., à droite.

Aquarelle. — Haut. : 12 cm. ; larg. : 16 cm. 1/2.

    II. — Têtes d'hommes.

Au verso : buste d'homme, de profil vers la gauche.

Signé des initiales H. D., à gauche.

Deux dessins à la plume. — Haut. : 1° 13 cm. ; larg. : 14 cm. 1/2. 2° haut. : 14 cm. ; larg. : 12 cm.

DAUMIER (Honoré). — *Avocats et Accusés.*

    I. — Un avocat vu de face, la toque sur la tête.

Signé des initiales H. D., à droite.

Dessin à la plume, lavé d'encre de Chine. — Haut. : 11 cm. ; larg. : 10 cm.

    II. — Deux accusés se regardent ; l'un, de trois quarts à droite, l'autre de profil à gauche.

Signé des initiales H. D., à droite.

Aquarelle. — Haut. : 14 cm. 1/2 ; larg. : 12 cm.

    III. — Un avocat plaidant, de profil à gauche, la main droite levée, la gauche appuyée sur la barre.

Dans le haut, la légende : *Souvenirs du Palais, l'exorde.*

Dessin à la mine de plomb. — Haut. : 15 cm. ; larg. : 12 cm.

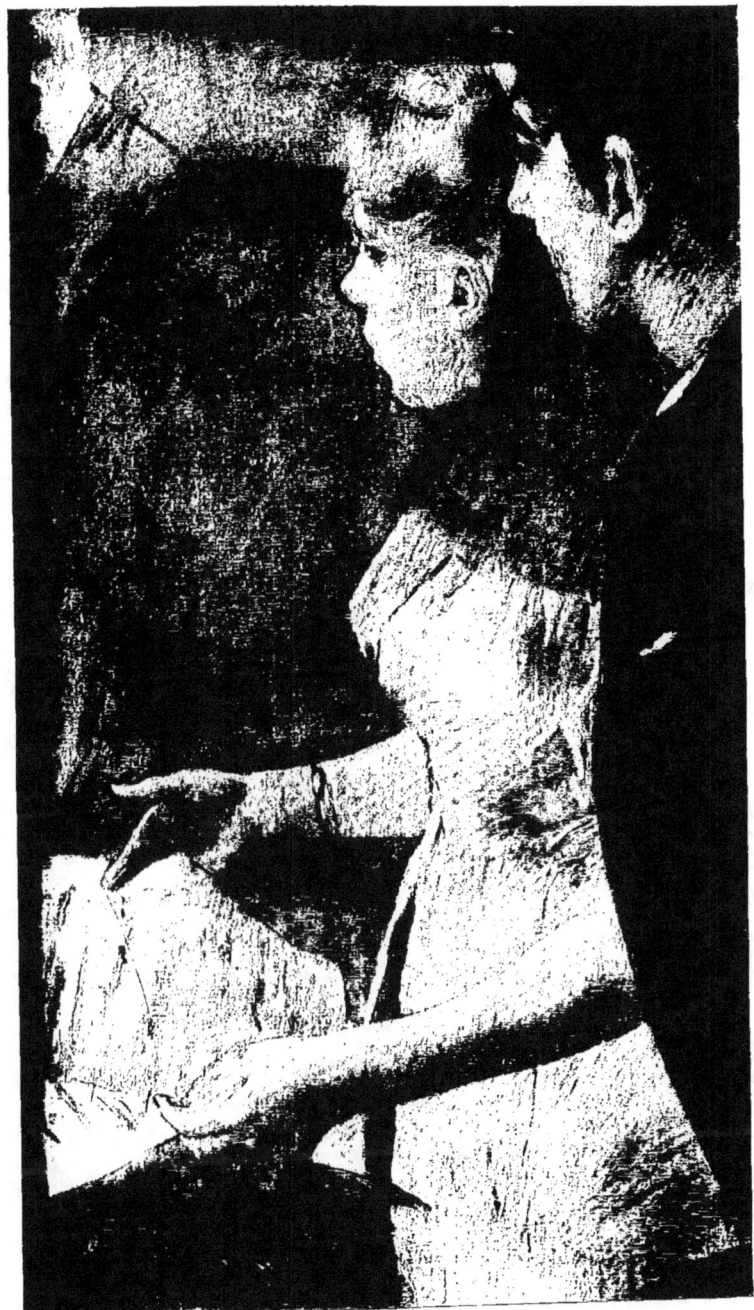

Photo E. Douet

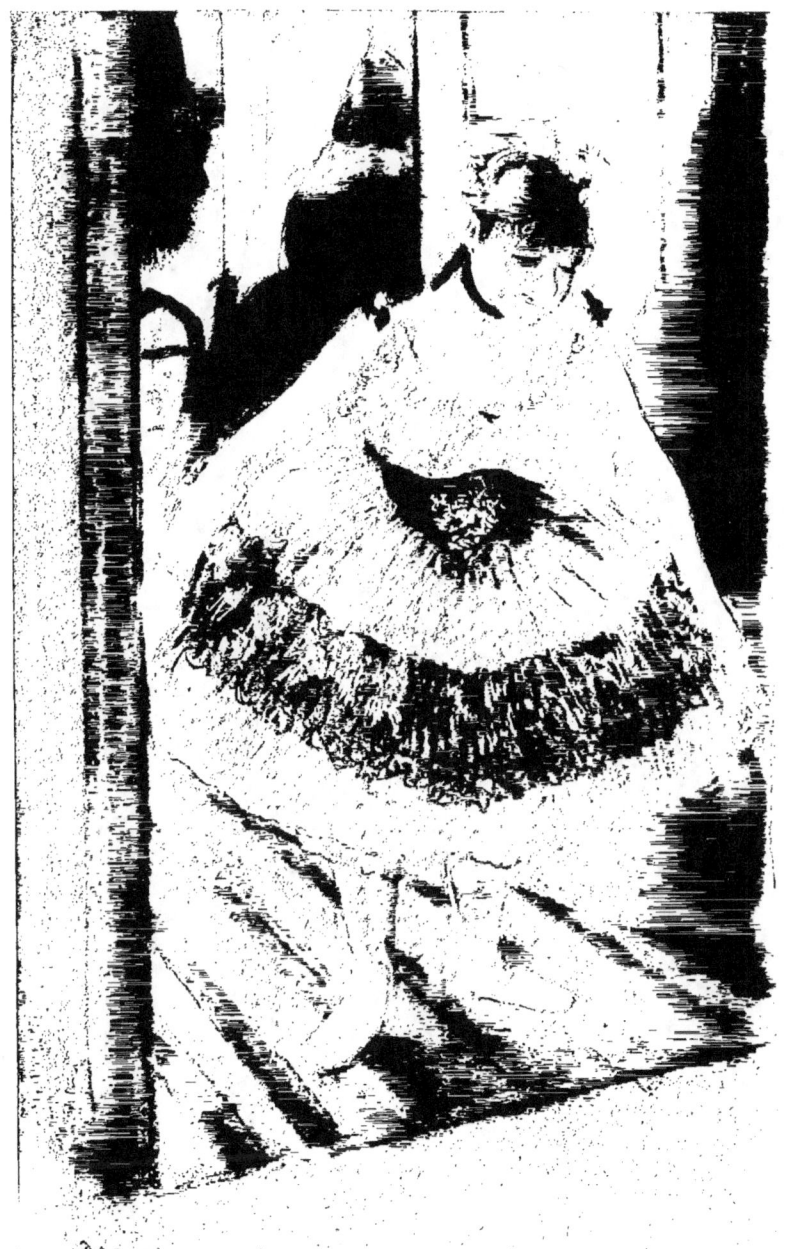

DAUMIER (Honoré). — *Apollon et Minerve.*

Apollon au crâne dénudé, en lunettes et costumé à l'antique, joue de la lyre ; tandis que Minerve, voûtée, un casque sur la tête et drapée dans une étoffe bleue, tricote.

Signé des initiales H. D., au bas de chaque dessin.

Dessin au crayon noir, rehaussé d'aquarelle. — Dimensions de chaque dessin : haut. : 28 cm. ; larg. : 19 cm.

DAUMIER (Honoré). — *Les Anciens Dieux. Jupiter.*

De profil à droite, la barbe blanche, le nez rouge, à demi enveloppé dans un grand péplum rouge, chaussé de vieilles savates, sous le bras gauche un parapluie tenant lieu de foudre, dans ses mains un mouchoir bleu à carreaux dans lequel il éternue.

Signé des initiales H. D., à droite.
Vers le milieu, la légende : *Jupiter.*

Aquarelle. — Haut. : 27 cm. ; larg. : 19 cm.

DAUMIER (Honoré). — *Junon.*

Elle est vue de face, en vieille portière, la figure tournée à gauche et tenant sous le bras un panier d'où sort une bouteille.

Dans le bas, la légende : *Junon.*
Signé des initiales H. D., à droite.

Aquarelle. — Haut. : 27 cm. ; larg. : 19 cm.

DAUMIER (Honoré). — *L'Amour.*

Il est vu de face, debout, les jambes croisées, appuyé sur un arc, en corsage ajusté et jupe de danseuse, un carquois sur le dos, les ailes ouvertes, une couronne de fleurs dans les cheveux, un monocle dans l'œil, un cigare allumé à la main droite.

Signé des initiales H. D., à droite.
A gauche, la légende : *l'Amour.*

Aquarelle. — Haut. : 27 cm. ; larg. : 9 cm.

DAUMIER (Honoré). — *Apollon.*

Vu de face, complètement chauve, portant des lunettes vertes, une auréole autour de la tête, en tunique blanche et manteau rouge, il joue de la lyre.

Signé des initiales H. D., à droite.
A gauche, la légende : *Apollon.*

Aquarelle. — Haut. : 28 cm. ; larg. : 18 cm. 1/2.

DAUMIER (Honoré). — *Diane.*

En marchande de peaux de lapins ; un croissant sur la tête, un carquois sur l'épaule, un sac sur le bras droit, dans ses mains un arc et une peau de lapin.

Signé des initiales H. D., à droite.
A gauche, la légende : *Diane.*

Aquarelle. — Haut. : 27 cm. ; larg. : 19 cm.

DAUMIER (Honoré). — *Minerve.*

Debout, en casque antique, la tête rentrée dans les épaules, la déesse, drapée dans un péplum violet, tricote un bas.

Signé des initiales H. D., au-dessus de la légende : *Minerva.*

Aquarelle. — Haut. : 28 cm. ; larg. : 18 cm. 1/2.

DAUMIER (Honoré). — *Pluton.*

En croque-mort, enveloppé dans un drap noir semé de flammes d'argent, un tricorne sur la tête, les yeux rouges, la longue barbe blanche, un trident dans la main gauche.

Signé des initiales H. D., à droite.
A gauche, la légende : *Pluton.*

Aquarelle. — Haut. : 28 cm. ; larg. : 16 cm.

DAUMIER (Honoré). — *Neptune.*

Il est vu de profil à gauche, habillé en vieil égoutier, coiffé d'une casquette grise à énorme visière verte, une ceinture de plantes aquatiques autour des reins et chaussé de grandes bottes. Tout courbé, il s'appuie des deux mains sur un vieux parapluie rouge.

Signé des initiales H. D., à droite.
Vers le milieu, la légende : *Neptune.*

Aquarelle. — Haut. : 27 cm. ; larg. : 18 cm. 1/2.

CATALOGUE

DAUMIER (Honoré). — *Mars.*

En guerrier antique, coiffé d'un casque à énorme plumet rouge, les coudes écartés du corps, la main gauche à la poignée de son sabre.

Signé des initiales H. D., à droite.
A gauche, la légende : *Mars.*

Aquarelle. — Haut. : 28 cm. ; larg. : 18 cm. 1/2.

DAUMIER (Honoré). — *Vulcain.*

En forgeron boiteux, s'appuyant sur des béquilles, les jambes protégées par un tablier de cuir.

Signé des initiales H. D., à droite.
A gauche, la légende : *Vulcain.*

Aquarelle. — Haut. : 27 cm. ; larg. : 19 cm.

DAUMIER (Honoré). — *Mercure.*

Très maigre, vu de profil, coiffé d'un chapeau ailé, le nez rouge, en veston bleu, les jambes nues, des ailettes aux pieds, le caducée sortant de la poche gauche du veston.

Signé des initiales H. D., à droite, au-dessus de la légende : *Mercure.*

Aquarelle. — Haut. : 27 cm. 1/2 ; larg. : 12 cm.

DAUMIER (Honoré). — *Bacchus.*

Debout, vu de face, une légère étoffe rouge autour du corps, le torse verdâtre, des restes de grappe dans la main droite. Sur la tête un papier collé sur charnière permet de voir le dieu couronné de pampres, ou coiffé d'un bonnet de coton.

Signé des initiales H. D., à gauche, au-dessus de la légende : *Bacchus, maladie du raisin.*

Aquarelle. — Haut. : 17 cm. 1/2 ; larg. : 12 cm.

DAUMIER (Honoré). — *Hercule.*

En portefaix, vêtu d'une peau de lion ne couvrant que les reins et l'épaule, un crochet de bois sur le dos, une massue dans la main droite, aux pieds, des gros souliers ferrés.

Signé des initiales H. D., à gauche.
Vers le milieu, la légende : *Hercule.*

Aquarelle. — Haut. : 28 cm. 1/2 ; larg. : 18 cm. 1/2.

DAUZATS (Adrien) — (1801-1868). — *La Tour de Comares à l'Alhambra de Grenade.*

Envahi par la verdure, un fossé profond au-dessus duquel se dressent quelques maisons et une grande tour écroulée. A droite, échappée sur la ville et sur la plaine.

Signé à gauche, et daté Granada. Alhambra. 1836. D. Torre de Comares.

Aquarelle. — Haut. : 36 cm. ; larg. : 23 cm.

DAVID (J.-L.) — (1748-1825). — *Lepelletier de Saint-Fargeau sur son lit de mort.*

Il est vu de profil à droite, le haut de la tête serré dans une étoffe blanche d'où sortent des touffes de cheveux.

N° 228 du catalogue de la vente Marmontel, 14 mai 1868.

Dessin à la plume. — Haut. : 31 cm. ; larg. : 25 cm.

DAVID (J.-L.). — *Figure pour le sacre de Napoléon.*

Vu de profil à gauche, un homme nu tient dans ses mains un globe surmonté d'une croix.

Signé des initiales, à gauche.
Dans le haut, inscription au crayon : Étude pour la figure du ministre Berthier.

Dessin à la mine de plomb. — Haut. : 24 cm. ; larg. : 17 cm.

DECAMPS (A.-G.) — (1803-1860). — *Une rue de village.*

A l'entrée d'un village, une rue bordée de maisons.

Signé des initiales D. C., à gauche.

Dessin au crayon noir, rehaussé de blanc. — Haut. : 15 cm. 1/2 ; larg. : 22 cm.

DECAMPS (A.-G.). — *Une rue en Orient.*

Une rue monte, encaissée entre des murs. Au fond, un passage voûté ; à droite, un personnage sur un escalier.

Signé des initiales D. C., à gauche.

Dessin à la plume, rehaussé de sépia. — Haut. : 20 cm. 1/2 ; larg. : 14 cm.

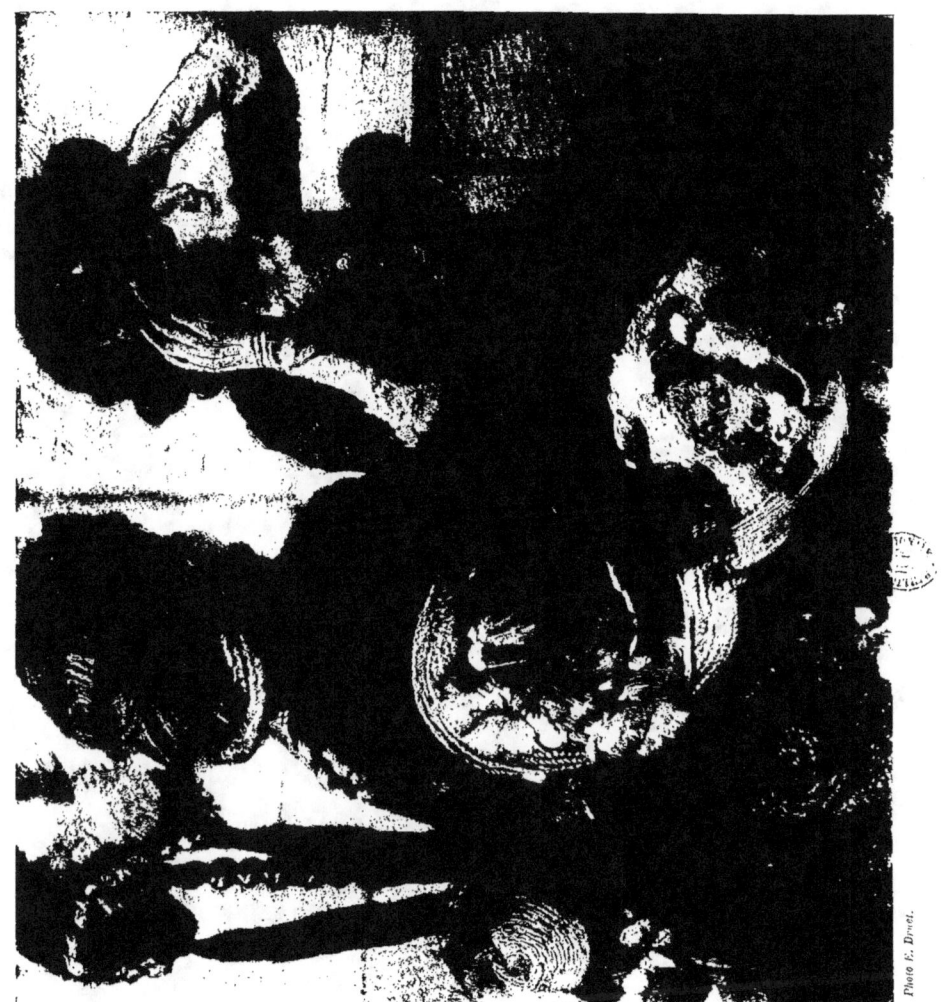

E. DEGAS

CHEZ LA MODISTE

Photo E. Druet.

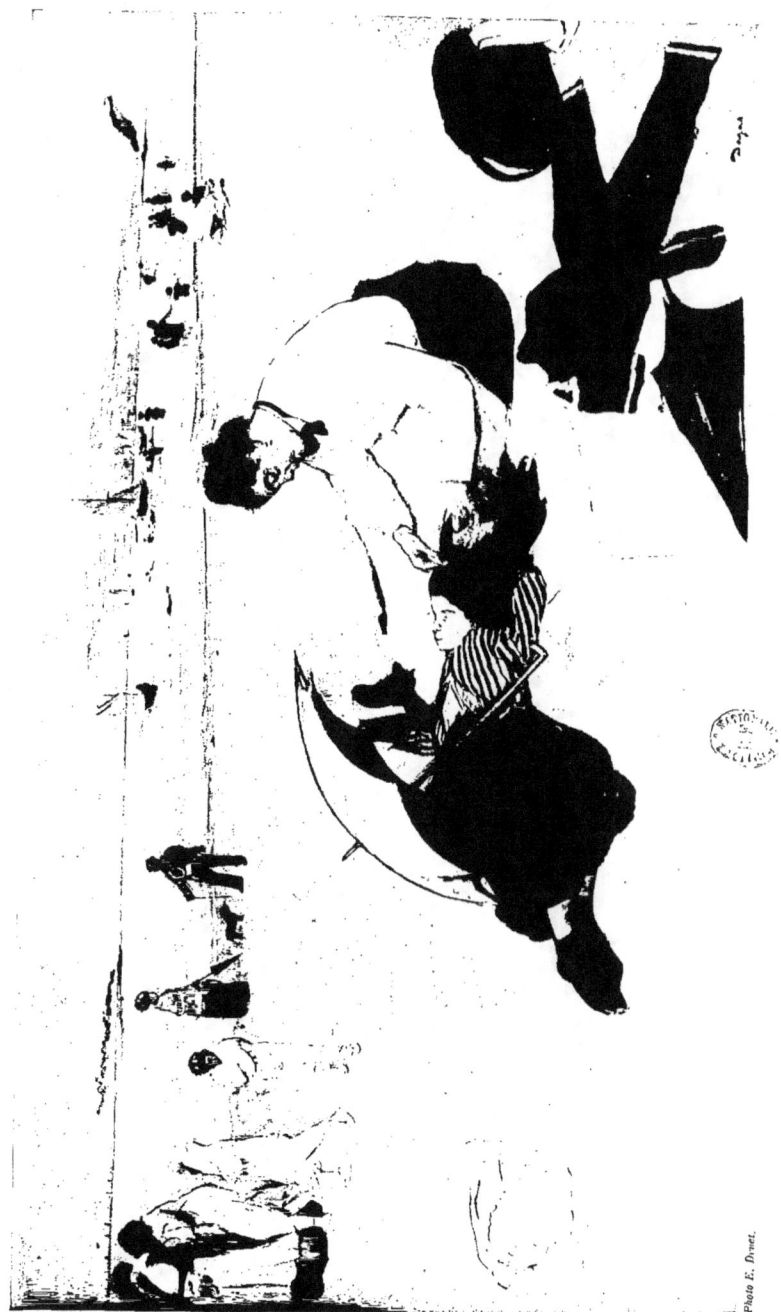

E. DEGAS
SUR LA PLAGE

CATALOGUE

DEGAS (Edgar). — *Chez la modiste.*

Une femme en jupe bleue, vue de profil, est assise vers la droite et essaye un chapeau. A gauche, une jeune fille, vue de dos, les cheveux coiffés en natte, la regarde. Au premier plan, sur une table, des chapeaux de formes diverses.

Signé à droite.

Pastel. — Haut. : 76 cm. ; larg. : 85 cm.

DEGAS (Edgar). — *Au café-concert. La Chanson du chien.*

A droite, au premier plan, une artiste chante et fait avec ses mains le geste d'un chien qui agite ses pattes de devant. Devant elle, à gauche, des consommateurs ; au fond, des globes lumineux dans le feuillage.

Signé à droite.

Pastel. — Haut. : 55 cm. ; larg. : 45 cm.

DEGAS (Edgar). — *Danseuses sur la scène.*

Au premier plan, une danseuse met un genou en terre et lève les bras au-dessus de sa tête ; plus loin, sur la scène, se tiennent d'autres danseuses.

Signé à gauche.

Pastel. — Haut. : 21 cm. ; larg. : 16 cm.

DEGAS (Edgar). — *Danseuse sortant de sa loge.*

Vue de face, en robe verte à fleurs rouges et jaunes, une danseuse aux cheveux roux sort de sa loge, tenant sa robe de ses deux mains.

Dans le fond, une femme près d'une fenêtre.

Signé à gauche.

Pastel. — Haut. : 52 cm. ; larg. : 30 cm.

DEGAS (Edgar). — *Dans les coulisses.*

A droite d'une coulisse, une chanteuse, nu-tête, en robe rose et châle rouge, tient une partition dans ses mains. A côté d'elle et vu de profil, un homme en jaquette noire, le chapeau sur la tête. Dans le fond, à gauche, un coin de la scène éclairée.

Signé à gauche.

Pastel. — Haut. : 66 cm. ; larg. : 38 cm.

DEGAS (Edgar). — *Danseuse au repos.*

Debout et vue de profil à droite, sa robe blanche retenue par une ceinture violette, elle se repose, un éventail ouvert à la main.

Signé à gauche.

Pastel. — Haut. : 46 cm. ; larg. : 29 cm.

DEGAS (Edgar). — *Danseuse.*

Devant un poêle sur lequel chauffe une bouilloire, une danseuse se tient debout, lisant son journal.

Signé à droite, avec la dédicace : « A mon ami Duranty. »
N° 17 du catalogue de la vente Duranty, 28 janvier 1881.

Pastel. — Haut. : 75 cm. ; larg. : 55 cm.

DEGAS (Edgar). — *Portrait de Madame X.*

Assise et vue de trois quarts à droite, en robe décolletée, un boa autour du cou, coiffée d'un chapeau à plumes, elle lève le bras gauche et porte un réticule de soie rose à son bras droit.

Pastel — Haut. : 47 cm. ; larg. : 31 cm.

DELACROIX (Eugène) — (1798-1863). — *Marocain vu de dos.*

La tête nue, le bras droit appuyé sur un fusil, il est vêtu de blanc, la taille serrée dans une ceinture bariolée.

Collection Carrier.

Pastel. — Haut. : 39 cm. ; larg. : 25 cm.

DELACROIX (Eugène). — *Soldat de la garde de l'empereur du Maroc.*

Assis à terre et drapé dans un grand burnous blanc, il est vu de face, tenant un fusil dans la main droite.

Au fond, un cheval et deux soldats.

Signé à droite.
N° 22 du catalogue de la vente Frédéric Villot, 11 février 1865.
Exposition Delacroix à l'École des Beaux-Arts, Paris, 1885, n° 292 du catalogue.
Cité et reproduit dans *l'Œuvre de Delacroix*, par A. Robaut, page 131, n° 491.

Aquarelle. — Haut. : 18 cm. 1/2 ; larg. : 26 cm. 1/2.

CATALOGUE

DELACROIX (Eugène). — *Un Seigneur vénitien.*

Les poings sur les hanches, il se tient debout près d'un grand fauteuil. Ses longs cheveux noirs retombent sur le col de son pourpoint rouge à manches bouffantes.

A droite, cachet de la vente Delacroix.
N° 395 du catalogue de la vente Delacroix, 17 février 1864.
Cité et reproduit dans *l'Œuvre de Delacroix*, par A. Robaut, page 76, n° 273.
Exposition Delacroix à l'École des Beaux-Arts, Paris, 1885, n° 291 du catalogue.

Aquarelle. — Haut. : 22 cm. ; larg. : 17 cm.

DELACROIX (Eugène). — *Intérieur.*

Dans une chambre, devant la cheminée où le feu est allumé, divers ustensiles : un soufflet, une pelle et des pincettes.

A droite, cachet de la vente Delacroix.
Partie du n° 658 du catalogue de la vente Delacroix, 17 février 1864.
N° 16 du catalogue de la vente Dutilleux, mars 1874.
Cité et reproduit dans *l'Œuvre de Delacroix*, par A. Robaut, page 29, n° 90.

Aquarelle. — Haut. : 16 cm. ; larg. : 21 cm.

DELACROIX (Eugène). — *Paysage marocain; entrée d'une ville.*

Au premier plan, la route, où passent une voiture, un cavalier et un piéton, est bordée à gauche par des maisons à terrasses. A droite une montagne domine des rochers abritant des habitations. Quelques nuages dans le ciel

Collection Faller.

Aquarelle. — Haut. : 13 cm. ; larg. : 21 cm.

DELACROIX (Eugène). — *Falaises.*

Sous le ciel bleu où passent quelques nuages blancs, la mer vient baigner les falaises dont la rangée se prolonge vers la gauche.

A gauche, cachet de la vente Delacroix.
Cité dans *l'Œuvre de Delacroix*, par A. Robaut, page 451 (partie du n° 1807).

Aquarelle. — Haut. : 17 cm. ; larg. : 21 cm. 1/2.

DELACROIX (Eugène). — *Arabe écrivant.*

Il est vu de face, assis à une table. Derrière lui, dans la pénombre, des personnages.

A droite, cachet de la vente Delacroix.
N° 519 du catalogue de la vente Delacroix, 17 février 1864.
Cité et reproduit dans *l'Œuvre de Delacroix*, par A. Robaut, page 112, n° 410.
Exposition des œuvres de E. Delacroix; École des Beaux-Arts, Paris, 1885, n° 295 du catalogue.

Aquarelle. — Haut. : 20 cm. ; larg. : 18 cm.

DELACROIX (Eugène). — *Marocain assis.*

Vu de profil à droite, un manteau noir couvrant son vêtement blanc, il est assis à terre, les jambes repliées et croisées, et s'accoude à une pierre.

A droite, cachet de la vente Delacroix.
Vente Delacroix, 17 février 1864, partie du n° 317 du catalogue.
Cité et reproduit dans *l'Œuvre de Delacroix*, par A. Robaut, page 115, n° 427.

Dessin à la sépia, rehaussé d'aquarelle. — Haut. : 17 cm. ; larg. : 25 cm.

DELACROIX (Eugène). — *Marphise.*

Elle est à cheval et emmène en croupe la vieille femme qu'elle a revêtue des vêtements enlevés à la maîtresse de Pinabel.

A droite, cachet de la vente Delacroix.
Vente Delacroix, 17 février 1864 (partie du n° 364 du catalogue).
Cité et reproduit dans *l'Œuvre de Delacroix*, par A. Robaut, page 321, n° 1197.

Dessin à la sépia. — Haut. : 19 cm. ; larg. : 25 cm.

DELACROIX (Eugène). — *Sérénade nocturne.*

Au clair de lune, un jeune seigneur, nu-tête, assis au milieu des ruines sur un bloc de pierre, joue de la guitare.

Exposition des œuvres de E. Delacroix à l'École des Beaux-Arts, Paris, 1885, n° 295 *bis*.

Dessin au lavis, rehaussé de blanc. — Haut. : 21 cm. ; larg. : 15 cm. 1/2.

DELACROIX (Eugène). — *Chevaux conduits par les Hindous.*

Trois serviteurs hindous conduisent des chevaux de selle harnachés et bridés.

A droite, cachet de la vente Delacroix.

Aquarelle. — Haut. : 21 cm. 1/2 ; larg. : 29 cm. 1/2.

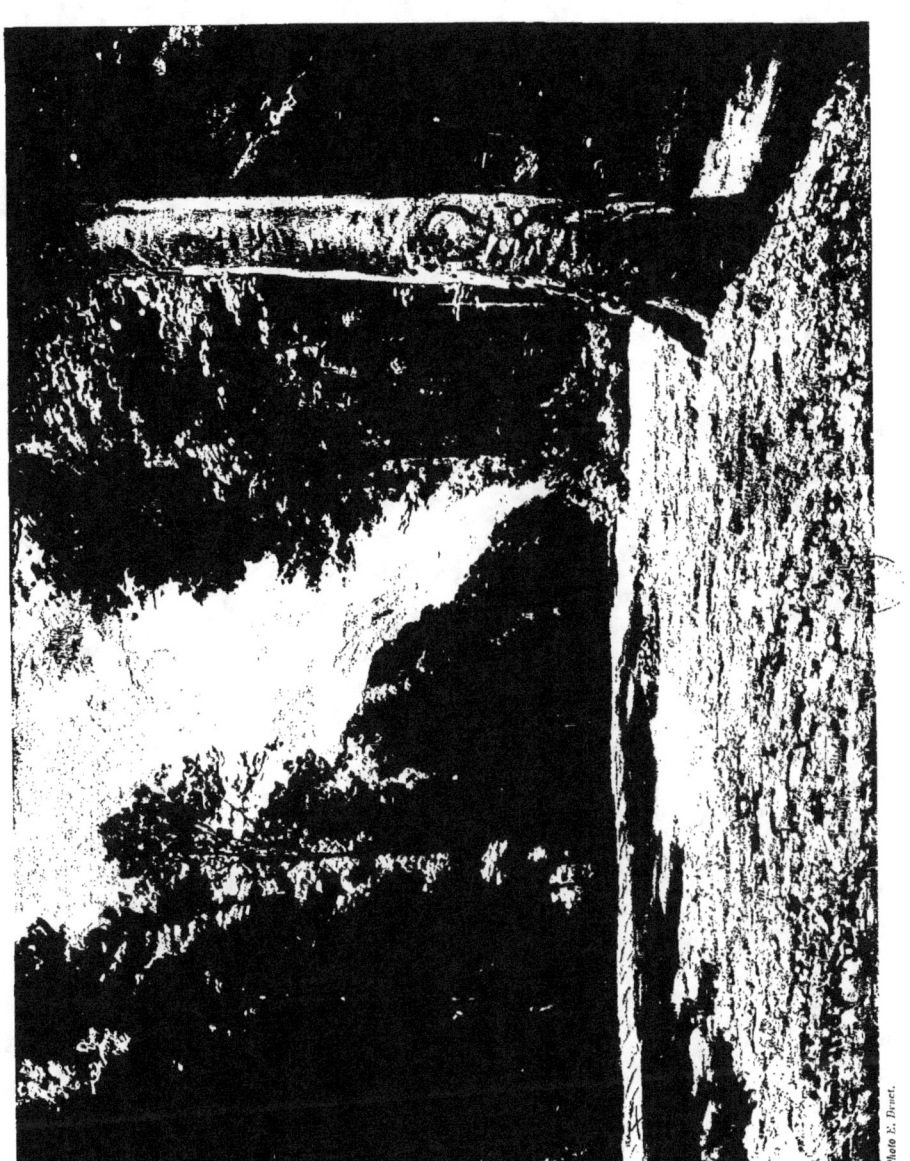

CLAUDE MONET
LE PAVÉ DE CHAILLY ; FORÊT DE FONTAINEBLEAU

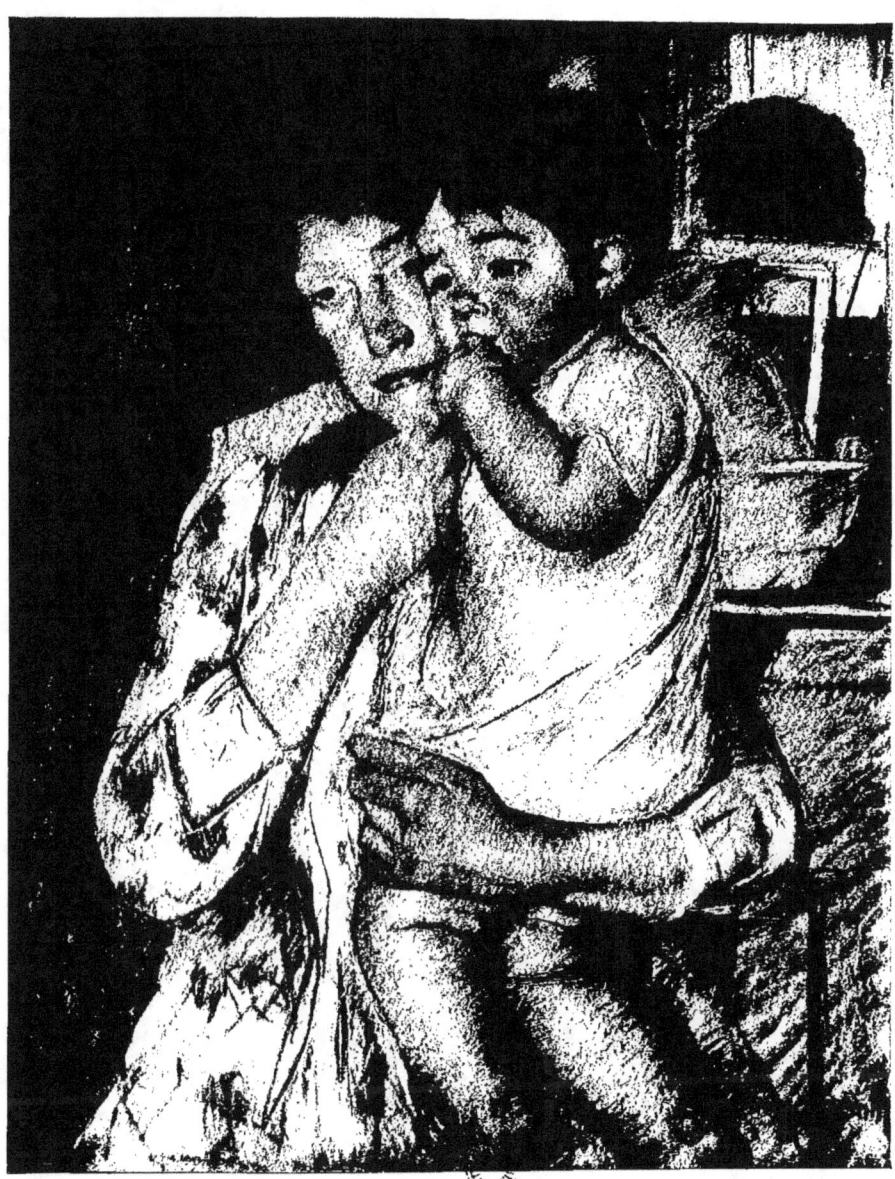

Photo E. Druet.

CATALOGUE

DELACROIX (Eugène). — *Marocain.*

Il est étendu sur des coussins, drapé dans un grand burnous blanc, la tête presque de face, le corps de profil à droite, les jambes croisées.

Dessin à la sépia, rehaussé de blanc. — Haut. : 17 cm. ; larg. : 23 cm.

DELACROIX (Eugène). — *Officiers grecs.*

L'un est debout et vu de face, le poing sur la hanche. L'autre, vu de profil à gauche, la tête de face, est assis, les jambes croisées et la main sur le pommeau de son sabre.

Aquarelle. — Haut. : 18 cm. ; larg. : 24 cm.

DELACROIX (Eugène). — *La Visite du médecin.*

Assise et vue de profil, une femme se tient au pied du lit d'un malade à qui un médecin tâte le pouls.

Au fond de la chambre, un chevalet et une toile, un berceau, et une guitare accrochée au mur.

A droite, cachet de la vente Delacroix.

Partie du n° 564 du catalogue de la vente Jean Gigoux, 20 mars 1882, sous le titre : *la Consultation.*

Cité et reproduit dans *l'Œuvre de Delacroix*, par A. Robaut, page 397, n° 1490.

Dessin à la sépia. — Haut. : 22 cm. ; larg. : 19 cm.

DELACROIX (Eugène). — *Jeune femme au grand chapeau.*

Elle est vue à mi-corps, presque de face, en robe de velours noir décolletée, les mains sur la ceinture, et coiffée d'un grand chapeau garni de plumes blanches.

A droite, cachet de la vente Delacroix.

Aquarelle. — Haut. : 17 cm. 1/2 ; larg. : 13 cm.

DELACROIX (Eugène). — *Ruines d'un cloître.*

Sous le ciel bleu, à travers une arcade, on entrevoit la galerie et le jardin d'un vieux cloître.

A gauche, cachet de la vente Delacroix.

Aquarelle. — Haut. : 18 cm. 1/2 ; larg. : 13 cm. 1/2.

DELACROIX (Eugène). — *Jeune garçon.*

Il est vu de face et jusqu'aux épaules, les yeux bleus, les cheveux poudrés.

Cité et reproduit dans *l'Œuvre de Delacroix*, par A. Robaut, page 45, n° 143.

Pastel. — Haut. : 36 cm. ; larg. : 27 cm.

DELACROIX (Eugène). — *Jeune femme.*

Elle est vue de face, ses cheveux noirs ramenés en bandeaux sur les tempes.

Cité et reproduit dans *l'Œuvre de Delacroix*, par A. Robaut, page 257, n° 983.

Pastel. — Haut. : 30 cm. ; larg. : 23 cm.

DELACROIX (Eugène). — *Un Arabe.*

Coiffé d'un turban, il est vu de trois quarts à gauche.

A gauche, cachet de la vente Delacroix.
Partie du n° 564 du catalogue de la vente Jean Gigoux, 20 mars 1882.
Cité et reproduit dans *l'Œuvre de Delacroix*, par A. Robaut, page 115, n° 431.

Dessin à la mine de plomb, rehaussé d'aquarelle. — Haut. : 30 cm. ; larg. : 19 cm.

DELACROIX (Eugène). — *Étude pour le Massacre de Scio.*

La tête abritée par un capuchon de couleur rougeâtre, une vieille femme est vue de face, et en buste.

Dans le haut, à droite, étude de détail pour la même figure.

A droite, cachet de la vente Delacroix.

Dessin à la mine de plomb, rehaussé d'aquarelle. — Haut. : 20 cm. ; larg. : 15 cm.

DELACROIX (Eugène). — *Les Gorges d'Ollioules, près de Toulon.*

Au premier plan, la plaine où sont disséminées des maisons à toits rouges. Dans le fond, des montagnes.

A droite, cachet de la vente Delacroix.
A gauche, l'inscription : *Toulon, 4 avril.*

Aquarelle. : Haut. : 8 cm. 1/2 ; larg. : 15 cm. 1/2.

CATALOGUE

DELACROIX (Eugène). — *Arabes d'Oran.*

Deux Arabes se reposent ; l'un est accroupi, le menton appuyé sur les genoux ; l'autre est couché, enveloppé dans un grand manteau.

A gauche, cachet de la vente Delacroix.

L'artiste s'est inspiré du motif de cette aquarelle pour l'eau-forte décrite dans *l'Œuvre de Delacroix*, par A. Robaut, page 123, n° 462.

Aquarelle. — Haut. : 18 cm. ; larg. : 24 cm.

DELACROIX (Eugène). — *Feuilles d'ornements.*

Dans le haut, sur une plinthe, parmi des ornements, une femme est assise, drapée de vert.

Dans le bas, réduction, en sens inverse, du même sujet, drapé de violet.

Entre les deux dessins, note manuscrite à la mine de plomb.

A droite, cachet de la vente Delacroix.

Aquarelle. — Haut. : 23 cm. ; larg. : 26 cm.

DELACROIX (Eugène). — *Marine.*

Deux barques à voiles naviguent sur la mer aux vagues grises. Dans le ciel, vers le fond, à droite, un nuage.

A droite, cachet de la vente Delacroix.

Aquarelle. — Haut. : 8 cm. ; larg. : 17 cm.

DELACROIX (Eugène). — *Étude de cheval.*

Avant-main d'un cheval gris, vu de profil.

Signé des initiales E. D., à gauche.

N° 7 du catalogue de la vente Tillot, 14 mai 1887.

Aquarelle. — Haut. : 14 cm. 1/2 ; larg. : 19 cm.

DELACROIX (Eugène). — *Assassinat de l'évêque de Liège.*

Des personnages sont réunis autour d'une table brillamment éclairée. A gauche, l'évêque est entraîné par ses assassins.

A droite, cachet de la vente Delacroix.

Aquarelle. — Haut. : 14 cm. 1/2 ; larg. : 18 cm. 1/2.

DELACROIX (Eugène). — *Arabe en burnous.*

Accroupi, il est enveloppé dans son burnous au capuchon relevé.

A droite, cachet de la vente Delacroix.

Dessin à la sépia. — Haut. : 15 cm. ; larg. : 13 cm.

DELACROIX (Eugène). — *Fleurs.*

Chrysanthèmes jaunes, fleurs et feuilles.

A droite, cachet de la vente Delacroix.
Partie du n° 625 du catalogue de la vente Delacroix, 17 février 1864.
Cité dans *l'Œuvre de Delacroix*, par A. Robaut, page 453, sous le n° 1823.

Aquarelle. — Haut. : 26 cm.; larg. : 37 cm. 1/2.

DELACROIX (Eugène). — *Tigre couché.*

Couché et vu de profil à gauche, il appuie la tête sur ses pattes.

A droite, cachet de la vente Delacroix.

Aquarelle. — Haut. : 13 cm. 1/2. ; larg. : 10 cm. 1/2.

DELACROIX (Eugène). — *Tigre.*

Il est couché et lève la tête.

Vers le milieu, cachet de la vente Delacroix.

Aquarelle. — Haut. : 9 cm. 1/2 ; larg. : 16 cm.

DELACROIX (Eugène). — *Marocain — Chat — Arabe.*

I. — Un Marocain debout, vu de face et à mi-corps ; pantalon bleu, veste jaune, gilet rouge.

Aquarelle. — Haut. : 18 cm. 1/2 ; larg. : 11 cm.

II. — Deux études : dans le haut, chat se ramassant sur ses pattes ; dans le bas, étude de tête de chat.

A droite, cachet de la vente Delacroix.

Dessin à la sépia. — Haut. : 15 cm. ; larg. : 11 cm. 1/2.

III. — Un Arabe vu debout et de face jusqu'à la ceinture, grand burnous blanc, veste bleue.

Aquarelle. — Haut. : 16 cm. ; larg. : 9 cm. 1/2.

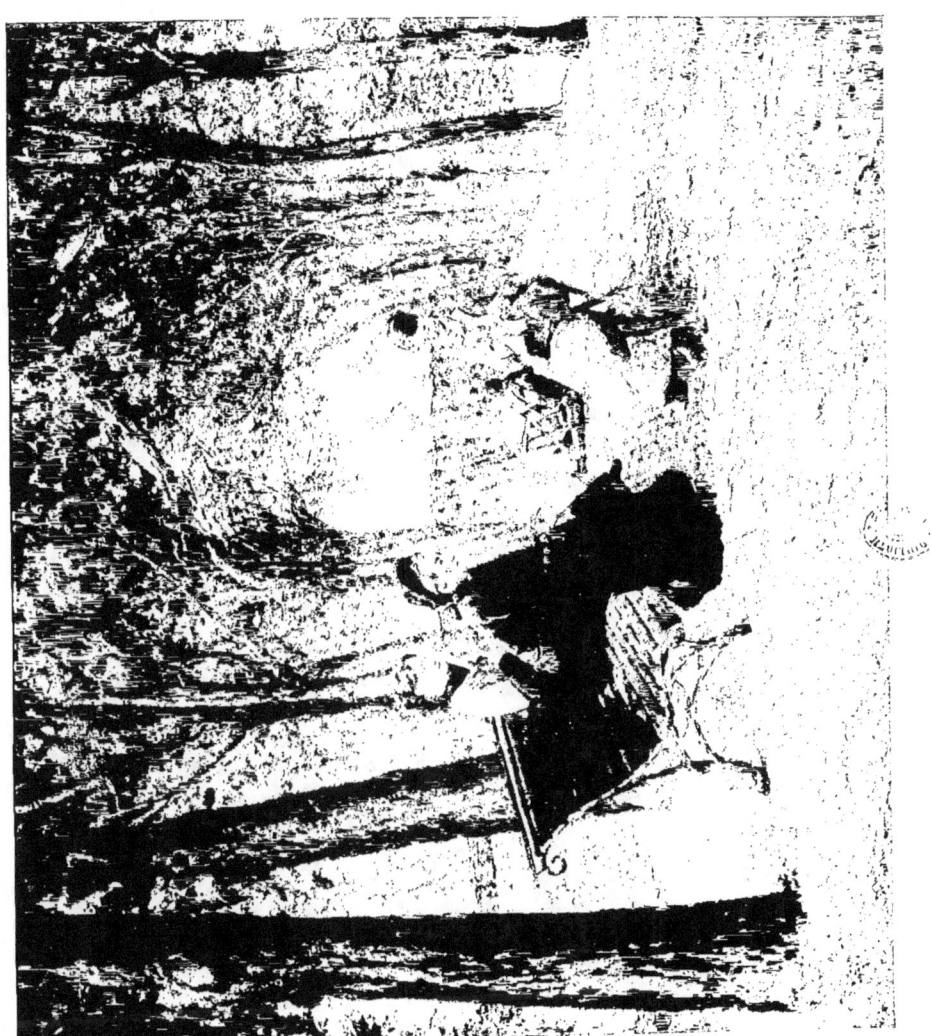

H. ROUART

SUR LA TERRASSE DES FOURNEAUX, A MELUN

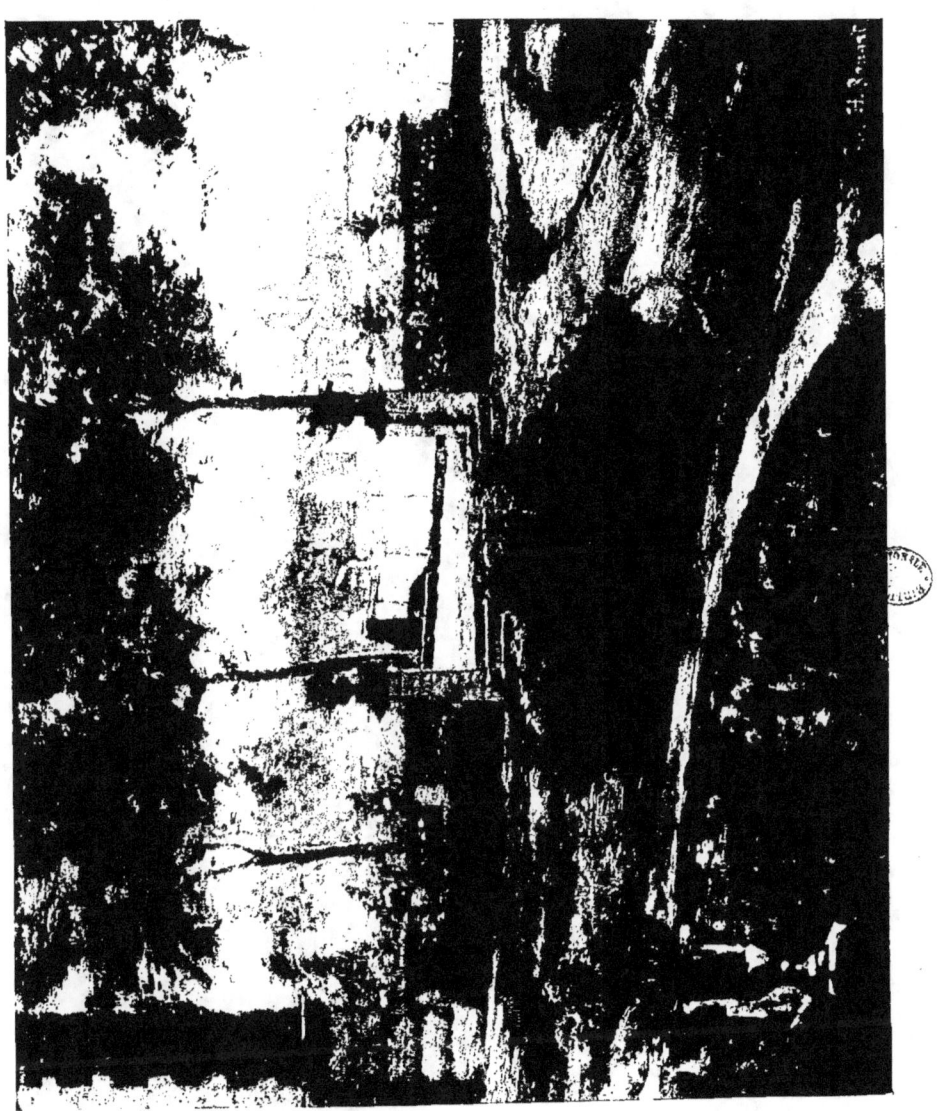

H. ROUART

VUE DE MELUN

CATALOGUE

DELACROIX (Eugène). — *Mort de Sénèque.*

Au chevet du philosophe, couché sur un lit de repos, deux hommes se tiennent debout ; un autre, assis, semble écrire sous sa dictée.

A droite, cachet de la vente Delacroix.
Exposition des œuvres de E. Delacroix à l'École des Beaux-Arts, Paris, 1885, n° 293 du catalogue.

Aquarelle. — Haut. : 12 cm. ; larg. : 16 cm. 1/2.

DELACROIX (Eugène). — *Toulon.*

I. — Un matelot vu en deux poses différentes, de face et de dos ; pantalon bleu, chemise blanche.

A droite, cachet de la vente Delacroix.
Daté : Toulon, 9 janvier, lundi.

Aquarelle. — Haut. : 20 cm. ; larg. : 18 cm.

II. — Vue générale de la rade de Toulon.

A droite, cachet de la vente Delacroix.
Daté vers le milieu, Toulon, 9 janvier.
Ces deux dessins faisaient partie du n° 586 du catalogue de la vente Delacroix, 17 février 1864.
Collection Burty.
Cité dans *l'Œuvre de Delacroix*, par A. Robaut, page 423, n° 1651.

Aquarelle. — Haut. : 6 cm. ; larg. : 2 cm.

DELACROIX (Eugène). — *Méquinez.*

Intérieur d'une mosquée avec piliers et arcades. Dans le haut, à gauche, l'inscription : 17 mars, Mekenez.

A gauche, cachet de la vente Delacroix.

Dessin à la sépia. — Haut. : 18 cm. 1/2 ; larg. : 11 cm. 1/2.

DELACROIX (Eugène). — *Étude pour le Massacre de Scio.*

Un Turc est vu de trois quarts vers la droite, la tête coiffée d'un turban.

A droite, cachet de la vente Delacroix.

Dessin à la mine de plomb. — Haut. : 33 cm. 1/2 ; larg. : 21 cm.

DELACROIX (Eugène). — *Médailles antiques. Personnage du seizième siècle.*

I. — Deux profils de femmes d'après des médailles antiques. Dans le bas, à gauche, une croix avec inscription grecque et la date 1824-1825.

<small>A droite, cachet de la vente Delacroix.
Vente Delacroix, 17 février 1864, partie du n° 460 du catalogue.
Collection Burty.
Cité dans *l'Œuvre de Delacroix*, par A. Robaut, page 399 (n°* 1499 à 1502).</small>

<small>Dessin à la mine de plomb. — Haut. : 15 cm. ; larg. : 15 cm. 1/2.</small>

II. — Vu en buste et de trois quarts à gauche, un homme en vêtement et chapeau blancs à raies grises, cheveux et barbe noirs.
Dans les marges, croquis de lansquenets et notes manuscrites.

<small>A droite, cachet de la vente Delacroix.
Collection Burty.
Cité dans *l'Œuvre de Delacroix*, par A. Robaut, page 207, n° 277.</small>

<small>Dessin à la sépia et à la mine de plomb. — Haut. : 19 cm. 1/2 ; larg. : 15 cm.</small>

DELACROIX (Eugène). — *Médailles antiques.*

Cinq têtes d'hommes et de femmes ; un corbeau ; un cavalier ; un Hercule ; un homme nu, assis, un oiseau sur sa main ; un taureau couché.

<small>A droite, cachet de la vente Delacroix.
Collection Burty.
Cité dans *l'Œuvre de Delacroix*, par A. Robaut, page 399 (n°* 1499 à 1502).</small>

<small>Dessin à la mine de plomb. — Haut. : 31 cm. ; larg. : 19 cm. 1/2.</small>

DELACROIX (Eugène). — *Masques. Bustes de Michel-Ange.*

I. — Masques antiques (huit croquis).

<small>Vers la droite, cachet de la vente Delacroix.</small>

<small>Dessin à la mine de plomb. — Haut. : 18 cm. 1/2 ; larg. : 24 cm.</small>

II. — Deux études d'après le buste de Michel-Ange.

<small>Vers la droite, cachet de la vente Delacroix.</small>

<small>Dessin à la mine de plomb. — Haut. : 20 cm. 1/2 ; larg. : 26 cm.</small>

CATALOGUE

DELACROIX (Eugène). — *Cheval.*

Une couverture sur l'avant-main, un cheval est debout, vu de profil vers la gauche.

A droite, des silhouettes d'hommes.

Vers le milieu, cachet de la vente Delacroix.

Dessin à la mine de plomb. — Haut. : 17 cm. 1/2 ; larg. : 26 cm.

DELACROIX (Eugène). — *Médailles antiques.*

I. — Cinq études de nu.

Dessin à la mine de plomb. — Haut. : 28 cm. 1/2 ; larg. : 17 cm. 1/2.

II. — Études d'homme nu et de têtes (cinq croquis).

A gauche, cachet de la vente Delacroix.
Collection Burty.
Cité dans *l'Œuvre de Delacroix*, par A. Robaut, page 399 (n°⁵ 1499 à 1502).

Dessin à la mine de plomb. — Haut. : 23 cm. ; larg. : 17 cm.

DELACROIX (Eugène). — *Le Tasse dans la prison des fous.*

Diverses études pour le tableau du Tasse : des prisonniers à une fenêtre grillée ; un corps étendu sur un lit ; un personnage accoudé, etc. ; notes manuscrites.

A droite, cachet de la vente Delacroix.
Partie du n° 317 du catalogue de la vente Delacroix, 17 février 1864.
Cité dans *l'Œuvre de Delacroix*, par A. Robaut, page 398, partie du n° 1496.

Dessin à la plume. — Haut. : 19 cm. 1/2 ; larg. : 30 cm. 1/2.

DELACROIX (Eugène). — *Étude d'hommes nus.*

A gauche, un homme étendu sur le dos et appuyé sur le coude.
A droite, vu de face, un homme assis, et un autre debout, vu de dos.

Cachet de la vente Delacroix.
Daté vers le milieu, 7 septembre 57.
Cité et reproduit dans *l'Œuvre de Delacroix*, par A. Robaut, page 353, n° 1318.
Exposition des œuvres de Delacroix à l'École des Beaux-Arts, Paris, 1885, n° 384 du catalogue.

Dessin à la plume. — Haut. : 15 cm. 1/2 ; larg. : 30 cm.

DELACROIX (Eugène). — *Projet pour le rectangle de la Justice. (Frise du salon du roi, au Palais-Bourbon.)*

A droite, un vieillard est couché sur le sol. Derrière lui, un ange tient une lampe dans sa main.

Cité et reproduit dans *l'Œuvre de Delacroix*, par A. Robaut, page 144, n° 541.

Dessin à la mine de plomb. — Haut. : 18 cm. ; larg. : 14 cm.

DELACROIX (Eugène). — *L'Agriculture.*

Couchée et entourée d'enfants, elle est représentée sous les traits d'une femme, le torse découvert, les jambes couvertes d'une étoffe drapée.

A ses pieds, et vue à mi-corps, une autre figure, le bras levé.

Étude pour le plafond du salon du roi, au Palais-Bourbon.
A gauche, cachet de la vente Delacroix.

Dessin au crayon noir. — Haut. : 14 cm. ; larg. : 33 cm.

DELACROIX (Eugène). — *Femmes au bain.*

A gauche, une femme nue entrant dans une baignoire ; à droite, une femme, assise et vue de profil à gauche, s'essuie les pieds ; dans le bas, à droite, une petite figure debout.

Daté 27 août, Strasbourg, 59.
Vers le milieu, cachet de la vente Delacroix.
Cité et reproduit dans *l'Œuvre de Delacroix*, par A. Robaut, page 376, n° 1399.

Dessin à la plume. — Haut. : 22 cm. ; larg. : 34 cm.

DELACROIX (Eugène). — *Lion dévorant un cheval.*

Un lion plante ses crocs dans le cou d'un cheval qu'il tient entre ses pattes.

A gauche, cachet de la vente Delacroix.
Dessin analogue à celui de la lithographie décrite dans *l'Œuvre de Delacroix*, par A. Robaut, page 214, n° 805.

Dessin à la mine de plomb. — Haut. : 16 cm. ; larg. : 26 cm.

DELACROIX (Eugène). — *Arabe ferrant un cheval.*

Un Arabe, accroupi, ferre un cheval dont un jeune garçon tient la jambe levée.

A droite, cachet de la vente Delacroix.

Dessin à la mine de plomb. — Haut. : 16 cm. ; larg. : 26 cm. 1/2.

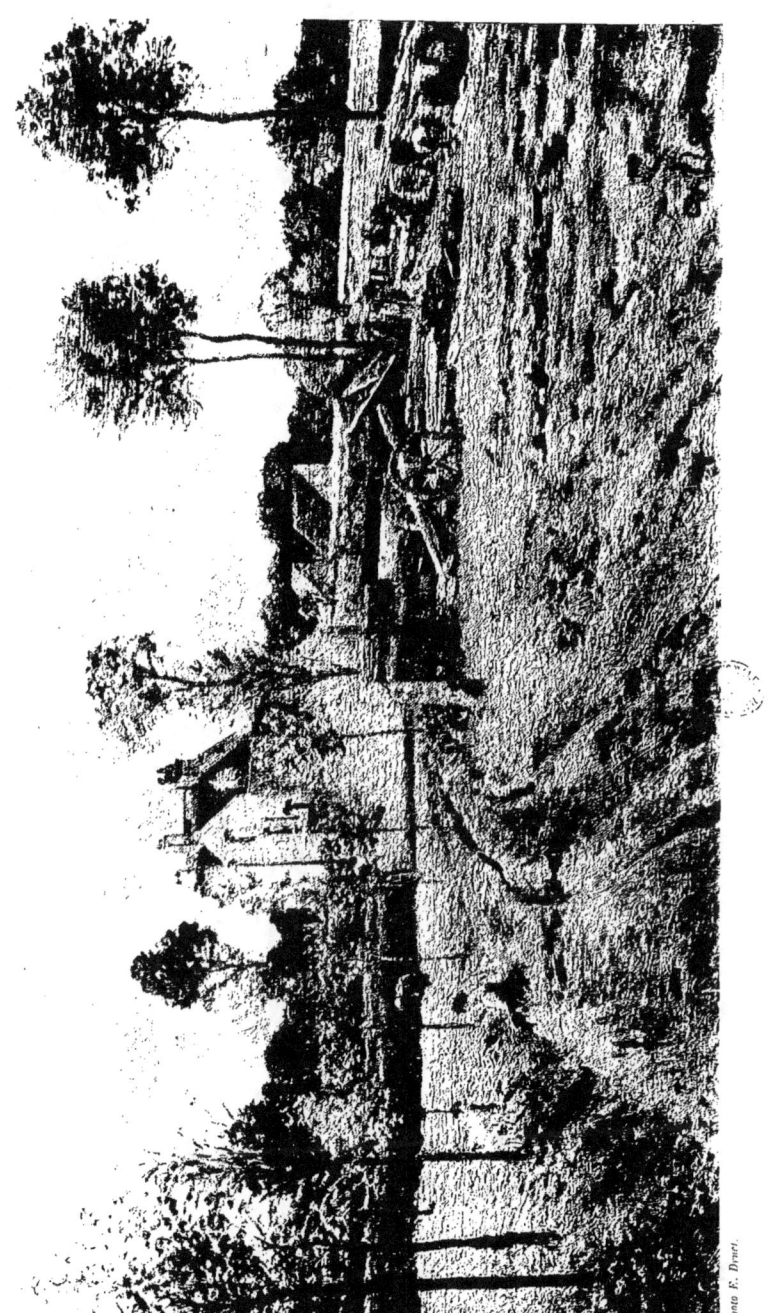

C. PISSARRO
PAYSAGE FRANÇAIS

DELACROIX (Eugène). — *Étude de lion.*

Accroupi et vu de profil à droite, un lion pose une de ses pattes sur un débris de carcasse.

A droite, cachet de la vente Delacroix.

Dessin à la mine de plomb. — Haut. : 17 cm. ; larg. : 21 cm.

DELACROIX (Eugène). — *Diomède dévoré par ses chevaux.*

Plusieurs croquis d'homme renversé à terre, les jambes relevées.

A gauche, cachet de la vente Delacroix.
Exposition des œuvres de E. Delacroix, à l'École des Beaux-Arts, Paris 1885, n° 382 du catalogue.
Cité et reproduit dans *l'Œuvre de Delacroix*, par A. Robaut, page 341, n° 1275.

Dessin à la mine de plomb. — Haut. : 22 cm. 1/2 ; larg. : 30 cm. 1/2.

DELACROIX (Eugène). — *Étude d'Arabe.*

Drapé dans un burnous, il est couché sur le côté droit, les jambes nues.

A droite, cachet de la vente Delacroix.

Dessin à la mine de plomb. — Haut. : 19 cm. ; larg. : 22 cm. 1/2.

DELACROIX (Eugène). — *Hercule et Diomède.*

Diomède, mordu à la jambe par un cheval, est maintenu à terre par Hercule.

A droite, cachet de la vente Delacroix.
Cité et reproduit dans *l'Œuvre de Delacroix*, par A. Robaut, page 341, n° 1276.

Dessin à la mine de plomb. — Haut. : 13 cm. ; larg. : 26 cm.

DELACROIX (Eugène). — *Types russes.*

A droite, un cocher russe se tient debout, des guides dans les mains ; dans le haut, à gauche, un paysan russe dansant.

Dans le bas, étude de pieds et de tête de cheval.

Vers la droite, cachet de la vente Delacroix.

Dessin à la mine de plomb. — Haut. : 29 cm. 1/2 ; larg. : 21 cm.

DELACROIX (Eugène). — *L'Empereur Justinien.*

Il est assis et vu de face, la main gauche levée.

A droite, cachet de la vente Delacroix.
Cité dans *l'Œuvre de Delacroix*, par A. Robaut, page 401, partie du n° 1514.

Dessin à la mine de plomb. — Haut. : 22 cm. ; larg. : 16 cm.

DELACROIX (Eugène). — *Chimère et Sphinx.*

Dans le haut, une chimère couchée. A droite, un torse nu.
Dans le bas, un démon et un sphinx.

Vers le milieu, cachet de la vente Delacroix.

Dessin à la mine de plomb. — Haut. : 22 cm. ; larg. : 32 cm.

DELACROIX (Eugène). — *Étude.*

A gauche, une femme nue couchée. A droite, un cheval, vu en raccourci, une jeune fille debout, le bras droit levé, et une tête vue de profil.
Dans le haut, deux études de têtes.

Dessin à la plume. — Haut. : 22 cm. ; larg. : 34 cm. 1/2.

DELACROIX (Eugène). — *Études de nu.*

A gauche, une femme nue est assise, les bras relevés au-dessus de la tête ; dans le haut, une étude de jambes ; et à droite, une femme à genoux, la tête de face.

A droite, cachet de la vente Delacroix.

Dessin à la mine de plomb. — Haut. : 24 cm. ; larg. : 38 cm. 1/2.

DELACROIX (Eugène). — *Études de femmes.*

Quatre études : une femme vue à mi-corps, inclinée vers la gauche ; une autre penchée vers la droite ; une baigneuse assise et une femme nue, à ceinture de feuillage.

A droite, cachet de la vente Delacroix.

Dessin à la plume. — Haut. : 21 cm. ; larg. : 32 cm. 1/2.

DELACROIX (Eugène). — *Ange déchu.*

Les bras étendus, debout, il se retient aux parois d'une crevasse de rocher.

A gauche, cachet de la vente Delacroix.

Dessin au crayon noir. — Haut. : 47 cm.; larg. : 41 cm.

DELACROIX (Eugène). — *Hercule au pied des colonnes.*

Composition pour l'un des tympans du Salon de la paix à l'Hôtel de Ville de Paris.

A droite, cachet de la vente Delacroix.

Dessin à la mine de plomb. — Haut. : 28 cm.; larg. : 47 cm. 1/2.

DELACROIX (Eugène). — *Odalisque.*

Elle est couchée sur le côté droit, vue de dos et tournant la tête. Dans le haut à gauche, détail du même sujet; au verso un croquis.

Dans le haut, l'inscription : 27, rue Saint-Marc, hôtel, n° 11.
A droite, cachet de la vente Delacroix.
Partie du n° 653 de la vente Delacroix, 17 février 1864.
N° 11 du catalogue de la vente Tillot, 14 mai 1887.
N° 895 du catalogue de l'Exposition centennale de l'Art français, 1900.

Dessin à la mine de plomb. — Haut. : 21 cm.; larg. : 32 cm.

DELACROIX (Eugène). — *Têtes de femmes.*

Dans le haut, à droite et à gauche, deux têtes de femmes.

Au milieu, en trois attitudes différentes, les mêmes têtes appuyées l'une contre l'autre.

A gauche, cachet de la vente Delacroix.

Dessin à la mine de plomb. — Haut. : 15 cm.; larg. : 26 cm. 1/2.

DELACROIX (Eugène). — *Études de chevaux.*

I. — Cheval se cabrant.

Dessin à la mine de plomb. — Haut. : 22 cm. 1/2; larg. : 27 cm. 1/2.

II. — Cheval vu de profil et cinq études de croupes.

Vers le milieu, cachet de la vente Delacroix.
Exposition des œuvres de E. Delacroix à l'École des Beaux-Arts, Paris 1885, n° 383 du catalogue.

Dessin à la mine de plomb. — Haut. : 18 cm.; larg. : 26 cm.

DELACROIX (Eugène). — *Étude de nu.*

Le haut des jambes couvert par une draperie, une femme est couchée, le bras gauche ramené sur la tête, et s'appuie sur le coude droit.

<small>A droite, cachet de la vente Delacroix.
Daté à gauche, 20 août, Dieppe, 54, le jour des Courses.</small>

<small>Dessin à la mine de plomb. — Haut. : 21 cm.; larg. : 30 cm.</small>

DELACROIX (Eugène). — *Femme peignant.*

Elle est assise, vue de dos, en corsage à manches bouffantes, et coiffée à la mode de 1830.

<small>A droite, cachet de la vente Delacroix.
Partie du n° 648 du catalogue de la vente Delacroix, 17 février 1864.</small>

<small>Dessin à la mine de plomb. — Haut. : 16 cm.; larg. : 11 cm.</small>

DUFEU (E.) — (1840-1900). — *L'Arc de Triomphe du Carrousel.*

Au premier plan, au bord du trottoir, un réverbère; à droite, le Pavillon de Marsan; à gauche, une encoignure du Louvre; au fond, l'Arc de Triomphe.

<small>Signé à gauche.</small>

<small>Aquarelle. — Haut. : 33 cm.; larg. : 40 cm.</small>

DUFEU (E.). — *Une rue en Normandie.*

A droite et à gauche, de hautes maisons à piliers. Dans le fond, une petite place.

<small>Signé à gauche.</small>

<small>Aquarelle. — Haut. : 34 cm.; larg. : 24 cm.</small>

DUMONSTIER (D.) — (1550-1631). — *Portrait de Jacques Nompar de Caumont la Force, lieutenant général des armées du roi.*

Il est vu en buste, de trois quarts à gauche, vêtu d'un pourpoint à col relevé; les cheveux, les moustaches et la barbe grisonnants.

<small>Signé du monogramme, à droite.
Cachet de la vente du baron Denon.
Partie du n° 779 du catalogue de la vente du baron Denon, mai 1826.
A gauche, cachet des collections du comte de Roqueplan.</small>

<small>Dessin au crayon noir, rehaussé d'aquarelle. — Haut. : 37 cm.; larg. : 26 cm.</small>

ÉCOLE ANGLAISE — (xixe siècle). — *Portrait d'un officier.*

Il est vu en buste, de trois quarts à gauche, rasé, en habit bleu à revers blancs galonnés d'or, et en cravate de dentelle.

Aquarelle. — Haut. : 25 cm. 1/2 ; larg. : 20 cm. 1/2.

ÉCOLE FRANÇAISE — (xviiie siècle). — *Portrait de M. Q. de La Tour.*

Presque de face, souriant, coiffé d'un bonnet noir et vêtu d'un habit brun doublé de bleu, la main droite levée, dans une attitude semblable à celle du portrait gravé par Schmidt.

N° 151 du catalogue de la vente Camille Marcille.

Pastel. — Haut. : 32 cm. ; larg. : 25 cm.

ÉCOLE FRANÇAISE — (xviiie siècle). — *Jeune femme.*

Vue à mi-corps, presque de face, une jeune femme, en robe blanche, regarde une grappe de raisin doré qu'elle tient de la main gauche.

Pastel. — Haut. : 41 cm. ; larg. : 41 cm.

ÉCOLE FRANÇAISE — (xviiie siècle). — *Femme jouant avec des enfants.*

Couchée à terre sur une draperie, une femme nue, le bras gauche appuyé sur une pierre, joue avec deux enfants.

Dessin au crayon noir, rehaussé de blanc. — Haut. : 20 cm. ; larg. : 39 cm.

ÉCOLE HOLLANDAISE — (xviie siècle). — *Paysage.*

A gauche, des maisons en ruines que domine une vieille tour. A droite et au fond, des vallonnements.

Dessin à la plume, rehaussé de sépia. — Haut. : 16 cm. ; larg. : 2 cm. 1/2.

ÉCOLE HOLLANDAISE — (xviie siècle). — *Marine.*

A gauche, à l'entrée d'un port, un phare sur un rocher. Au milieu, un grand navire entouré de barques.

Cachets de collection, à gauche et à droite.

Dessin à la plume, rehaussé de sépia. — Haut. : 13 cm. ; larg. : 24 cm. 1/2.

FANTIN-LATOUR (Henri) — (1836-1904). — *Diane.*

Tournée vers la droite, assise sur un tertre, et regardant le fond du paysage, elle tient dans ses mains son arc et son carquois.

Signé à gauche.

Dessin au crayon noir. — Haut. : 23 cm. ; larg. : 28 cm.

FORAIN (Jean-Louis). — *Un couloir de théâtre.*

Dans le couloir d'un théâtre, des hommes en habit, dont l'un donne le bras à une femme en robe décolletée et à longue traine.

Signé à gauche.

Aquarelle. — Haut. : 31 cm. ; larg. : 23 cm. 1/2.

FORAIN (J.-L.). — *Un bar.*

Des femmes sont assises devant une table de café. Debout en face d'elles, deux hommes en chapeau haut de forme ; au fond, un rideau rouge et une glace où se reflètent les lumières et les silhouettes des passants.

Signé à droite.

Aquarelle. — Haut. : 26 cm. 1/2. ; larg. : 18 cm. 1/2.

FORAIN (J.-L.). — *La Vie de château.*

Une grosse femme en robe décolletée se tient debout devant une malle ouverte.

Dans le haut à droite, l'inscription : « La Vie de château. » Dans le bas, la légende : « Jules, est-ce que tu ne m'as pas dit, dans le temps, que tu avais marché avec la maîtresse de la maison ? »

Signé à droite.

Dessin à la mine de plomb. — Haut. : 33 cm. ; larg. : 28 cm.

FORAIN (J.-L.). — *Femmes au café.*

Une femme assise devant une table de café parle à une autre femme debout.

Signé droite.

Dessin à la plume et au crayon. — Haut. : 38 cm. 1/2 ; larg. : 31 cm. 8.

GELÉE (Claude, dit Le Lorrain) — (1600-1682). — *Le Passage du troupeau.*

Au premier plan, à droite, deux personnages assis au pied d'un arbre, regardent passer un troupeau de vaches et de chèvres, conduit par un homme monté sur un âne.

Paysage de collines avec ruines romaines.

N° 112 du catalogue de la vente Marmontel, 25 janvier 1883, où ce dessin est reproduit en sens inverse.

Dessin à la sépia. — Haut. : 29 cm. ; larg. : 38 cm.

GOYA (Francesco) — (1746-1828). — *Caprices.*

1° Scènes de Sabbat, sorciers et sorcières jouant et dansant.

Dessin à la sépia. — Haut. : 20 cm. ; larg. : 14 cm.

2° Un homme monté sur un âne avec un chat sur la tête que des chiens essaient d'attraper.

Deux dessins en un cadre.

Dessin à la sépia. — Haut. : 20 cm.; larg. : 14 cm.

GRANET (François-Marius) — (1775-1849). — *Cardinal visitant un couvent.*

Accompagné de deux moines dont l'un porte une croix, un cardinal s'apprête à franchir le seuil du couvent qu'il va visiter.

Signé à gauche.
Collection His de la Salle.

Aquarelle. — Haut. : 20 cm. ; larg. : 25 cm.

GRANET (François-Marius). — *La Mort du Poussin.*

Dans son atelier, le Poussin, sur son lit de mort, reçoit la visite d'un cardinal. A son chevet, se tiennent des personnages agenouillés et debout.

Signé à gauche, et daté 1833.

Dessin à la sépia. — Haut. : 28 cm. 1/2 ; larg. : 36 cm.

GRANET (François-Marius). — *Intérieur de couvent.*

Une grande salle voûtée est éclairée à gauche par une fenêtre ; dans le fond, on aperçoit un moine tenant un crucifix.

Signé à gauche.

Dessin à la sépia. — Haut. : 13 cm. ; larg. : 10 cm. 1/2.

GRANET (François-Marius). — *Intérieur d'une salle d'école.*

A droite, le maître est assis dans une chaire devant laquelle un enfant est agenouillé ; dans le fond, les élèves sont assis sur des bancs.

Signé à gauche, et daté 1847.
Collection Lebas.

Dessin à la sépia. — Haut. : 27 cm. ; larg. : 41 cm.

GRANET (François-Marius). — *Assemblée religieuse.*

Des moines sont rassemblés dans une galerie voûtée.

Dessin à la sépia. — Haut. : 8 cm. 1/2. ; larg. : 16 cm.

GRANET (François-Marius). — *Intérieur de couvent.*

A gauche, un moine gravit les marches d'un escalier qui est éclairé dans le haut par une fenêtre grillée.

Signé à gauche, sur une pierre du mur longeant l'escalier, et daté 1817.

Dessin à la plume et à la sépia. — Haut. : 19 cm. 1/2 ; larg. : 14 cm. 1/2.

GRANET (François-Marius). — *Paysage italien.*

Au premier plan, un mur. Plus loin, une grande maison à l'italienne, devant une colline surmontée de pins parasols.

Dessin à la sépia. — Haut. : 8 cm. ; larg. : 11 cm. 1/2.

GUARDI (François) — (1712-1793). — *Vue de Venise.*

Des promeneurs animent la place qu'entourent des galeries à arcades. Dans le fond, une église.

Dessin à la plume rehaussé de lavis. — Haut. : 26 cm. ; larg. : 41 cm. 1/2.

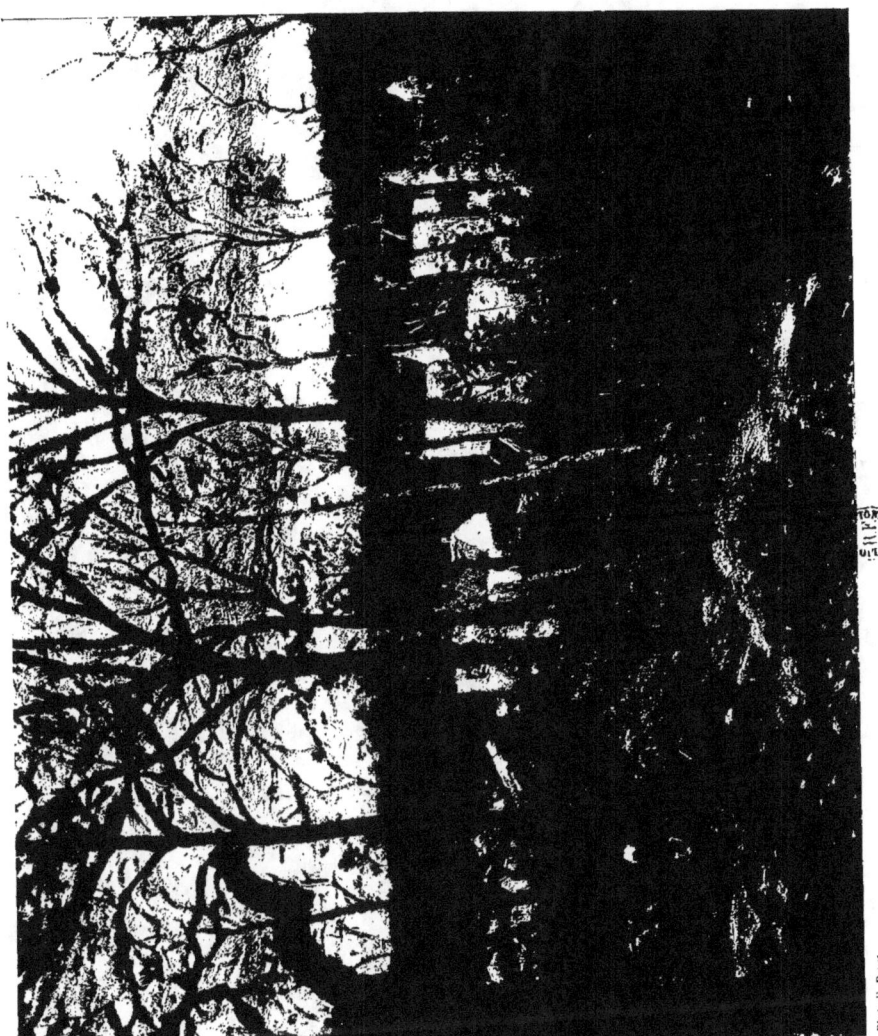

C. PISSARRO
LISIÈRE DE BOIS AUX ENVIRONS DE PARIS

Photo E. Druet.

CATALOGUE

HEIM (François-Joseph) — (1787-1865). — *Deux portraits.*

Deux hommes, en culotte courte, se tiennent le bras.

En marge, plusieurs notes manuscrites.

Dessin à la mine de plomb. — Haut. : 31 cm. ; larg. : 23 cm.

HEIM (François-Joseph). — *Portrait d'homme.*

Vu en pied, de trois quarts à gauche, en habit et culotte courte, la tête de face, le bras droit le long du corps, son chapeau sous le bras gauche.

Dessin au crayon noir. — Haut. : 28 cm. 1/2 ; larg. : 17 cm.

HEIM (François-Joseph). — *Le Maréchal Gérard.*

Il est vu debout, de profil à droite, son chapeau à la main.

Signé Heim, et daté 1832.

Dessin au crayon noir. — Haut. : 33 cm. ; larg. : 19 cm.

HEIM (François-Joseph). — *M. de Schonen, député.*

Il est vu de face et à mi-corps, l'habit ouvert, la main droite dans la poche de son pantalon.

Dessin aux deux crayons. — Haut. : 20 cm. 1/2 ; larg. : 18 cm.

HEIM (François-Joseph). — *Portrait du Comte de Guyancourt.*

Debout et vu de face, il est représenté en uniforme, son chapeau dans la main droite.

Dessin aux deux crayons. — Haut. : 31 cm. 1/2 ; larg. : 16 cm. 1/2.

HEIM (François-Joseph). — *Portrait de Monsieur de Cayeux.*

En habit et culotte courte, bas blancs, l'épée au côté, il est debout, vu de face.

Signé à gauche et daté 1826.

N° 320 du catalogue de l'Exposition centennale de l'Art français, 1889.

Dessin aux deux crayons. — Haut. : 37 cm. ; larg. : 18 cm.

HEIM (François-Joseph). — *Portrait du Vicomte Sosthène de la Rochefoucauld.*

Assis dans un fauteuil, il est vu de profil à gauche, les jambes croisées et son chapeau sur les genoux.

Signé vers le milieu et daté 1828.

Dessin au crayon noir. — Haut. : 33 cm. 1/2 ; larg. : 28 cm.

HEIM (François-Joseph). — *Portrait de Monsieur Bérard, député.*

Il est vu debout, de profil à droite, son chapeau à la main.

Signé à gauche et daté 1832.

Dessin au crayon noir. — Haut. : 32 cm. ; larg. : 14 cm.

HEIM (François-Joseph). — *Portrait du Roi Louis-Philippe.*

Il est vu debout, de trois quarts à gauche, nu-tête, son chapeau à la main.

Vers le milieu, l'inscription, à la plume : « Le Roi. »

Dessin au crayon noir. — Haut. : 31 cm. ; larg. : 15 cm.

HEIM (François-Joseph). — *Portraits de députés.*

I. Le *Comte Rambuteau*. La tête et le buste de profil à droite.

Haut. : 9 cm. ; larg. : 11 cm.

II. *Monsieur Jare*. De trois quarts à droite, vu à mi-corps, le chapeau à la main.

Signé de l'initiale H., à droite.

Haut. : 13 cm. 1/2 ; larg. : 11 cm.

III. *Monsieur Cunin-Gridaine*. En buste, la tête de profil à droite, favoris et lunettes.

Signé de l'initiale H., à droite.

Trois dessins au crayon noir. — Haut. : 9 cm. ; larg. : 11 cm.

HEIM (François-Joseph). — *Portraits de députés.*

I. Le *Baron Louis*. Tête et buste de trois quarts à droite, les cheveux frisés, la face rasée.

Signé de l'initiale H., à droite.

Haut. : 11 cm. 1/2 ; larg. : 10 cm. 1/2.

II. *Monsieur André (du Haut-Rhin)*. De face, vu jusqu'à la ceinture, la tête chauve, la figure rasée, la redingote fermée.

Signé de l'initiale H., à gauche.

Haut. : 17 cm. 1/2 ; larg. : 13 cm. 1/2.

III. *Le Comte de la Bare*. Tête et buste de profil à droite, la face rasée, la redingote fermée.

Trois dessins aux deux crayons.

Haut. : 11 cm. 1/2 ; larg. : 10 cm. 1/2.

HEIM (François-Joseph). — *Portraits de députés*.

I. *Monsieur Madier de Montjau*. Vu à mi-corps de trois quarts, la figure rasée, une main dans l'encolure de l'habit.

Signé de l'initiale H., à gauche.

Haut. : 21 cm. 1/2 ; larg. : 14 cm.

II. *Monsieur Dupont (de l'Eure)*. De face, vu à mi-corps, la figure rasée, l'habit fermé, la main gauche dans la poche du pantalon.

Signé de l'initiale H., à gauche.

Haut. : 13 cm. 1/2 ; larg. : 12 cm. 1/2.

III. *Monsieur Charles Lamette*. De face, vu à mi-corps, la figure rasée, l'habit ouvert, les deux mains dans les poches du pantalon.

Trois dessins aux deux crayons.

Haut. : 21 cm. ; larg. : 14 cm.

HEIM (François-Joseph). — *Portraits de députés*.

I. *Monsieur Auguste Périer*. De face, vu à mi-corps, les cheveux frisés, la face rasée, l'habit fermé.

Signé de l'initiale H., à gauche.

Haut. : 16 cm. ; larg. : 11 cm. 1/2.

II. *Le Vicomte de Gartempe*. De trois quarts à droite, la face rasée, habit ouvert, vu à mi-corps.

Haut. : 16 cm. ; larg. : 15 cm. 1/2.

III. *Monsieur de Kératry*. De trois quarts à droite, les cheveux relevés, la face rasée, l'habit entr'ouvert, les mains sur la ceinture.

Signé de l'initiale H., à gauche.
Trois dessins aux deux crayons.

Haut. : 16 cm. ; larg. : 15 cm.

HERVIER (Adolphe) — (1821-1879). — *Au village.*

    Au seuil d'une chaumière, au milieu des volailles et des provisions de ménage, une femme, assise, fait la toilette de son enfant. En face d'elle, une villageoise, debout, tient son marmot sur les bras. Vers la gauche, un enfant assis près d'un grand panier à légumes.

    Signé à droite et daté 1864.
    A gauche, l'inscription à la plume : Caen, 6 septembre, 64.

                          Aquarelle. — Haut. : 13 cm. ; larg. : 16 cm. 1/2.

HUET (Jean-Baptiste) — (1745-1811). — *La Toilette de Vénus.*

    Autour de Vénus, assise et à demi nue, s'empressent plusieurs femmes qui vont la coiffer. Devant la déesse, un amour tient un grand miroir.

    A gauche, cachet de la vente Cals.

           Dessin à l'encre de Chine, rehaussé d'aquarelle. — Haut. : 14 cm. 1/2 ; larg. : 19 cm. 1/2.

HUET (Paul) — (1803-1869). — *Paysage.*

    Au premier plan à droite, des chasseurs dans une barque sont à l'affût dans les roseaux. A gauche, un bouquet de grands arbres. Dans le fond, le soleil couchant.

    Signé des initiales P. H., à gauche.

                            Aquarelle. — Haut. : 16 cm. ; larg : 27 cm.

INGRES (Jean-Dominique) — (1780-1867). — *Portrait de M. Alaux, directeur de l'Académie de France à Rome.*

    Il est vu de trois quarts à gauche, à mi-corps, en redingote.

    Signé à gauche et daté, 1818, Rome.
    N° 329 du catalogue de l'Exposition centennale de l'Art français, 1889.

                       Dessin à la mine de plomb. — Haut. : 20 cm. ; larg. : 15 cm.

INGRES (Jean-Dominique). — *Étude pour le rêve d'Ossian.*

    A droite, un homme debout, à demi caché par un bouclier rond ; à gauche, une femme nue.

Dans le haut, une variante de ce motif représente la même femme, drapée.

Signé à gauche.

Étude pour le tableau peint en 1812 pour le plafond de l'une des pièces de l'appartement que Napoléon devait occuper au palais de Monte Cavallo.

Dessin à la mine de plomb. — Haut. : 42 cm. ; larg. : 34 cm. 1/2.

INGRES (JEAN-DOMINIQUE). — *Étude pour l'Œdipe.*

Un jeune homme nu, debout, vu presque de dos, la main gauche sur la hanche, la droite levée, la tête légèrement renversée en arrière.

Signé à gauche : *Ing*.
Collection Paul Flandrin.

Dessin à la mine de plomb. — Haut. : 23 cm. ; larg. : 12 cm

ISABEY (EUGÈNE) — (1804-1886). — *En Bretagne.*

Une ruelle en escalier ; à droite, une maison avec grande porte blanche.

A gauche, cachet de la vente Isabey.
N° 180 du catalogue de la vente Isabey, 30 mars 1887.

Aquarelle. — Haut. : 17 cm. ; larg. : 24 cm.

ISABEY (EUGÈNE). — *Intérieur d'église.*

Dans la nef d'une église ogivale, des fidèles sont agenouillés.

Dessin au crayon noir et au fusain. — Haut. : 31 cm. ; larg. : 17 cm.

JONGKIND (JOHAN-BARTHOLD) — (1819-1891). — *Soleil couchant.*

Au milieu, au premier plan, une barque de pêche est à sec sur le rivage. A gauche, la mer, que domine un phare se détachant sur le ciel.

Signé à gauche.

Aquarelle. — Haut. : 21 cm. 1/2 ; larg. : 22 cm. 1/2.

JONGKIND (JOHAN-BARTHOLD). — *Paysage aux environs de Rotterdam.*

Dans un pâturage traversé par un petit canal, des vaches paissent auprès d'un moulin.

Signé à droite, avec dédicace : A son ami Cals, Jongkind, Paris, le 23 mars 1862.
N° 323 du catalogue de la vente Cals, 16 février 1881.

Aquarelle. — Haut. : 26 cm. ; larg. : 37 cm.

JONGKIND (Johan-Barthold). — *La Plage de Sainte-Adresse.*

Devant les maisons des pêcheurs, plusieurs barques sont échouées sur le sable ; à droite, la mer.

Signé à gauche et daté, Sainte-Adresse, 1862.

Aquarelle. — Haut. : 21 cm. 1/2 ; larg. : 23 cm. 1/2.

JONGKIND (Johan-Barthold). — *Effet de neige.*

La neige couvre une route dont les deux côtés sont bordés par des maisons et des champs entourés de haies.

Signé à gauche et daté, 28 janvier 1880.

Aquarelle. — Haut. : 15 cm. 1/2 ; larg. : 24 cm. 1/2.

JONGKIND (Johan-Barthold). — *Plage à marée basse.*

A droite, des falaises et des maisons ; à gauche, un homme avec un cheval ; dans le fond, un bateau à voiles.

Signé à droite.

Aquarelle. — Haut. : 21 cm. 1/2 ; larg. : 32 cm. 1/2.

JONGKIND (Johan-Barthold).

Sur le sable, trois bateaux sont à demi échoués.
A droite, un pêcheur.

Signé à gauche et daté, vers le milieu, Villerville, 18 août 1854.

Aquarelle. — Haut. : 27 cm. ; larg. : 42 cm. 1/2.

JONGKIND (Johan-Barthold). — *Une plage.*

A marée basse, des pêcheurs se tiennent sur la plage. Dans le fond, la mer avec des bateaux à voiles.

Signé deux fois : à droite, et au milieu, vers la gauche.

Aquarelle. — Haut. : 23 cm. 1/2 ; larg. : 28 cm. 1/2.

JONGKIND (Johan-Barthold). — *Plage.*

Au pied d'une falaise s'étend une plage avec de gros rochers.

Dans le ciel, quelques nuages.

Signé à droite et daté, 24 septembre 1862.

Aquarelle. — Haut. : 24 cm. ; larg. : 31 cm.

JONGKIND (Johan-Barthold). — *La Jetée.*

Au centre, la jetée s'allonge vers la mer, sous un ciel bleu. A l'entrée du port, à droite, des bateaux sont échoués à marée basse.

Signé à droite et daté, 1864.

Aquarelle. — Haut. : 14 cm. ; larg. : 28 cm.

JONGKIND (Johan-Barthold). — *Bateaux dans un port.*

Trois bateaux sont amarrés le long d'un quai.
Au fond, des arbres et des maisons.

Signé à droite.

Aquarelle. — Haut. : 27 cm. ; larg. : 31 cm.

JONGKIND (Johan-Barthold). — *Intérieur d'un port.*

A droite, un grand navire ; au fond, des arbres et des maisons.

Haut. : 20 cm. ; larg. : 20 cm. 1/2.

JONGKIND (Johan-Barthold). — *Paysage.*

A droite, un chemin bordé de chaumières longe une rivière.
Dans le fond, une rangée d'arbres.

Signé à droite, et daté à gauche, 8 mars 1856.

Dessin au crayon noir. — Haut. : 18 cm. ; larg. : 27 cm. 1/2.

LAGNEAU — (xvie siècle). — *Portrait de vieillard.*

En vêtement à col et revers de fourrure, il est vu de trois quarts à droite, le nez aquilin, le large front découvert.

Il est coiffé d'une calotte noire, et porte autour du cou une collerette tuyautée.

N° 519 du catalogue de l'Exposition des Portraits français, à la Bibliothèque nationale, 1907.

Dessin au crayon de couleur. — Haut. : 42 cm. 1/2 ; larg. : 28 cm. 1/2.

LAMI (Eugène) — (1800-1890). — *Simone (Conte d'Alfred de Musset).*

Au premier plan, Simone, une fleur à la main, est agenouillée près du corps inanimé de son ami ; dans le fond, les hallebardiers de l'escorte.

N° 97 du catalogue de la vente de la collection de Madame Denain, sociétaire de la Comédie-Française, 6 avril 1893.

Aquarelle. — Haut. : 11 cm. ; larg. : 15 cm.

LAMI (Eugène). — *Saint Georges.*

Revêtu de son armure, les jambes nues, et monté sur un cheval blanc, il terrasse le dragon ; derrière lui, son manteau rouge flotte au vent.

Aquarelle. — Haut. : 10 cm. ; larg. : 7 cm. 1/2.

LAMI (Eugène). — *Horse-Guard.*

Vêtu d'une tunique rouge recouverte d'une cuirasse et d'une culotte blanche, coiffé d'un casque à panache blanc, il est monté sur un cheval noir, la main droite tenant l'épée levée.

Signé des initiales E. L., à droite.

Aquarelle. — Haut. : 19 cm. 1/2 ; larg. : 15 cm.

LAMI (Eugène). — *Étude de chevaux.*

A gauche, un cheval gris avec selle rouge ; à droite, une étude de croupe.

Vente Eugène Lami, 1891.

Aquarelle. — Haut. : 21 cm. ; larg. : 30 cm.

LAMI (Eugène). — *Projet pour une cheminée monumentale.*

Entre deux cariatides, le manteau d'une grande cheminée est orné d'une peinture représentant un vase de fleurs.

Dans l'âtre, deux grands chenets.

Vente Eugène Lami, 1891.

Aquarelle. — Haut. : 33 cm. ; larg. : 18 cm.

LAMI (Eugène). — *Motif de décoration pour un plafond.*

Ornements et arabesques entrelacés, à décor de fleurs et de feuillages.

Aquarelle. — Haut. : 36 cm. 1/2 ; larg. : 26 cm.

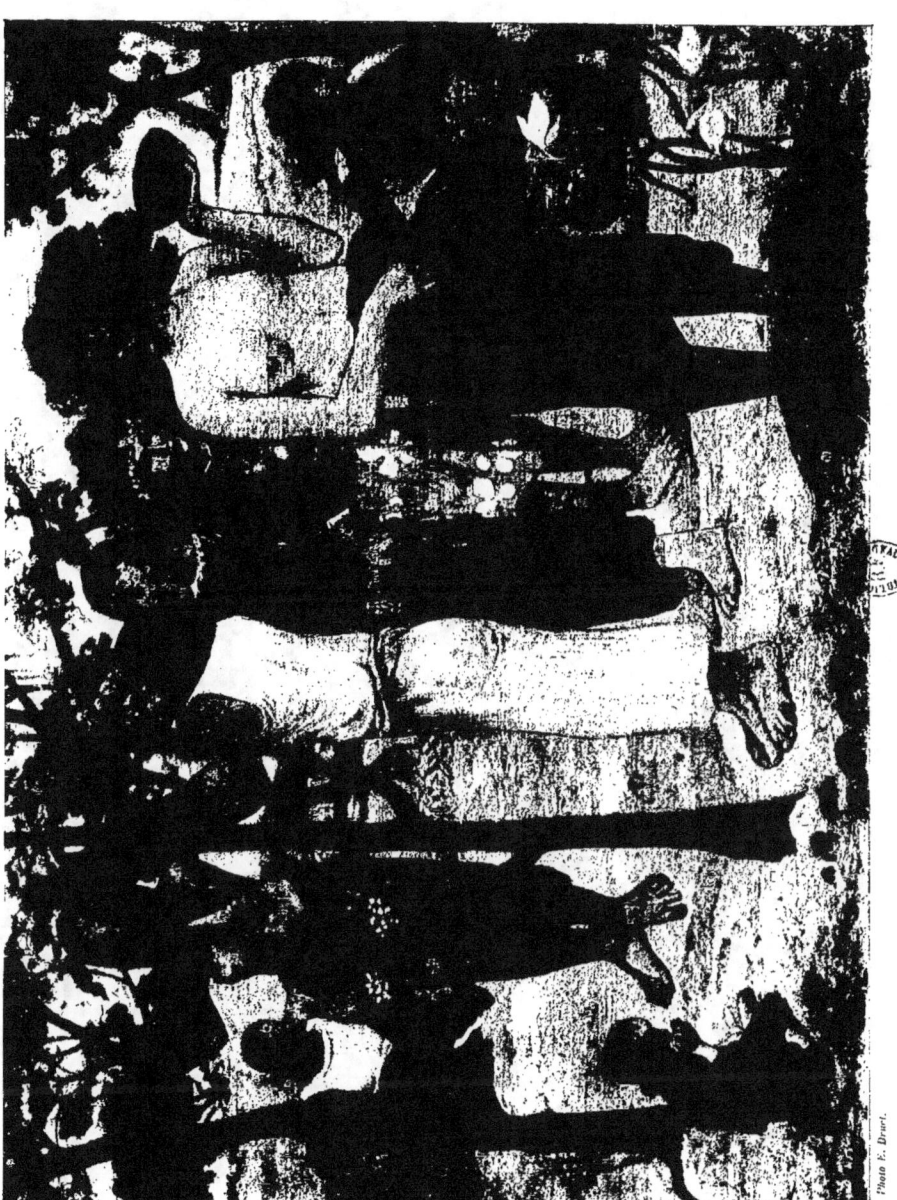

P. GAUGUIN
PAYSAGE A TAHITI

CATALOGUE

LHERMITTE (Léon). — *Tête de femme.*

Elle est vue de profil à droite, le cou découvert, les cheveux noirs.

Signé à droite, avec dédicace : à M. Dupont, L. Lhermitte.

Dessin au fusain. — Haut. : 38 cm. ; larg. : 22 cm. 1/2.

MANET (Édouard) — (1832-1883). — *Étude pour l'Olympia.*

La jeune femme, vue de profil, nue, la jambe gauche étendue, la jambe droite légèrement relevée, s'appuie sur un coussin.

Initiales E. M., vers la droite.

Dessin à la sanguine. — Haut. : 16 cm. 1/2 ; larg. : 42 cm. 1/2.

MENZEL (A. Von) — (1815-1905). — *Ouvrier assis.*

Il est assis, vu presque de face, les bras appuyés sur les genoux, les mains croisées.

Signé à gauche.
N° 63 du catalogue de la vente Duranty, 28 janvier 1881.

Dessin au crayon noir. — Haut. : 20 cm. 1/2 ; larg. : 25 cm.

MILLET (Jean-François) — (1814-1875). — *Le Bouquet de marguerites.*

Sur le rebord d'une fenêtre, un gros bouquet de marguerites blanches s'épanouit dans un vase bleu, à côté duquel sont posés une pelote à épingles et des ciseaux.

Dans le fond, à demi cachée par les fleurs, apparaît la tête d'une jeune fille.

Signé à gauche.
N° 12 du catalogue de la vente Gavet, février 1875.
N° 104 du catalogue de l'Exposition J.-F. Millet à l'École des Beaux-Arts, Paris, 1887.
N° 423 du catalogue de l'Exposition centennale de l'Art français, 1889.

Pastel. — Haut. : 67 cm. ; larg. : 80 cm.

MILLET (Jean-François). — *Vue du Puy de Dôme.*

Des terrains vallonnés s'étendent au premier plan. Au fond, on aperçoit le Puy de Dôme dont le sommet est caché par des nuages à travers lesquels apparaît le soleil.

>Signé à droite.
>N° 88 du catalogue de la vente Gavet, février 1875.
>N° 108 du catalogue de l'Exposition J.-F. Millet à l'École des Beaux-Arts, Paris, 1887.
>N° 1185 du catalogue de l'Exposition centennale de l'Art français, 1900.
>
>Pastel. — Haut. : 47 cm. ; larg. : 61 cm.

MILLET (Jean-François). — *Phœbus et Borée.*

Au bord de la mer, un homme à cheval, enveloppé dans un grand manteau, avance péniblement contre le vent. Au fond, à droite, une éclaircie dans le ciel.

>Signé à droite.
>N° 557 du catalogue de la vente Th. Rousseau, 25 avril 1868.
>N° 45 du catalogue de la vente De Knyff, 22 mars 1877.
>N° 419 du catalogue de l'Exposition centennale de l'Art français, 1889.
>N° 116 du catalogue de l'Exposition J.-F. Millet à l'École des Beaux-Arts, Paris, 1887.
>N° 1184 du catalogue de l'Exposition centennale de l'Art français, 1900, sous le titre : *Le Voyageur.*
>
>Pastel. — Haut. : 33 cm. ; larg. : 46 cm.

MILLET (Jean-François). — *Bergères se chauffant.*

Deux bergères encapuchonnées se chauffent à un feu de broussailles ; l'une, de profil, assise sur une motte de terre, tend les mains vers la flamme, tandis que l'autre, vue de dos, s'appuie sur un bâton et regarde le foyer. Dans le fond du paysage, des moutons sont en train de paître.

>Signé à droite.
>N° 114 du catalogue de l'Exposition J.-F. Millet à l'École des Beaux-Arts, 1887.
>N° 1183 du catalogue de l'Exposition centennale de l'Art français, 1900.
>
>Dessin au crayon noir, rehaussé de pastel. — Haut. : 30 cm. ; larg. : 37 cm.

MILLET (Jean-François). — *Paysan rentrant du fumier.*

A gauche, un mur où s'ouvre une porte dont un paysan franchit le seuil, en poussant devant lui une brouette pleine de fumier.

Au fond, une femme, suivie de quelques moutons, conduit un cheval chargé de sacs.

>Signé à droite.
>
>Aquarelle. — Haut. : 24 cm. ; larg. : 31 cm.

MILLET (Jean-François). — *Daphnis et Chloé.*

Assis sur un tertre, au pied d'un terme de Priape, Daphnis tient un nid rempli de jeunes oiseaux auxquels Chloé, agenouillée, donne la becquée.

Initiales J. F. M., à droite.

N° 60 du catalogue de la vente J.-F. Millet, 10 mai 1875.

Première idée du tableau : Daphnis et Chloé (le Printemps) exécuté par l'artiste pour l'hôtel de M. Thomas, duc de Bojano, et décrit dans *l'Œuvre de J.-F. Millet*, par A. Sensier, page 286.

N° 76 du catalogue de l'Exposition J.-F. Millet à l'École des Beaux-Arts, Paris, 1887.

Dessin au crayon noir, rehaussé de pastel. — Haut. : 34 cm. ; larg. : 19 cm.

MILLET (Jean-François). — *Paysage.*

Abritées par quelques arbres, des chaumières bordent la droite d'un champ dont les terrains descendent en pente légère vers le premier plan.

Initiales J. F. M., à gauche.

Dessin à la plume, rehaussé d'aquarelle. — Haut. : 19 cm. ; larg. : 25 cm. 1/2.

MILLET (Jean-François). — *Le Prieuré de Vauville (Manche).*

Au premier plan, un repli de terrain ; dans le fond, une barrière et un mur au delà duquel on aperçoit une chapelle et des toits.

A droite, l'inscription : Prieuré de Vauville.

A gauche, cachet de la vente Millet.

N° 110 du catalogue de la vente J.-F. Millet, 10 mai 1875.

Dessin à la plume, légèrement rehaussé de pastel et d'aquarelle. — Haut. : 17 cm. ; larg. : 24 cm.

MILLET (Jean-François). — *Paysage.*

Au premier plan, un champ limité dans le fond, à droite, par un coteau.

A gauche, dans un repli de terrain, les maisons d'un village qu'abritent de grands arbres.

Initiales J. F. M., à gauche.

Vente J.-F. Millet, 10 mai 1875.

Dessin rehaussé d'aquarelle. — Haut. : 19 cm. ; larg. : 28 cm. 1/2.

MILLET (Jean-François). — *Ferme du Lot, près Carteret (Manche).*

Abrités par de grands arbres, les bâtiments d'une ferme bordent la route qui va en s'élargissant vers le premier plan.

Initiales J. F. M., à gauche
Vente J.-F. Millet, 10 mai 1875.

Dessin à la plume, rehaussé de lavis et de crayon de couleur. — Haut. : 17 cm. ; larg. : 25 cm.

MILLET (Jean-François). — *Environs de Gréville.*

Au premier plan, une cour intérieure limitée au fond par une maison à tourelle que rejoignent les bâtiments d'une ferme.

Initiales J. F. M., à droite.
Vente J.-F. Millet, 10 mai 1875.

Dessin à la plume, rehaussé de lavis. — Haut. : 17 cm. ; larg. : 25 cm.

MILLET (Jean-François). — *Le Fond d'une vallée.*

Dans une vallée limitée à gauche par une montagne, un torrent est bordé à droite par un bois de sapins.

Initiales J. F. M., à gauche.

Dessin à la plume, rehaussé d'aquarelle. — Haut. : 10 cm. 1/2 ; larg. : 16 cm.

MILLET (Jean-François). — *Offrande à Pan.*

Des jeunes filles et des enfants enguirlandent un buste de Pan et lui apportent leurs offrandes ; au premier plan à droite, une femme nue trait une chèvre.

Initiales J. F. M., à gauche.
N° 174 du catalogue de l'Exposition J.-F. Millet à l'École des Beaux-Arts, Paris, 1887.

Dessin au crayon noir. — Haut. : 33 cm. ; larg. : 20 cm.

MILLET (Jean-François). — *Le Cantonnier.*

La pipe à la bouche, il est assis sous une claie dans la forêt, et bat le briquet. A ses côtés, sa brouette, sa gourde, sa pelle et sa pioche.

Signé à droite.
N° 158 du catalogue de l'Exposition J.-F. Millet à l'École des Beaux-Arts, Paris, 1887.

Dessin au crayon noir, rehaussé de blanc. — Haut. : 41 cm. ; larg. : 30 cm.

MILLET (Jean-François). — *Les Bêcheurs.*

Vus de profil vers la droite, deux laboureurs, ayant posé sur le sol leur veste et leur chapeau, se sont mis à l'ouvrage.

CATALOGUE

Celui de gauche enfonce sa bêche qu'il pousse du pied, tandis que l'autre retourne la terre.

Initiales J. F. M., à droite.

N° 195 du catalogue de la vente J.-F. Millet, 10 mai 1875.

N° 1182 du catalogue de l'Exposition centennale de l'Art français, 1900.

Dessin au crayon noir, pour le tableau du même sujet — Haut. : 24 cm. ; larg. : 33 cm.

MILLET (Jean-François). — *L'Entrée de la forêt à Barbizon.*

Au premier plan, la route est couverte de neige. A gauche, un chasseur passe avec son chien.

Dans le fond, l'entrée de la forêt au-dessus de laquelle planent quelques corbeaux.

Initiales J. F. M., à droite.

N° 260 du catalogue de la vente Sensier, 8 décembre 1877.

N° 169 du catalogue de l'Exposition J.-F. Millet à l'École des Beaux-Arts, Paris, 1887.

Dessin au crayon noir. — Haut. : 29 cm. ; larg. : 23 cm.

MILLET (Jean-François). — *Bergère appuyée sur son bâton.*

Une bergère, en grand manteau à capuchon relevé, est adossée contre un arbre, les mains appuyées sur son bâton et garde les moutons qu'on aperçoit à gauche.

Initiales J. F. M., à droite.

N° 129 du catalogue de la vente J.-F. Millet, 10 mai 1875.

N° 180 du catalogue de l'Exposition J.-F. Millet à l'École des Beaux-Arts, Paris, 1887.

N° 420 du catalogue de l'Exposition centennale de l'Art français, 1889.

N° 1181 du catalogue de l'Exposition centennale de l'Art français, 1900.

Dessin au crayon noir. — Haut. : 32 cm. ; larg. : 20 cm.

MILLET (Jean-François). — *Portrait de Madame J.-F. Millet.*

Assise, elle est vue de profil, le buste et la tête presque de face, le coude gauche appuyé sur le dossier de sa chaise.

Initiales J. F. M., à droite.

N° 422 du catalogue de l'Exposition centennale de l'Art français, 1889, sous le titre : *Paysanne assise.*

Dessin au crayon noir. — Haut. : 35 cm. ; larg. : 27 cm.

MILLET (Jean-François). — *Le Vannier.*

Il est assis à terre et tresse un panier. Derrière lui, dans la pénombre, une femme accroche une corbeille au mur.

Initiales J. F. M., à droite.
N° 138 du catalogue de l'Exposition J.-F. Millet à l'École des Beaux-Arts, Paris, 1887.

Dessin au crayon noir. — Haut. : 31 m. ; larg. : 22 cm.

MILLET (Jean-François). — *Bûcherons liant des fagots dans la forêt.*

Au premier plan, dans la forêt, une paysanne traîne des fagots. Dans le fond, deux hommes lient le bois qu'ils viennent de ramasser.

Initiales J. F. M., à gauche.
N° 261 du catalogue de la vente Sensier, 8 décembre 1877.
N° 135 du catalogue de l'Exposition J.-F. Millet à l'École des Beaux-Arts, Paris, 1887.
N° 1180 du catalogue de l'Exposition centennale de l'Art français, 1900.

Dessin au crayon noir. — Haut. : 29 cm. ; larg. : 48 cm.

MILLET (Jean-François). — *La Fuite en Égypte.*

Dans la nuit, sous le ciel étoilé, la Vierge accompagne Saint Joseph, portant dans son manteau l'Enfant Jésus.

Signé à gauche.
N° 126 du catalogue de l'Exposition J.-F. Millet à l'École des Beaux-Arts, Paris, 1887.
N° 421 du catalogue de l'Exposition centennale de l'Art français, 1889.

Dessin au crayon noir. — Haut. : 25 cm. ; larg. : 32 cm. 1/2.

MILLET (Jean-François). — *La Sainte Face.*

La tête du Christ, couronnée d'épines, est vue de face.

Vers le milieu, l'inscription : *Sainte Face.*
Signé à droite.

Dessin à la plume et au crayon noir. — Haut. : 42 cm. ; larg. : 27 cm.

MILLET (Jean-François). — *Paysanne.*

Adossée contre une meule, une paysanne se repose.

Initiales J. F. M., à gauche.
N° 168 du catalogue de l'Exposition J.-F. Millet à l'École des Beaux-Arts, Paris, 1887.

Dessin au crayon noir. — Haut. : 33 cm. ; larg. : 26 cm.

CATALOGUE

MILLET (Jean-François). — *Le Repos des moissonneurs.*

A l'ombre d'un bouquet d'arbres, un moissonneur se repose près de deux femmes assises.

Sur le sol, à gauche, un râteau ; à droite, des faucilles.

Dans le fond, une charrette chargée de gerbes.

Initiales J. F. M., à droite.

N° 259 du catalogue de la vente Sensier, 8 décembre 1877.

N° 160 du catalogue de l'Exposition J.-F. Millet à l'École des Beaux-Arts, Paris, 1887.

Dessin au crayon noir. — Haut. : 22 cm. ; larg. : 35 cm. 1/2.

MILLET (Jean-François). — *Saint Jérôme.*

Le Saint, tourné vers la gauche, est assis et contemple un crâne qu'il tient entre ses mains.

Initiales J. F. M., à droite.

N° 39 du catalogue de la vente Tillot, 14 mai 1887.

Reproduit dans *l'Œuvre de J.-F. Millet*, par A. Sensier, page 89.

Dessin à la sanguine. — Haut. : 27 cm. ; larg. : 20 cm.

MILLET (Jean-François). — *Femme vue de dos.*

Elle est assise, les jambes repliées, la tête appuyée sur les bras.

Initiales J. F. M., à gauche.

N° 41 du catalogue de la vente Tillot, 14 mai 1887.

N° 418 du catalogue de l'Exposition centennale de l'Art français, 1889.

Dessin au crayon noir. — Haut. : 26 cm. ; larg. : 19 cm.

MILLET (Jean-François). — *Étude de nu.*

Une femme nue est couchée sur un lit, le bas des jambes sous les draps, le bras gauche autour de la tête, le bras droit allongé.

Initiales J. F. M., à droite.

N° 148 du catalogue de l'Exposition J.-F. Millet à l'École des Beaux-Arts, Paris, 1887.

Dessin au crayon noir. — Haut. : 15 cm. 1/2 ; larg. : 28 cm. 1/2.

MILLET (Jean-François). — *Ane portant des paniers.*

Vu de trois quarts, tourné vers la gauche, il porte sur le dos un bât avec deux paniers.

Initiales J. F. M., à droite.

Dessin au crayon noir. — Haut. : 19 cm. ; larg. : 17 cm.

MILLET (Jean-François). — *L'Adoration des Mages.*
D'après le tableau de Ribéra (Musée du Louvre).

Dessin au crayon noir rehaussé de blanc, exécuté en 1843, pour le graveur Léchard.
Haut. : 38 cm. 1/2 ; larg. : 29 cm.

MILLET (Jean-François). — *Lisière de forêt.*

Au premier plan, à gauche, une route conduisant à l'entrée d'une forêt, vers laquelle se dirige une femme, un fagot sur le dos. Dans le ciel, quelques nuages blancs.

Signé à droite.

Dessin au crayon noir, rehaussé de blanc. — Haut. : 22 cm. ; larg. : 23 cm.

MILLET (Jean-François). — *Dessin pour les œuvres de Fenimore Cooper.*

Dans la forêt, les trappeurs surprennent un camp de Peaux-Rouges et délivrent des captives.

Signé à gauche.
Dessin fait par l'artiste pour Bodmer, le paysagiste graveur.
N° 176 du catalogue de l'Exposition J.-F. Millet à l'École des Beaux-Arts, Paris, 1887.

Dessin au crayon noir. — Haut. : 37 cm. ; larg. : 50 cm.

MILLET (Jean-François). — *Dessin pour « Le Lac Ontario » par Fenimore Cooper.*

Au premier plan, un blessé qu'un homme soulève dans ses bras ; à droite, devant un bois, un Peau-Rouge vient de scalper un homme étendu à ses pieds ; à gauche, une maison avec des tirailleurs.

Signé à gauche.
Collection Bodmer.
N° 177 du catalogue de l'Exposition J.-F. Millet à l'École des Beaux-Arts, Paris, 1887.

Dessin au crayon noir. — Haut. : 34 cm. ; larg. : 49 cm.

MILLET (Jean-François). — *Paysage d'Auvergne. La Roche de Moncau.*

Au delà d'un champ se succèdent, étagées, les ondulations d'un haut plateau

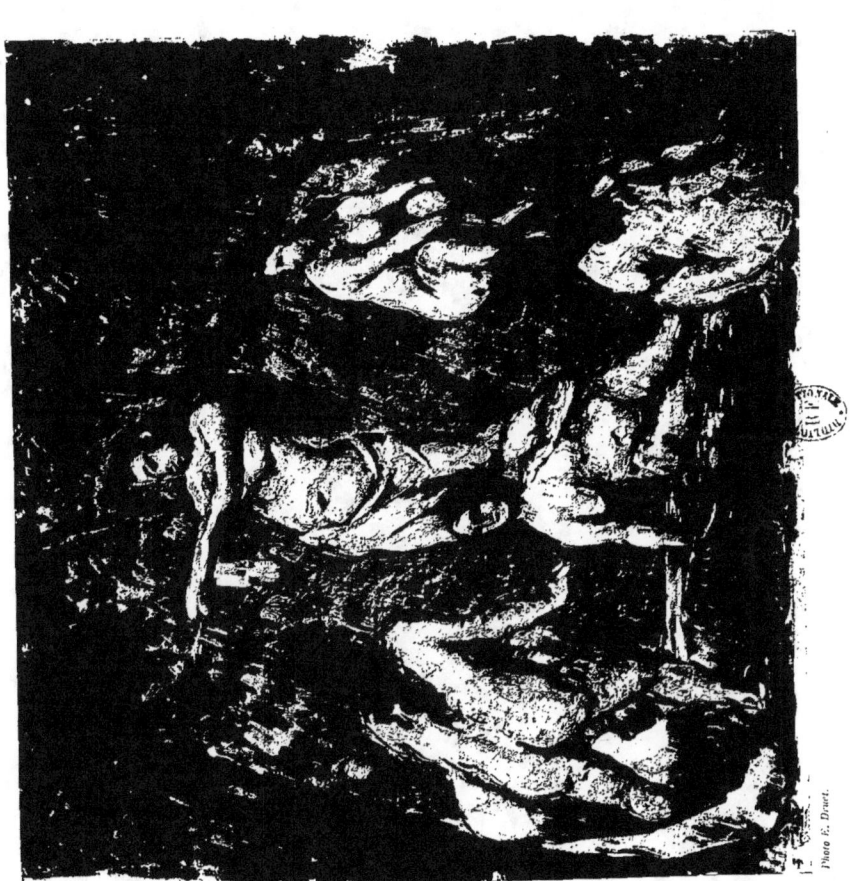

CÉZANNE
LES BAIGNEUSES

Photo E. Druet.

Initiales J. F. M., à droite.

A gauche des initiales, l'inscription : *Roches de Moncau-La Plate*.

N° 212 du catalogue de la vente Millet, 10 mai 1875.

Dessin à la plume. — Haut. : 19 cm. ; larg. : 20 cm.

MILLET (Jean-François). — *Paysans piochant.*

Sous le ciel lourd, chargé d'orage, deux paysans sont en train de piocher. Dans le fond, passe une charrue traînée par deux chevaux.

Initiales J. F. M., à droite.

Dessin aux deux crayons. — Haut. : 15 cm. ; larg. : 24 cm.

MILLET (Jean-François). — *Étude de nu.*

Vue de dos, une femme nue se tient debout et met sa chemise.

Initiales J. F. M., à droite.

Dessin au crayon noir. — Haut. : 31 cm. ; larg. : 23 cm.

MILLET (Jean-François). — *Paysage.*

Au premier plan, à droite d'un buisson, deux grands pommiers dans un champ bordé d'une haie, derrière laquelle on aperçoit une ferme.

Initiales J. F. M. à gauche.

Dessin à la plume. — Haut. : 13 cm. ; larg. : 20 cm.

MILLET (Jean-François). — *Le Repos des Travailleurs.*

Un terrassier fume sa pipe, assis à côté d'un de ses camarades ; un troisième, debout devant eux, s'appuie sur sa bêche.

Initiales J. F. M., à droite.

N° 276 du catalogue de la vente Sensier, 8 décembre 1877.

Dessin au crayon noir. — Haut. : 29 cm. ; larg. : 22 cm.

MILLET (Jean-François). — *Homme assis.*

Il est vu de face, coiffé d'un chapeau, les jambes ployées, les coudes sur les genoux.

Initiales J. F. M., à gauche.

Dessin au crayon noir. — Haut. : 22 cm ; larg. : 19 cm. 1/2.

MILLET (Jean-François). — *Paysage avec meules.*

Au premier plan, un champ moissonné ; dans le fond, à droite, adossées à un bois, deux meules à l'ombre desquelles se reposent des paysans et des paysannes.

Initiales J. F. M., à droite.

Première idée du *Paysage avec meules*, n° 241 du catalogue des tableaux anciens et modernes de la collection Henri Rouart, Paris, décembre 1912.

Dessin au crayon noir. — Haut. : 17 cm. ; larg. : 27 cm.

MILLET (Jean-François). — *Bergère appuyée sur un bâton.*

Elle est vue de face, le capuchon de son manteau ramené sur la tête, le menton posé sur ses mains appuyées sur un bâton.

Initiales J. F. M., à droite.

Dessin au crayon noir. — Haut. : 31 cm. ; larg. : 20 cm.

MILLET (Jean-François). — *Une fileuse.*

Une paysanne, debout, tourne de sa main droite la roue d'un dévidoir dont le fil passe dans sa main gauche.

Dans le haut, étude de mains.

Initiales J. F. M., à gauche.

Reproduit dans *l'Œuvre de J.-F. Millet*, par A. Sensier, page 14.

Dessin à la mine de plomb. — Haut. : 24 cm. ; larg. : 9 cm. 1/2.

MILLET (Jean-François). — *Femme accroupie.*

Vue de face, la tête tournée vers la droite et appuyée sur le genou relevé, le bras gauche écarté du corps.

Initiales J. F. M., à gauche.

Cachet de la vente, à gauche.

Dessin au crayon noir. — Haut. : 23 cm. ; larg. : 15 cm.

MILLET (Jean-François). — *Étude de femme.*

Assise par terre et vue de profil à droite, une femme nue appuie sa tête sur le genou droit et pose ses deux mains sur l'autre.

Initiales J. F. M., à droite.

Dessin au crayon noir. — Haut. : 19 cm. ; larg. : 15 cm.

MILLET (Jean-François). — *Lisière de forêt.*

Deux paysans travaillent dans un champ près de la lisière d'une forêt.

Initiales J. F. M., à droite.

Dessin au crayon noir. — Haut. : 21 cm. ; larg. : 29 cm.

MILLET (Jean-François). — *Études de femmes.*

Une femme nue, le bras gauche en avant et vue à mi-corps, porte une corbeille. A droite, une variante du même sujet. Vers le milieu, un homme vu jusqu'à la ceinture et penché vers la gauche.

Initiales J. F. M., à droite.

N° 277 du catalogue de la vente Sensier, 8 décembre 1877.

Dessin au crayon noir. — Haut. : 21 cm. ; larg. : 29 cm.

MILLET (Jean-François). — *Un port de mer.*

A droite, au bord de la mer, les maisons du port et un phare.

Initiales J. F. M., à gauche.

Dessin à la plume. — Haut. : 9 cm. ; larg. : 26 cm.

MILLET (Jean-François). — *La Baratteuse.*

Une paysanne est en train de baratter, son chat à côté d'elle.

Dans le fond, des sacs et des jarres.

Initiales J. F. M., à droite.

Dessin au crayon noir. — Haut. : 16 cm. ; larg. : 12 cm.

MILLET (Jean-François). — *Bergère tricotant.*

La jeune femme, vue debout, de trois quarts à gauche, un bâton suspendu à son poignet droit, travaille à son tricot.

Initiales J. F. M., à droite.

Dessin au crayon noir. — Haut. : 19 cm. ; larg. : 12 cm. 1/2.

MILLET (Jean-François). — *Trois Croquis.*

I. — Dans la plaine, deux paysans se tiennent près d'un bouquet d'arbres.

Dessin au crayon noir. — Haut. : 8 cm. ; larg. : 13 cm.

II. — Effet de soir.

Initiales J. F. M., à gauche.

Dessin au crayon noir. — Haut. : 5 cm. ; larg. : 8 cm.

III. — Effet d'hiver ; une plaine, et, dans le fond, des arbres et des toits.

Dessins au crayon noir.

Haut. : 7 cm. 1/2 ; larg. : 12 cm.

MILLET (Jean-François). — *Les Premiers Pas.*

Un paysan accroupi tend les bras à un enfant qu'une femme essaye de faire marcher.

Initiales J. F. M., à droite.

Dessin au crayon noir. — Haut. : 13 cm., larg. : 19 cm.

MILLET (Jean-François). — *Satyre et jeune berger.*

Un satyre apprend à jouer de la flûte à un jeune enfant nu.

Dessin à la mine de plomb. — Ovale. — Haut. : 13 cm. ; larg. : 10 cm.

MILLET (Jean-François). — *Paysanne assise.*

Elle est vue de trois quarts, la tête de face.

Initiales J. F. M., à droite.

Dessin au crayon noir. — Haut. : 20 cm. 1/2 ; larg. : 13 cm.

MILLET (Jean-François). — *Enfant endormi dans les champs.*

Il est blotti dans la paille, la tête appuyée sur le bras gauche.

Initiales J. F. M., à droite.

Dessin au crayon noir. — Haut. : 18 cm. ; larg. : 25 cm.

MILLET (Jean-François). — *Trois Paysages.*

I. — Effet de soir : le retour des champs.

Dessin au crayon noir. — Haut. : 7 cm. 1/2. ; larg. : 19 cm.

II. — Bords d'une rivière.

Initiales J. F. M., à gauche.

Dessin au crayon noir. — Haut. : 5 cm. ; larg. : 8 cm.

III. — Étude de collines.

Initiales J. F. M., à droite.

Dessin au crayon noir. — Haut. : 14 cm. ; larg. : 24 cm.

MILLET (Jean-François). — *Paysanne. Paysans endormis.*

I. — Paysanne en bonnet et vue de profil à droite.

Initiales J. F. M., à droite.
Reproduit dans *l'Œuvre de J.-F. Millet*, par A. Sensier, page 355.

Dessin au crayon noir. — Haut. : 14 cm. ; larg. : 16 cm.

II. — Paysans endormis ; l'homme étendu sur le dos, à côté de lui, sa femme, la tête sur son épaule.

Initiales J. F. M., à droite.

Dessin au crayon noir. — Haut. : 10 cm. 1/2 ; larg. : 15 cm. 1/2.

MILLET (Jean-François). — *Le Retour des Champs (Étude pour l'eau-forte du même sujet).*

Sa journée finie, un paysan, sa fourche sur l'épaule, rentre au logis avec sa femme qui marche devant lui.

Initiales J. F. M., à gauche.

Dessin au crayon noir. — Haut. : 23 cm. 1/2 ; larg. : 20 cm. 1/2.

MILLET (Jean-François). — *Le Départ pour le travail.*

Eau-forte. — Haut. : 38 cm. 1/2 ; larg. : 31 cm.

MILLET (Jean-François). — *La Grande Bergère.*

Eau-forte. — Haut. : 31 cm. 1/2 ; larg. : 23 cm. 1/2.

MORISOT (Berthe) — (1841-1895). — *Femme et Enfants au bord de la mer.*

Près d'une femme en deuil assise sur la plage et vue presque de face, deux fillettes jouent dans le sable.

Dans le fond, sur la mer, des barques à voiles.

Signé à droite.
N° 1209 du catalogue de l'Exposition centennale de l'Art français, 1900.

Aquarelle. — Haut. : 16 cm. ; larg. : 12 cm.

PISSARRO (Camille) — (1830-1903). — *Route à la sortie d'un village.*

Au bord d'une route où circulent des promeneurs, une église dont la tour se détache sur le ciel chargé de neige.

A droite, une rangée de maisons.

Signé à gauche.

Aquarelle gouachée. — Haut. : 19 cm. ; larg. : 24 cm.

POUSSIN (Nicolas) — (1594-1665). — *Mars et Vénus.*

Entourés d'amours, le dieu et la déesse se reposent sur des coussins, au pied d'un arbre, à côté duquel on aperçoit un grand vase sculpté, à décor d'arabesques.

Signé à droite.

Dessin à la plume, rehaussé de sépia. — Haut. : 45 cm. ; larg. : 35 cm.

PRUD'HON (Pierre) — (1758-1823). — *L'Ame brisant les liens qui l'attachent à la terre.*

Vue de profil à gauche, une femme nue et ailée s'envole, les bras tendus vers le ciel.

A ses pieds, à droite, un serpent au milieu des vapeurs jaillissant de la terre.

A droite, cachet de la vente Boisfremont.
N° 18 du catalogue de la vente de Boisfremont, 9 avril 1870.
N° 213 du catalogue de l'Exposition Prud'hon à l'École des Beaux-Arts, Paris, 1874.

Dessin aux deux crayons. — Haut. : 42 cm. ; larg. : 32 cm.

PRUD'HON (Pierre). — *Femme debout, appuyée sur une rame.*

La tête tournée vers le spectateur, une femme nue est vue debout, de profil à gauche, la jambe ployée, le bras gauche tendu et légèrement écarté du corps.

N° 46 du catalogue de la vente Boisfremont, 9 avril 1870.
N° 427 du catalogue de l'Exposition Prud'hon à l'École des Beaux-Arts, Paris, 1874.
N° 1252 du catalogue de l'Exposition centennale de l'Art français, 1900.

Dessin aux deux crayons. — Haut. : 62 cm. ; larg. : 41 cm.

PRUD'HON (Pierre). — *Jeune fille.*

Elle est vue de profil à droite, la tête couverte d'un châle d'où s'échappent quelques mèches de cheveux.

Dessin à la plume, rehaussé de sépia. — Haut. : 10 cm. ; larg. : 13 cm.

PRUD'HON (Pierre). — *Baigneuse.*

Les pieds dans l'eau et assise sur un rocher, elle arrange ses cheveux. A côté d'elle, à gauche, un amour.

Dessin aux deux crayons. — Haut. : 21 cm. ; larg. : 15 cm.

PRUD'HON (Pierre). — *Étude de tête.*

Un homme est vu de face, la tête légèrement inclinée vers l'épaule droite, les cheveux ondulés, la barbe frisée et courte.

Dessin aux deux crayons. — Haut. : 13 cm. ; larg. : 9 cm.

PRUD'HON (Pierre). — *Trois Portraits.*

I. — Un homme assis, vu de profil à droite.

Dessin aux deux crayons. — Haut. : 4 cm. 1/2 ; larg. : 3 cm. 1/2.

II. — Madame Jarre, assise, vue à mi-corps et presque de face.

Dessin aux deux crayons. — Haut. : 10 cm. ; larg. : 8 cm.

III. — Près d'une fenêtre, un homme vu de profil à gauche.

N° 13 du catalogue de la vente Boisfremont, 9 avril 1870.

Dessin aux deux crayons. — Haut. : 4 cm. 1/2 ; larg. : 3 cm. 1/2.

PUVIS DE CHAVANNES (Pierre) — (1824-1898). — *La Famille du pêcheur.*

Au premier plan, à gauche, une femme assise, le torse nu, les jambes drapées dans une étoffe bleue, soutient un enfant qui cherche à marcher. A droite, un vieillard est couché sur le sol. Plus loin, au bord de la mer, un pêcheur suspend un filet à un arbre.

Dans le haut, à droite, la dédicace : *A W. Thornley, cordialement, P. Puvis de C.*
Première pensée du tableau du Musée de Dresde.

Aquarelle. — Haut. : 12 cm. ; larg. : 10 cm. 1/2.

PUVIS DE CHAVANNES (Pierre). — *Torse de femme.*

Nue, les bras ramenés derrière le dos, la tête de profil à droite et légèrement inclinée, une jeune femme est vue à mi-corps, les cheveux tombant sur les épaules.

Dans le haut, à droite, une tête de cheval.

A gauche, la dédicace : *A W. Thornley, cordialement, P. Puvis de C.*
Dessin pour le tableau : *La Guerre* (Musée de Picardie, à Amiens).

Haut. : 36 cm. ; larg. : 22 cm.

PUVIS DE CHAVANNES (Pierre). — *La Vigilance.*

Elle est représentée sous les traits d'une femme en costume antique, debout sur un promontoire au bord de la mer, et tenant dans la main droite une lampe allumée.

Signé à droite, avec inscription : « La Vigilance. »

Dessin à la sanguine. — Haut. : 25 cm. ; larg. : 9 cm. 1/2.

ROUSSEAU (Théodore) — (1812-1867). — *Fermes sous bois.*

Au premier plan, un chemin conduit à des maisons basses, à toits de chaume, qu'abritent de grands arbres.

A droite, cachet de la vente Th. Rousseau.

Aquarelle. — Haut. : 11 cm. 1/2 ; larg. : 19 cm. 1/2.

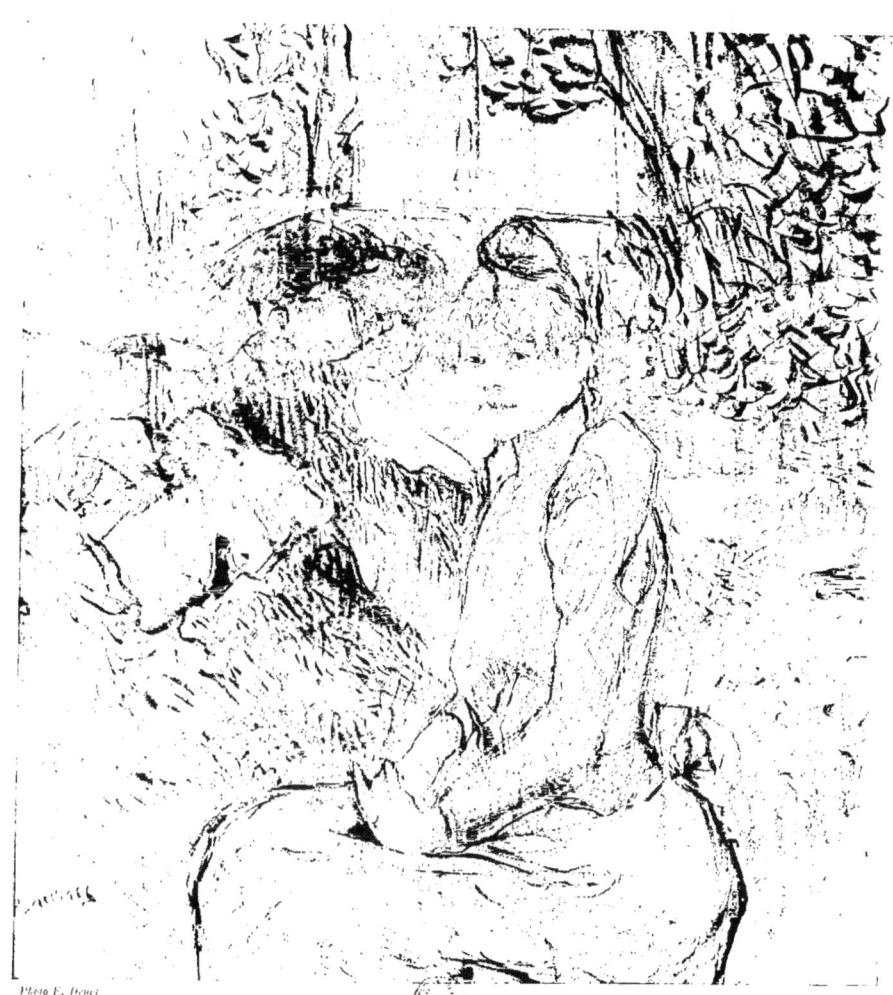

CATALOGUE 173

ROUSSEAU (Théodore). — *Les Blés*.

 Un chemin traverse un champ de blé. Dans le fond du paysage, des arbres et des maisons.

 A gauche, cachet de la vente Th. Rousseau.

Aquarelle. — Haut. : 9 cm. 1/2 ; larg. : 16 cm.

ROUSSEAU (Théodore). — *Paysage*.

 A droite, la lisière d'un bois où les teintes de l'automne apparaissent déjà parmi la verdure. Au centre et à gauche, une clairière que traverse un étroit sentier, près de quelques blocs de rochers.

 A gauche, cachet de la vente Th. Rousseau.

Aquarelle. — Haut. : 13 cm. ; larg. : 20 cm. 1/2.

ROUSSEAU (Théodore). — *Le Grand Chêne*.

 Au premier plan, un grand chêne ; à gauche, sous les arbres, des maisons basses et des huttes recouvertes de chaume.

 A droite, cachet de la vente Th. Rousseau.

 N° 133 du catalogue de la vente Hadengue-Sandras, 2 février 1880.

 N° 1302 du catalogue de l'Exposition centennale de l'Art français, 1900, sous le titre : *Dans les landes*.

Dessin au crayon noir. — Haut. : 50 cm. ; larg. : 64 cm.

ROUSSEAU (Théodore). — *Les Bords de la Seine, près Melun*.

 Le fleuve coule dans une large vallée limitée par de vastes prairies où paissent des vaches.

 N° 248 du catalogue de la vente Th. Rousseau, 25 avril 1868.

 N° 518 du catalogue de l'Exposition centennale de l'Art français, 1889, où ce dessin était catalogué par erreur sous le titre : « Plaine avec canal dans les Landes. »

Dessin à la plume. — Haut. : 22 cm. ; larg. : 28 cm.

ROUSSEAU (Théodore). — *Chênes dans la forêt de Fontainebleau (Gorges d'Apremont)*.

 Au premier plan, une clairière bordée par des chênes qui ferment le fond du paysage.

A droite, cachet de la vente Th. Rousseau.

Dessin à l'encre de Chine, rehaussé de sépia. — Haut. : 16 cm. ; larg. : 24 cm.

ROUSSEAU (Théodore). — *Arbres et rochers dans la forêt de Fontainebleau.*

Au premier plan, une clairière; plus loin, des arbres, des rochers et des buissons.

A droite, cachet de la vente Th. Rousseau.

Dessin à la mine de plomb, rehaussé de sépia. — Haut. : 18 cm. ; larg. : 20 cm. 1/2.

ROUSSEAU (Théodore). — *Le Long Rocher dans la forêt de Fontainebleau.*

Des coteaux limitent le fond d'une plaine vallonnée.

A gauche, cachet de la vente Th. Rousseau.

Dessin à l'encre de Chine. — Haut. : 20 cm. ; larg. : 27 cm.

ROUSSEAU (Théodore). — *Pommiers de la Belle-Marie (Près Barbizon).*

Des pommiers sont disséminés dans une prairie parsemée de rochers. Dans le fond, un village.

A gauche, cachet de la vente Th. Rousseau.
N° 351 du catalogue de la vente Th. Rousseau, 25 avril 1868.
N° 318 du catalogue de la vente Sensier, 10 décembre 1877.

Dessin à la plume, rehaussé de lavis. — Haut. : 10 cm. 1/2 ; larg. : 13 cm. 1/2.

ROUSSEAU (Théodore). — *Le Mont Blanc, vu du Col de la Faucille.*

Au premier plan, à droite, une route côtoie les sommets. Plus loin, au delà d'une vallée, la chaîne des montagnes.

A droite, cachet de la vente Th. Rousseau.
N° 49 du catalogue de la vente Tillot, 14 mai 1887.

Dessin à la mine de plomb. — Haut. : 23 cm. ; larg. : 30 cm.

ROUSSEAU (Théodore). — *Paysage.*

Une grande plaine s'étend à l'horizon jusqu'au pied des montagnes. Quelques nuages dans le ciel.

A droite, cachet de la vente Th. Rousseau.

Dessin à la plume. — Haut. : 13 cm. ; larg. : 20 cm.

ROUSSEAU (Théodore). — *Paysage.*

Au premier plan, un chemin bordé d'arbres et de buissons. Dans le fond, un clocher de village.

A gauche, cachet de la vente Th. Rousseau.

Dessin au fusain. — Haut. : 26 cm. ; larg. : 30 cm.

TASSAERT (Octave) — (1807-1874). — *Tête de jeune fille.*

Elle est vue de profil à gauche, coiffée d'un large ruban noir, les cheveux nattés tombant sur la joue.

Signé vers la droite.

Dessin aux trois crayons. — Haut. : 37 cm. 1/2 ; larg. : 28 cm. 1/2.

TASSAERT (Octave). — *Pauvres enfants.*

Une femme et une petite fille sont assises, épuisées, au seuil d'une porte ; la petite fille appuie sa tête sur les genoux de la femme.

Signé à gauche.

Cité dans : *Octave Tassaert*, par Bernard Prost, n° 429, page 56.

Dessin à la sanguine. — Haut. : 34 cm. ; larg. : 25 cm.

TIEPOLO (Dominique) — (1726-1795). — *La Trinité.*

Au pied de la Croix, au milieu des anges, Dieu le Père tient dans ses bras le Christ nu, et couronné d'épines. Au-dessus d'eux, plane le Saint-Esprit, sous la forme d'une colombe.

Signé à gauche.

Dessin à la sépia. — Haut. : 24 cm. ; larg. : 10 cm. 1/2.

TIEPOLO (Dominique). — *Centaure enlevant une femme.*

A gauche, un Centaure galope avec une femme en croupe. A droite, un enfant se presse contre un vieillard qui tend les bras vers le ravisseur. Dans le ciel, un amour ailé.

Signé vers le milieu.

Dessin à la sépia. — Haut. : 25 cm. ; larg. : 29 cm.

TIEPOLO (Dominique). — *Centaure et Femme.*

Un Centaure accroupi tient une femme entre ses bras. Au-dessus de leurs têtes, volent deux amours.

Signé à droite.

Dessin à la sépia. — Haut. : 24 cm. ; larg. : 30 cm.

VIGÉE (Louis) — (Exposa au Salon entre 1750-1760). — *Portrait d'homme.*

Assis et vu à mi-corps de trois quarts à droite, les cheveux poudrés, l'habit gris, le col et la cravate de mousseline blanche, la main droite passée sous l'habit déboutonné, son chapeau sous le bras gauche.

N° 106 du catalogue de la vente Marcille, 6 mars 1876.

Pastel — Haut. : 64 cm. 1/2 ; larg. : 54 cm.

VILLEVIEILLE (Léon) — (1826-1863). — *Paysage.*

Au premier plan, près d'une barque, deux vaches viennent se désaltérer à la rivière. A droite, un rideau d'arbres.

Signé à gauche.

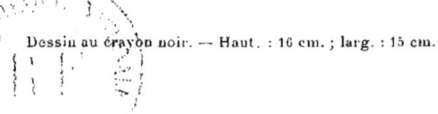

Dessin au crayon noir. — Haut. : 16 cm. ; larg. : 15 cm.

Imprimerie Manzi, Joyant & Cie, Paris

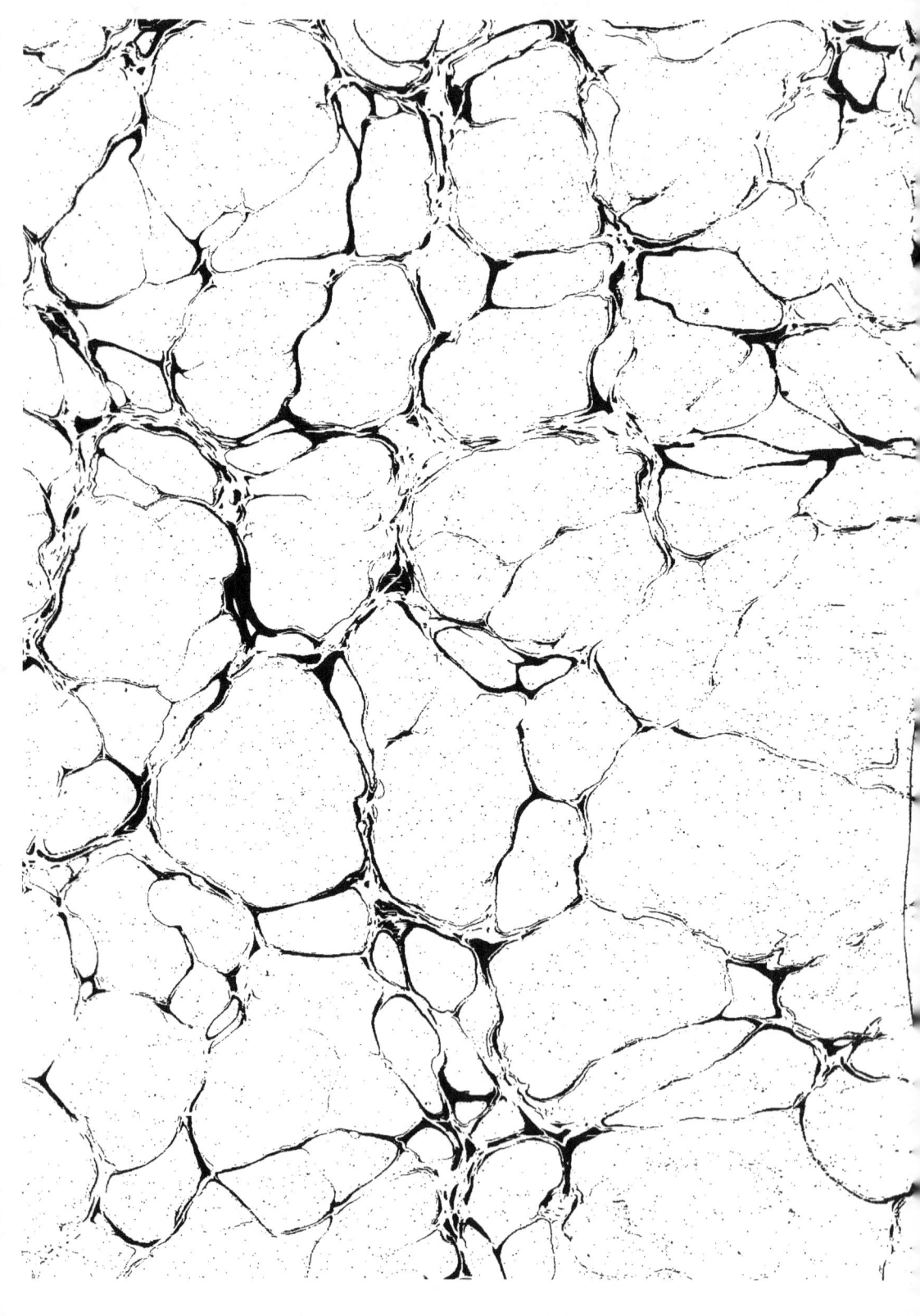

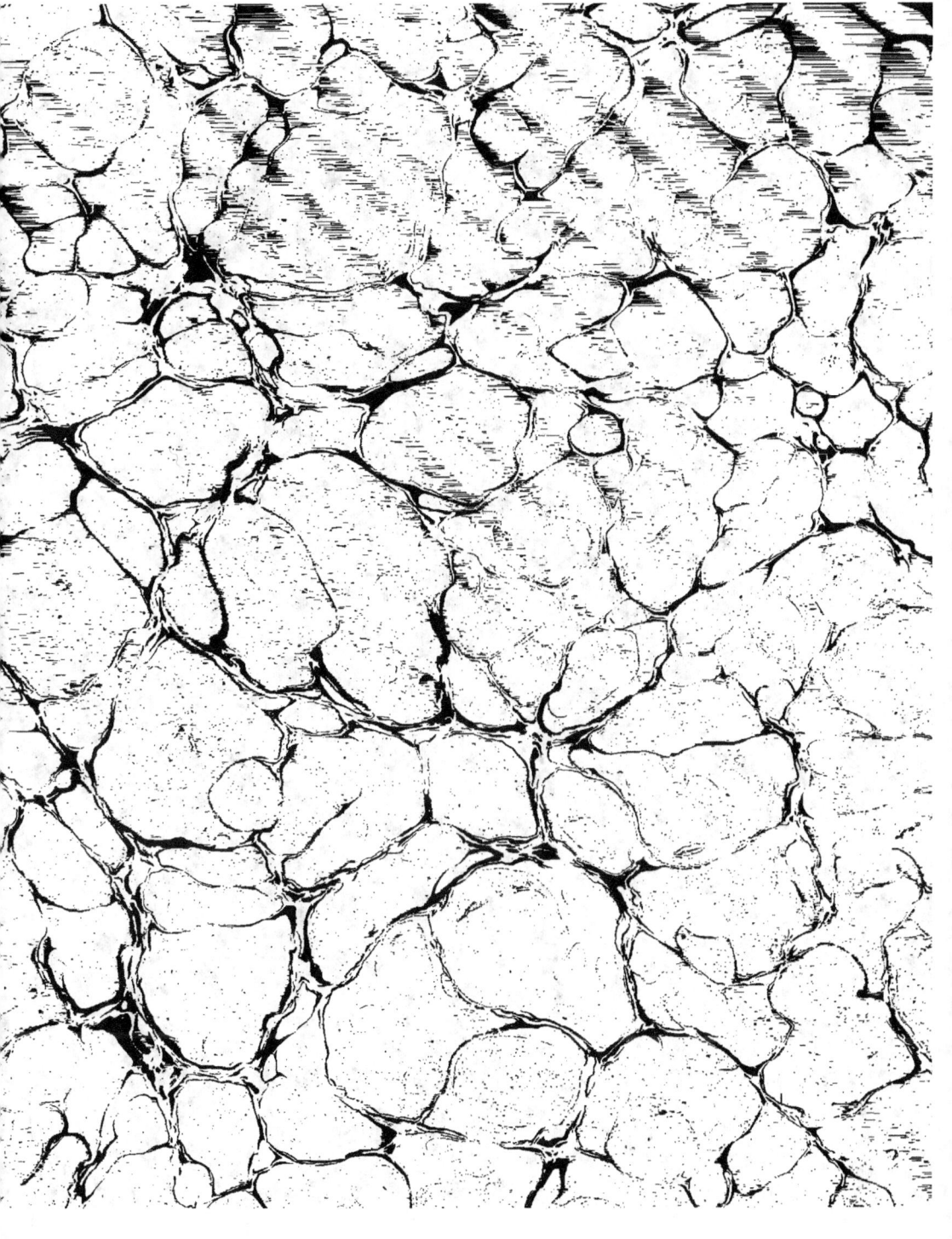

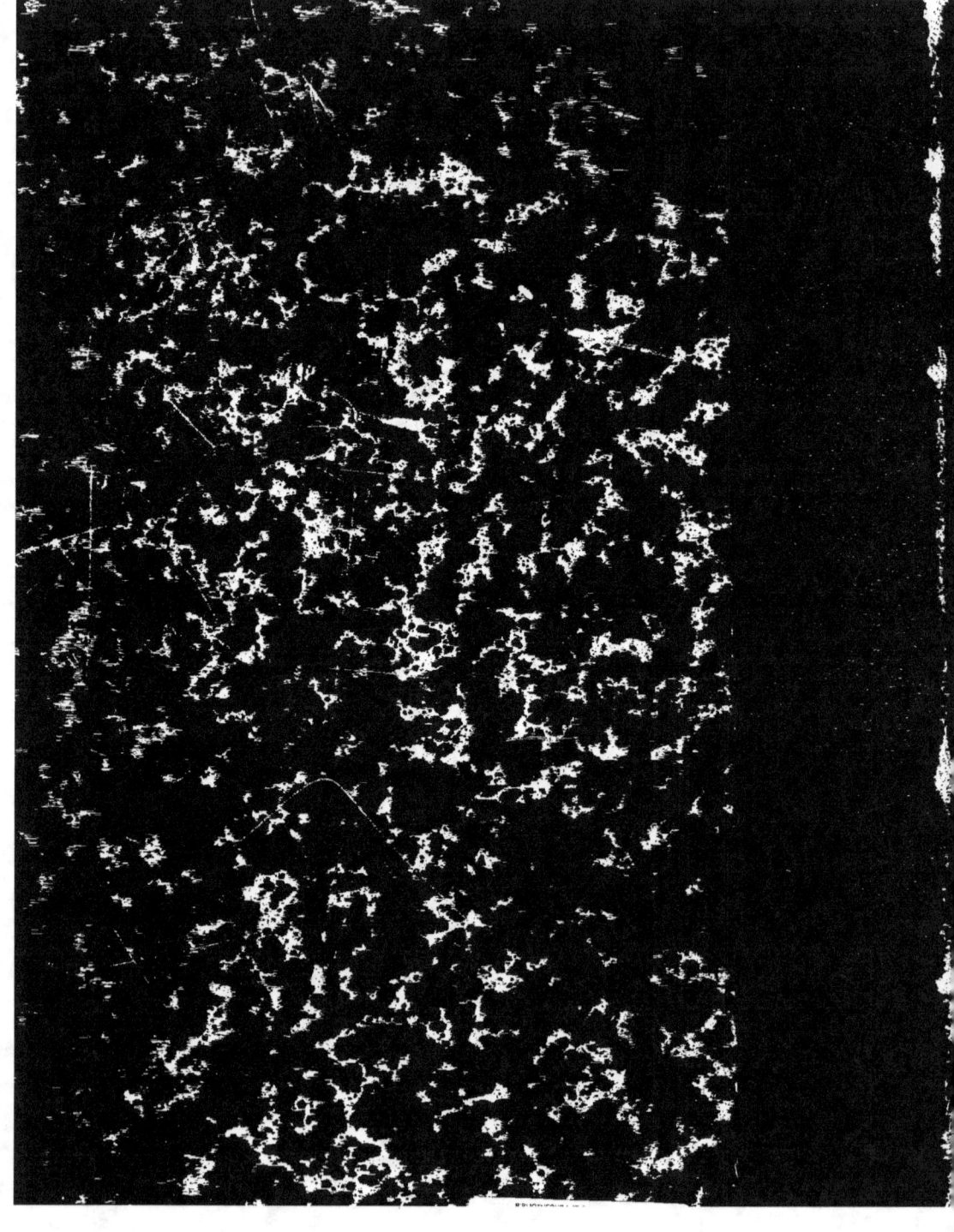

www.ingramcontent.com/pod-product-compliance
Lightning Source LLC
Chambersburg PA
CBHW052233220526
45471CB00001B/19